Food & Beverage Service

NCS 기반

식음료 서비스 실무

백용창 · 전영직 · 서정모 · 원융희 공저

백산출판사

머리말

세계는 이미 무한경쟁시대에 돌입하였고 이는 식음료 경영에 있어서도 마찬가지이다. 또한 시장은 기업이 고객을 선택하는 시대가 아니고, 고객이 기업을 선택하는 시대로서 고객의 욕구는 날로 까다로워지고 있다. 이러한 현실 경영에서 식음료 서비스는 고객의 입장에서 먼저 생각하고 세심한 서비스로 다가가는 자세가 필요하며 다양한 고객의 요구(need)를 충족시켜 주지 않으면 안 된다. 이러한 중요성을 감안하여 식음료 서비스 직무를 수행하기 위해 요구되는 지식 · 기술 · 태도 등의 내용을 국가적 차원에서 산업부문별·수준별로 체계화한 NCS(National Competency Standards), 즉 국가직무능력표준에 맞춰 자세히 정리하였다. 또한 본서는 NCS의 틀과 저자의 다양한 실무경험 및 경력을 바탕으로 본서를 접하는 학생들에게 올바른 매뉴얼이 될 수 있도록 총 6개의 장으로 구성하였다.

제1장은 테이블 세팅을 위한 내용을 기술하였고, 제2장은 식음료 영업장 예약관리를 위한 내용을 설명하였으며, 제3장은 환영·환송을 위한 기본적 개념들을 설명하였고, 제4장은 식음료 주문을 위한 내용으로 각 영업장에 대해 설명하였다.

또한 제5장 음료 서비스에서는 음료의 개념과 분류에 대하여 기술하였고 마지막으로 제6장 음식 서비스에서는 동서양의 음식 서비스에 대한 이해 등에 대하여 다루었다.

아무쪼록 본서가 식음료를 전공할 학생들과 현재 현업에서 근무 중인 종사원들의 실력 향상에 도움을 주는 안내서가 되기 바란다.

끝으로 본 원고가 잘 출간될 수 있도록 보이지 않게 도와주신 많은 분들께 감사의 마음을 전하며 백산출판사 진욱상 사장님과 편집부 직원여러분께 진심으로 고마움을 표하고 싶다.

2016년 8월

저자 일동

차례

❒ NCS 평가계획서

평가계획서(직업기초능력 교과목)

교과목명	식음료 서비스 실무	담당교수	강의담당교수
관련 직무명	접객 서비스	능력단위명* (능력단위코드)	식음료 서비스[1232030313]

	구 분	배점	평가 개요
평가개요	진단평가(사전) 진단평가(사후)	–	• 사전진단평가는 2주차에 실시하며 평가지에 향상도를 평가한다. • 사후진단평가는 14주차에 실시하며 평가지에 향상도를 평가한다.
	출석평가	10%	매주 수업의 출결을 확인한다.
	직무능력평가 1	20%	직무능력평가 1은 13주차 REPORT로 20% 반영한다.
	직무능력평가 2	30%	직무능력평가 2는 실습 및 서술평가(중간고사)로 평가한다.
	직무능력평가 3	40%	직무능력평가 3은 실습 및 서술평가(기말고사)로 평가한다.
		100%	수행평가 후 심화/향상 대상자들에 한함

평가항목: 진단평가

평가내용 및 방법

- **평가내용**: 식음료 서비스 실무 교과의 학습성과를 달성하는 데 필요한 사전 지식을 평가한다.
- **평가시기**: 2주차, 13주차
- **영역별 평가내용**: 식음료 서비스 실무 제1장~제6장

평가영역	문항	자가진단		
		우수	보통	미흡
테이블 세팅	1. 테이블 세팅을 위한 이해수준			
	2. 테이블 세팅의 순서와 방법에 대한 이해수준			
식음료 영업장 예약관리	3. 예약 받기에 대한 이해수준			
	4. 식사 서비스 형태에 대한 이해수준			
환영 · 환송	5. 서비스의 개념에 대한 이해수준			
	6. 서비스맨이 갖춰야 할 능력에 대한 이해수준			
식음료 주문	7. 동양식에 대한 식음료 이해수준			
	8. 서양식에 대한 식음료 이해수준			
음료 서비스	9. 음료의 개념과 분류에 대한 이해수준			
	10. 양조주, 증류주, 혼성주에 대한 이해수준			
음식 서비스	11. 서양음식 서비스에 대한 이해수준			
	12. 동양음식 서비스에 대한 이해수준			

- **평가방법**: 자가진단 체크리스트
- **평가 시 고려사항**
  - 진단평가 결과는 성적에 포함되는 것이 아니므로 솔직하게 응답하도록 한다.
- **평가 결과 활용 계획**: 평가결과에 따라 교수학습계획을 수정 · 보완한다.

출석평가	대학의 출석관련 규정 및 지침에 따름

직무능력평가 1

- **관련 능력단위요소**: 식음료 서비스[1232030313]
- **평가내용**: 레스토랑 근무를 하면서 테이블 세팅, 세팅 시 순서와 방법, 예약 받기, 식사 서비스 형태 이해 정도를 평가할 수 있다.
- **평가시기**: 13주차

평가내용	평가	
	예	아니오
1. 테이블 세팅을 위한 이해 수준		
2. 테이블 세팅의 순서와 방법에 대한 이해수준		
3. 예약 받기에 대한 이해수준		
4. 식사 서비스 형태에 대한 이해 수준		

- **세부 평가내용**: 팀별 사례준비
- **평가방법**: 과제발표
- **평가 시 고려사항**: 실무사례 발표와 서비스에 대한 이론수업 흐름 이해중심

직무능력평가 2

- **관련 능력단위요소**: 식음료 서비스[1232030313]
- **평가내용**: 레스토랑 서비스를 하면서 서비스의 개념, 서비스맨이 갖춰야 할 능력, 동양식, 서양식에 대한 이해 정도를 평가할 수 있다.
- **평가시기**: 7주차(중간고사)
- **세부 평가내용**: 실습 및 서술형 평가

평가내용	평가	
	예	아니오
1. 서비스의 개념에 대한 이해수준		
2. 서비스맨이 갖춰야 할 능력에 대한 이해수준		
3. 동양식에 대한 이해수준		
4. 서양식에 대한 이해수준		

- 평가방법: 서술평가
- 평가 시 고려사항: 서비스개념과 영업 전, 영업 중, 영업 후 관리이해 중심

직무능력평가 3

- **관련 능력단위요소**: 식음료 서비스[1232030313]
- **평가내용**: 음료 서비스를 하면서 음료의 개념, 양조주, 증류주, 혼성주에 대한 이해수준을 평가할 수 있다.
- **평가시기**: 14주차(기말고사)
- **세부 평가내용**: 실습 및 서술형 평가

평가내용	평가	
	예	아니오
1. 음료의 개념과 분류에 대한 이해수준		
2. 양조주, 증류주, 혼성주에 대한 이해수준		
3. 서양음식 서비스에 대한 이해수준		
4. 동양음식 서비스에 대한 이해수준		

- **평가방법**: 서술평가
- **평가 시 고려사항**: 음료의 실습과 서양식, 동양식을 중심으로 이해 평가한다.

향상/심화계획

- **평가시기**: 15주차(향상 · 심화교육)
- 평가점수가 60점 미만인 성취수준 미달자는 향상교육을 실시한 후 재평가

Food & Beverage Service

제1장 | 테이블 세팅

제 1 절 식음료 서비스 사이클

서비스 순서(Service Sequence)

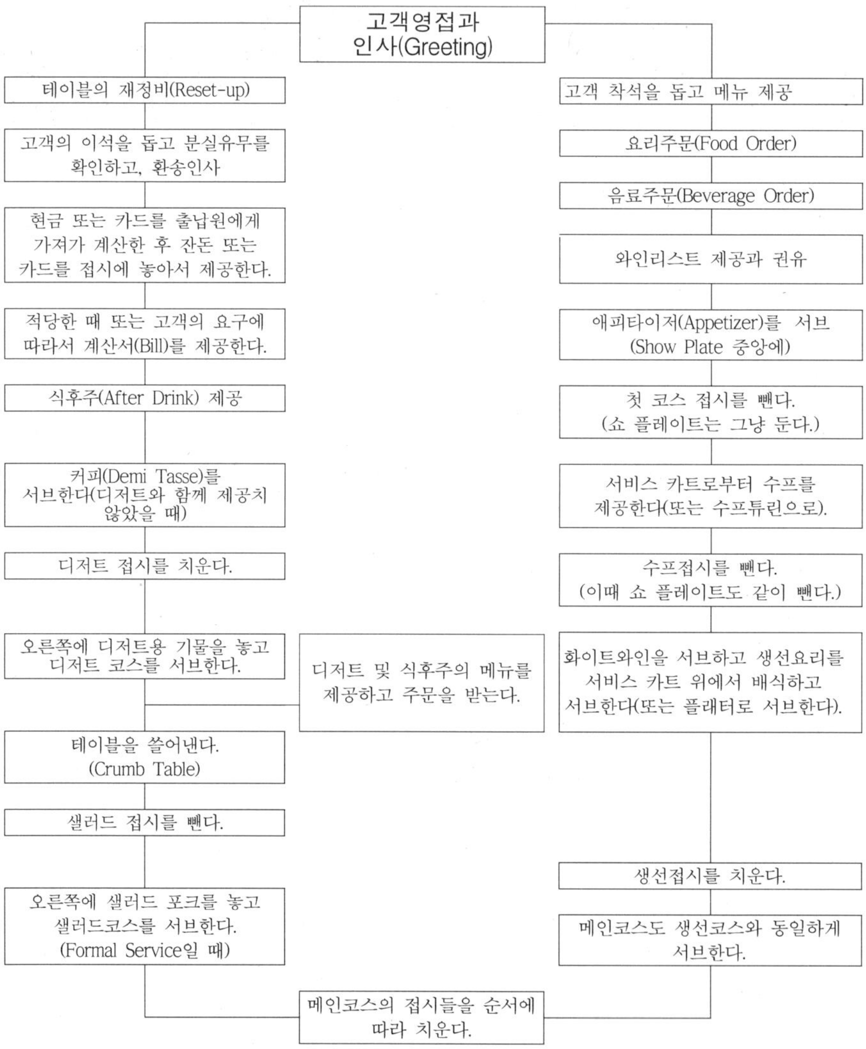

자료 : 관광호텔 표준편람, 한국관광협회

제 2 절 테이블 세팅을 위한 준비

1. 영업장 준비(Mise-en-place) 점검

식당에서 고객에게 식사를 제공하기까지의 모든 사전준비를 말하는 것으로 식당 내의 청결상태에서부터 환경정리와 정돈, 식탁의 배치와 고정, 각종 테이블 리넨류(Table Cloth, Top Cloth, Doily) 및 사이드 테이블(Side Table)에 모든 기물류가 충분히 비치되어 있어야 한다.

고급식당에서 훌륭한 식사가 제공된다 하더라도 기물이나 양념 등이 제대로 서비스되지 않을 경우 그 식사의 가치는 떨어지게 된다. 따라서 영업이 시작되기 전 모든 준비물을 완벽하게 점검하는 것을 영업장 준비라 한다.

이와 같은 준비과정에서 가장 관심을 기울여야 할 부분은 청소 및 정리 정돈일 것이다.

그리하여 종사원은 고객 서브도 중요하지만 우선적으로 업장 내 청소 또한 게을리해서는 안 된다. Table Setting 전에 구석구석을 깨끗이 청소한다. 바닥은 진공청소기를 이용하고, 유리창과 벽, 식탁, 의자, 카운터 등의 구석구석을 세밀히 점검하면서 더러워진 곳을 닦는다. 청소할 때에는 높은 곳에서 낮은 곳으로, 시계방향으로 돌면서 질서 있게 한다. 세팅 전에 점검할 사항을 살펴보면 다음과 같다.

1) 입 구

① Sign Board Clean
② 샹들리에 전구
③ Door Clean
④ Check Room Desk Clean
⑤ 입구 바닥청소

2) Hall

① Light Clean 및 작동

② Window Clean

③ Fan Coil Clean 및 작동

④ 벽청소

⑤ 액자 및 그 밖의 부착물 관리

⑥ 음향조절

⑦ Reserved Tag Polish

⑧ Tent Card 관리

⑨ Service Wagon 및 Wheel Clean

- Table Sheet 및 다리 청소
- Table의 다리 및 위의 오물점
- Side Table Clean
- Plant 및 Plant Box Clean
- Menu Clean 및 점검
- Tray, Clean 및 작동
- 가구 먼지 제거
- Champagne Cooler 및 Stand Clean
- Water Pitcher Clean
- Flower Vase Clean
- Caster Set Clean
- Sugar Bowl Clean 및 점검
- Cream Pitcher Clean 및 점검
- Glass Clean
- Plate Clean
- Silverware Clean
- Dust Pan Clean
- Toothpick Bowl Clean 및 점검

- 천장 및 구석의 거미줄 제거
- Table Sauce Clean 및 제거
- 바닥청소

3) Back-Side

① 주방입구 정리
② 냉장고 정리
③ 제빙기 관리
④ 각종 소모품의 관리함 정돈
⑤ 주방입구의 바닥청소
⑥ 접객원용 거울청소
⑦ 싱크대 청소

2. 비품/집기 목록표(예)

일반적인 레스토랑의 규모에 따른 비품·집기류의 숫자를 살펴보면 다음과 같다. 그러나 실제 상황에 있어서는 그때그때 가감을 적절히 하면서 업무에 임해야 할 것이다.

분류	구분 / 품명	단위	식당 50명 수용능력	주장 50명 수용능력	칵테일 100명 수용능력	연회 100명 수용능력	비 고
비품	Folding table(4인용)	개			12	25	
	Round table(2인용)	개	8	8			
	Square table(4인용)	개	10	10			
	Service wagon	대	1	1	2	2	서비스 방법에 따라
	Cash register	대	1	1	1	1	달라짐
	Radio	대	1	1			
	TV	대	1	1			
	Air conditioner	대	5	5	10	10	면접비례로

	Refrigerator	대	1	1	1	1	달라짐
	Ice cube machine	대	1	1	1	1	
	Bottle cooler	대		1	1		
	Telephone	대	1	1	1	1	
	Working table	대	2	2	4	6	규모에 따라
	Food warmer	대	1			1	달라짐
	Arm chair	개	50	50		50	필요에 따라 사용
	Stocking chair	개	50			100	
	Sofa(4인용)	개					
	Flag stand(각국)	대			각국별	각국별	탁상용과 스탠드용 분리
	Mike	대			1	2	
류	Speaker	대		2	2	2	
	Amp	대		1	1	1	
	Record	대			1	1	
	Coffee urn(3인용)	대	2		2	2	대형 커피포트
	병풍 또는 partition	개	5	2	5	5	면적에 따라 다름
	서폭 또는 서화(장식용)	개	10	5	10	10	면적에 따라 다름
	Toaster	대	2				
	Candle stand(silver)	대				20	
	Service cart(운반용)	대	2	2	2	4	
	Siphon	대	1	1	1	1	
	Vacuum cleaner	대	1	1	1	2	
기물류	Tray(round)	개	5	5	10	10	접객원 수에 따름
	Tray(square)	개	5	5	10	10	
	Water pitcher	개	5	5	10	10	
	Coffee pot	개	10			10	
	Tea pot	개	5			10	
	Milk pitcher	개	10			25	테이블 수에 따름
	Sugar bowl	개	10			25	테이블 수에 따름
	Sauce bowl	개	5			10	테이블 수에 따름

	Butter bowl	개	10			25	테이블 수에 따름
	Finger bowl	개	50			100	
	Tom bowl	개	50			100	
	Beverage Tray(silver)	개		5	10		
	Straw case	개		5	10		
	Soup tureen	개		5	10		
	Syrup stand	개	5			10	
	Nut cracker	개	2	5		20	
	Buffet chafing	개	2			5	
	Fruit stand or bowl	개	5			10	
	Wine cover	개	20		1	40	
	Cheese case	개	2		10	4	
	Ice basket	개	5	2	4	4	
	Wine basket	개	2	5		4	
	Champagne cooler	개	1	2	4	4	
	Shaker	개		2	2	25	테이블 수에 따름
	Caster set	개	10			15	접객 수에 따름
	Bread tong	개	5			2	
	Lemon squeezer	개	1	4	4	1	
	Cocktail decanter	개	1	2	2	100	준비용으로 120% 확보
	Meat knife	개	50			100	준비용으로 120% 확보
	Meat fork	개	50			100	준비용으로 120% 확보
	Fish knife	개	50			100	준비용으로 120% 확보
	Fish fork	개	50			100	준비용으로 120% 확보
	Roast knife	개	50			100	준비용으로 120% 확보
	Appetizer knife	개	50			100	준비용으로 120% 확보
	Butter spreader	개	50			100	준비용으로 120% 확보
	Soup spoon	개	50			100	준비용으로 120% 확보
	Dessert fork	개	50			100	준비용으로 120% 확보
	Dessert spoon	개	50			100	준비용으로 120% 확보

기물류	Tea spoon	개	50			100	준비용으로 120% 확보
	Ice cream spoon	개	50			100	준비용으로 120% 확보
	Pudding spoon	개	50			100	준비용으로 120% 확보
	Service spoon	개	5			10	준비용으로 120% 확보
	Service fork	개	5			10	준비용으로 120% 확보
	Cheese serve	개	5	5	10	10	접객원 수에 따름
	Egg stand	개	50	5	10	100	
	Oyster fork	개	50	5	10	100	
	Escargot fork	개	50			100	
	Escargot clamps	개	50			100	
	Sugar tong	개	25			100	테이블 수에 따름
	Cake server	개	50			100	테이블 수에 따름
	Caviar knife	개	10			20	테이블 수에 따름
	Snail tong	개	10			20	테이블 수에 따름
	Lobster fork	개	20			20	
리넨류	Table cloth	매	18	18	12	25	테이블 수와 규격에 따라 다름 (준비용으로 200% 확보)
	Under cloth	매	18	18	12	25	〃
	Napkin	매	50	50		100	준비용으로 120% 확보
	Arm towel	매	10	10	20	20	〃
	Glass towel	매	10	20	20	20	〃
	Dish towel	매	10			20	〃
	Table skirt (table drape)	매	4	4	20	10	〃
사기류	Soup bowl(cup)	개	50			100	120% 확보
	Entree dish	개	50			100	120% 확보
	Dessert dish	개	50			100	120% 확보
	Salad dish	개	50			100	120% 확보
	Consomme cup	개	50			100	120% 확보
	Soup dish	개	50			100	120% 확보
	Fish plate	개	50			100	120% 확보

	Coffee cup w/saucer	개	50			100	120% 확보
	Tea cup w/sauce	개	50			100	120% 확보
	Demi tasse cup w/saucer	개	50			100	120% 확보
글라스류	Water glass (Trumbler)	개	50	20		100	준비용으로 120% 확보
	Goblet glass	개	50			100	준비용으로 120% 확보
	Bar shell glass	매		50		50	준비용으로 120% 확보
	Highball glass	개	50	50	200	100	준비용으로 120% 확보
	Champagne glass	개	20	10	50	100	준비용으로 120% 확보
	White wine glass	개	50	10		100	준비용으로 120% 확보
	Red wine glass	개	50	10		100	준비용으로 120% 확보
	Claret glass	개		50	50	50	준비용으로 120% 확보
	Collins glass	개		50	50		준비용으로 120% 확보
	Liqueur glass	개	20	20		100	준비용으로 120% 확보
	Cocktail glass	개		30	20	20	준비용으로 120% 확보
	Old fashioned glass	개	10	30	30	30	준비용으로 120% 확보
	Sherry wine glass	개	20	20		100	준비용으로 120% 확보
	Whisky sour glass	개	10	20	20	20	준비용으로 120% 확보
	Brandy glass	개	10	20	20	20	준비용으로 120% 확보
	Shot glass	개	2	5	5	2	준비용으로 120% 확보
기타	Smoke stand	개			10	50	
	Paper napkin	매	50	150	300	150	
	Paper napkin holder	개	18	18		25	
	Toothpick	개	100	100	200	200	테이블 수에 따름
	문방구 용구 (메모지, 볼펜)						
	청소용구						약간
	Flower vase	개	18	18		25	

3. 테이블과 의자(Table & Chair)

1) 테이블의 준비

테이블의 높이는 국제적으로 72~75cm가 표준이다. 폭은 4인용 Square Table일 경우 가로, 세로 각각 90cm로 하여 케이터링 서비스에 많이 사용한다. 형태에 따라 2인용 듀스(Deuce) 테이블, 장방형(Rectangular) 테이블도 사용한다.

식탁과 의자의 규격을 종합하면 다음과 같다.

① 테이블의 종류별 규격

테이블의 종류	좌석 수별	규격(cm)			배치장소
		가로	세로	높이	
정사각형(Square)	2인용	62~90	80~90	72~75	중앙, 구석
	4인용	85~90	85~90	72~75	중앙, 구석
직사각형(Rectangular)	4인용	150	90	72~75	창가, 벽
	6인용	150	90	72~75	창가, 벽 중앙
원형(Round)	2인용	지름	80~90	72~75	중앙
	4인용	지름	80~90	72~75	중앙

② 수평을 유지하고 흔들리지 않아야 한다.
③ 언더 클로스(Under Cloth)는 주름이 생기지 않도록 평평하게 고정시켜 깐다.
④ 테이블 클로스(Table Cloth)가 한쪽으로 치우치지 않도록 평평하게 깐 다음 전체적인 균형을 확인한다.
⑤ 테이블 다리에 먼지나 오점을 제거하고 또한 녹이 슬지 않았는지 확인한다.
⑥ 테이블 위에 남아 있는 오물 때문에 깔아진 클로스가 불룩 튀어나오지 않았는지 재확인한다.
⑦ 세팅의 중앙과 옆 좌석 세팅의 중앙과는 60cm 정도의 사이를 유지해야 한다.
⑧ 늘어진 Cloth와 의자는 수직이 되도록 한다.
⑨ 테이블과 테이블을 연결했을 때 이음새 차이가 나지 않았는지 확인한다.
⑩ 테이블의 성격에 맞게 먼저 배치한다.

2) 의자의 준비

의자의 높이는 42~45cm로서 앉는 부분의 넓이는 50×50cm가 적당하다. 테이블 Set-up 시는 클로스의 늘어진 끝이 의자 높이와 평행을 이루도록 한다.

① 먼지를 제거한다.
② 쿠션(Cushion)의 작동과 오물을 확인하여 세척한다.
③ 흔들림이 있는지 확인해서 흔들리는 것은 교체한다.
④ 다리의 오물을 확인하여 세척한다.
⑤ 등받이의 쿠션을 확인한다.
⑥ 먼지 제거는 폐품 처리된 리넨 또는 비고객용 낡은 냅킨을 사용한다.
⑦ 이상이 없는 의자는 세팅의 중심에 맞추어 배치한다.

4. 리넨(Linen)

1) 테이블 클로스(Table Cloth)

테이블 클로스는 흰색을 사용하는 것이 원칙이지만, 근래에는 색과 무늬가 들어있는 다양한 종류의 클로스가 사용되고 있다. 테이블 클로스는 깨끗하게 다림질되어야 하며, 클로스를 깔 때에는 접었던 선이 식탁의 가로, 세로와 평행이 되도록 한다. 이때 테이블에서 늘어지는 클로스의 길이는 40cm 정도가 되게 한다.

테이블 클로스 밑에는 언더 클로스(Under Cloth) 또는 사일런스 클로스(Silence Cloth)라고 하는 펠트(Felt : 털로 다져 만든 천)나 플란넬(Flannel : 면으로 만든 두꺼운 천) 또는 얇은 스펀지(Sponge)로 된 클로스를 깔아 식탁 위에서 나는 소음을 방지시킨다.

톱 클로스(Top Cloth)는 테이블 클로스 위에 깔아 테이블 클로스가 쉽게 더러워지는 것을 방지하고, 테이블의 품위를 높여주는 것이다. 테이블 클로스는 얼룩이나 구멍 등 흠이 있는 것은 절대 사용하면 안 된다.

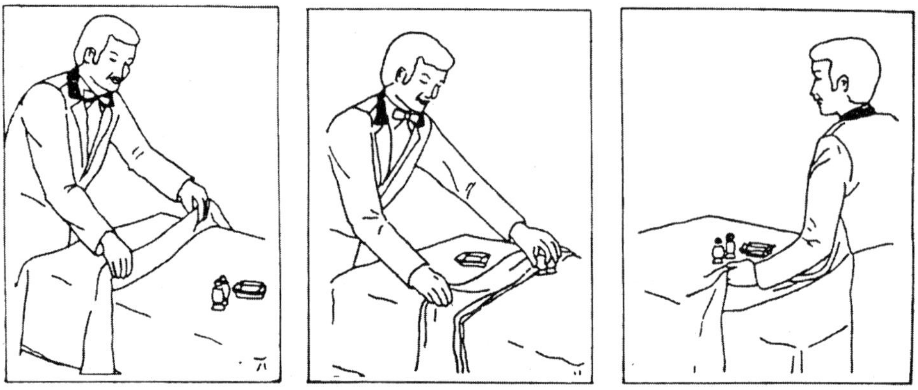

① ② ③

<그림 1-1> 클로스 펴는 방법

① 클로스를 펴는 방법은 다음과 같다.
  - 앞으로 펴는 방법(<그림 1-1> ① 참조)
  - 앞부터 펴나가는 방법(<그림 1-1> ② 참조)
  - 펴서 씌우는 방법(<그림 1-1> ③ 참조)

② 얼룩이나 구멍 등 흠이 있는 것은 절대 사용하지 않는다.

2) 냅킨(Napkin)

냅킨은 로마시대에 하인이 식후에 타월과 물그릇을 들고 돌면서 손을 씻게 했던 데서 비롯되었으며 그 타월을 마파(Mappa)라고 했다. 이것이 냅킨의 기원이 되었으며, 또한 15세기경부터 유행하던 복장 가운데 Ruff(목둘레에 깃처럼 장식한 액세서리)를 보호하기 위해 감쌀 수 있는 것이 필요하여 냅킨이 등장했다는 설도 있다. 테이블 클로스 역시 언제부터인지 정확히는 알 수 없으나 약 1000년 전 프랑스와 영국에서 사용하기 시작했다고 전해지며, 이들은 19세기에 들어와서 직물업이 발달함에 따라 일반화되었다.

냅킨의 특징은 다음과 같다.

① 식탁의 마지막 장식품이라 할 수 있다.

② 모양의 다양성과 정돈된 상태는 수준 높은 분위기의 변화와 좋은 첫인상을 주게 된다.
③ 빠르고 쉽게 또한 아담하고 단정하게 접는다.
④ 접힌 냅킨은 서비스 플레이트나 식탁 위에 그냥 세워 놓는다.
⑤ 규격은 50 × 50cm, 60 × 60cm, 67.5 × 67.5cm 등의 종류가 있다.
⑥ 청결한 느낌을 주기 위해 백색을 원칙으로 하나 테이블 클로스와 잘 어울리는 색깔을 사용하기도 한다.
⑦ 재질(材質)은 부드러운 면을 사용한다.
⑧ 접는 방법은 다음과 같이 구분된다.
- 입 주위나 손이 많이 가는 관계로 위생적으로 취급해야 한다.
- 정찬 분위기에 어울리는 화려한 모양
- 단정하고 점잖은 모양
- 손이 많이 가지 않는 단순한 모양

⑨ 연회나 자주 오는 고객에게는 새로운 인상을 주기 위하여 변화있게 하는 것도 바람직하다.
⑩ 축하연이나 피로연에서는 다양한 냅킨의 접는 방법이 예외 없이 환영받기도 한다.

3) 서비스 타월(Service Towel)

① 암타월(Arm Towel) 혹은 핸드타월(Hand Towel)이라고도 부른다.
② 접객 서비스에 필요한 타월이다.
③ 재질(材質)은 면직류나 마직류로 만들어진다.
④ 3등분 또는 4등분으로 길게 접어 왼쪽 겨드랑이에 낀다.
⑤ 뜨거운 접시나 플래터(Platter) 등을 운반할 때 사용한다.
⑥ 고객의 부주의로 음식을 쏟았을 때 신속하게 대처할 수 있다.

4) 바 클로스(Bar Cloth)

① 주장(Bar)에서 사용된다.

② 글라스를 닦거나 진열하는 데 사용된다.
③ 백색의 리넨을 원칙으로 한다.
④ 물기가 젖어 있으면 안 된다.

5) 도일리(Doily)

① 손을 닦거나 식탁 위에 세팅한다.
② 원형 도일리는 음료를 서비스할 때 밑받침으로 사용된다.
③ 꽃병 및 그 밖의 장식용 기구의 밑받침으로 사용된다.

6) 에이프런(Apron)

① 어린이용 냅킨이다.
② 접객원이 서브할 때 많이 착용한다.
③ 불고기와 같은 즉석요리를 제공할 때 사용한다.

7) Hot Plate에 Service Cloth를 사용하는 방법

Hot Plate에 Service Cloth를 사용할 줄 아는 방법을 익히는 데 그 목적이 있다. Service Cloth는 접시가 너무 뜨거워서 맨손으로 잡을 수 없을 때 사용한다.

(1) 기본순서 : Service Cloth의 사용법

① Service Cloth를 팔뚝에 걸쳐서 가장자리가 보이지 않게 든다.
② 수건은 한쪽 손에 잘 펴서 뜨거운 접시를 잡는다.
③ 혹은 수건을 접고 뜨거운 접시를 잡는다.

(2) 주의사항

① 뜨거운 접시를 취급할 때에는 수건이 음식에 닿지 않도록 한다.
② Service Cloth로 얼굴을 닦아선 안 된다.
③ Service Cloth로 Silverware나 Glassware를, 특히 고객 앞에서 닦아서는 안 된다.

④ Service Cloth를 주머니에 넣어선 절대 안 된다.
⑤ 겨드랑이 밑이나 어깨 위로 들고 다니면 절대 안 된다.

8) 테이블 클로스 깔기(Laying Table Cloth)

식탁보를 테이블에 까는 것은 레스토랑의 전체 분위기와 상관관계가 있다. 그래서 식탁보는 깨끗하고, 일정하고, 정확하게 놓여 있도록 해야 한다.

(1) 기본순서

① 접은 식탁보를 테이블 중앙에 놓는다.
② 테이블 위에 고르게 편다. 식탁보를 3단계로 해서 양쪽 단이 자신을 향하도록 한다.
③ 가운데 주름과 첫 번째 단을 집게와 가운뎃손가락으로 잡는다.
④ 손목을 가볍게 움직여 하단이 테이블 끝쪽으로 펼쳐지게 한다.
⑤ 나머지 단을 엄지와 집게손가락으로 잡고 가운뎃손가락으로 단과 가운데 주름을 같이 잡는다.
⑥ 하단을 앞쪽으로 당기면서 가운데 주름을 놓는다. 그러면 식탁보가 펴지면서 가운데 주름이 위쪽을 향하게 된다.
⑦ 식탁보를 똑바로 펴고 중앙을 잘 맞춘다.
⑧ 끝을 잘 조정한다.

(2) 주의사항

① 잘 다려진 식탁보를 사용한다.
② 선이 똑바로 되어 있는지 확인한다.
③ 다이닝 룸에 있는 모든 식탁보의 가운데 주름이 같은 방향이어야 한다.
④ 식탁보 앞면이 아래를 향하도록 한다. 즉 윤이 나는 쪽을 위쪽으로 그리고 옷단을 아래쪽으로 한다.
⑤ 식탁보는 테이블 옆으로 25cm 정도 늘어뜨린다.
⑥ 테이블에 식탁보가 1개 이상 사용될 때에는 끝단이 같아야 한다.

9) 서비스 도중에 식탁보 교체(Changing a Table Cloth)

식사 도중에도 더러워진 식탁보는 고객의 기분을 상하게 하기 쉽기 때문에 교체해 주어야 한다. 이때 주변 고객의 시선을 끌지 않도록 조용하게 진행한다.

(1) 기본순서

〈식탁보 교체〉

① Caster Set를 치워서 Side Station이나 테이블 혹은 Tray에 올려 놓는다.
② ③항의 단계로 테이블 정리
③ Caster Set를 다시 올려놓는다.
- 깨끗하게 접은 식탁보를 테이블 중앙보다 조금 위쪽으로 놓는다.
- 더러운 식탁보를 자신 쪽으로 당겨서 끝단이 테이블 끝에 오게 한다.
- 더러운 식탁보는 테이블 끝과 잘 맞춰서 제일 가까운 면을 접는다.
- 깨끗한 식탁보를 테이블에 고르게 부분별로 편다.
- 끝이 안 맞는 쪽을 잘 조정한다.

〈테이블의 중앙 세팅을 두고 식탁보를 바꾼다.〉

① Caster Set을 테이블 반대쪽으로 옮긴다.
② 팔을 테이블 크기만큼 뻗는다.
③ 사용한 식탁보의 제일 가까운 쪽을 엄지와 집게손가락으로 잡는다. 식탁보를 들고 일정하게 접는다. 이때 테이블 표면의 30cm 정도만 노출시킨다.
④ 깨끗한 식탁보를 테이블 위에 편다. 양쪽 끝과 가운데 주름이 테이블 반대쪽을 향하게 한다.
⑤ 위 끝을 잡는다. 테이블 앞쪽 끝으로 끌어 당긴다(끝의 솔기가 아래쪽을 향하도록 한다).
⑥ 더러운 식탁보를 한번 더 접는다(테이블 위쪽을 향해).
⑦ Caster Set를 자신 앞으로 가져온다.
⑧ 더러운 식탁보를 뒤로 접어서 뺀다.
⑨ 엄지와 집게 손가락으로 나머지 주름 잡힌 끝을 잡고 손목을 한번 살짝 끈다. 이 동작은 식탁보가 펴지게 한다.

⑩ 끝을 정리한다.
⑪ Caster Set를 잘 정리한다.

5. 냅킨 접는 요령

1) 텐트 모양(Tent)

한 손으로는 여러 겹에 싸인 Napkin들을 받쳐 들고 다른 한 손을 사용하여 접을 수가 있다. 왼손에 정방향으로 접힌 냅킨더미를 놓고 오른손 엄지손가락으로 A귀퉁이를 B귀퉁이로 내려 접는다. 이 삼각형을 Tent형으로 만들기 위해 엄지손가락 주위로 구부린다. 텐트 모양의 이 냅킨은 고객을 향해 열린 상태거나 닫힌 상태로 Table 위에 놓인다.

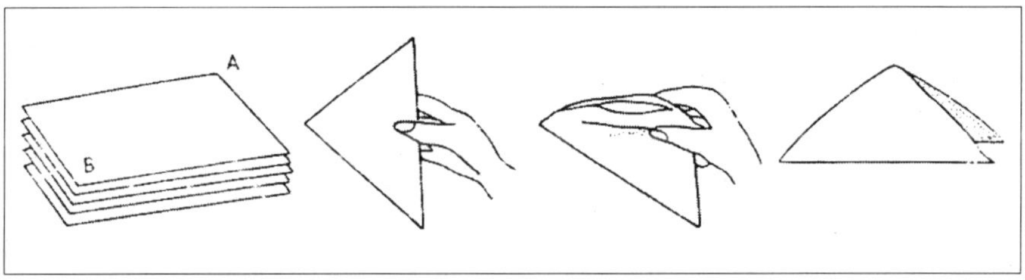

2) 고깔모자 모양(Cocked Hat)

직사각형의 냅킨을 반으로 접고 냅킨의 중앙을 향해 오른편의 1/3을 접는다. C를 오른손으로 A-B의 변 쪽으로 $1\frac{1}{2}$ inch 남기고 밑으로 감는다. 왼속으로 D를 돌린다. 그림에서 보듯이 엄지손가락으로 E점과 F점을 감아 올린다. 이 모양은 접기가 간단하고 접은 냅킨을 많이 보관할 수 있어 바쁠 때에는 신속하게 가져다 사용할 수 있는 이점이 있다.

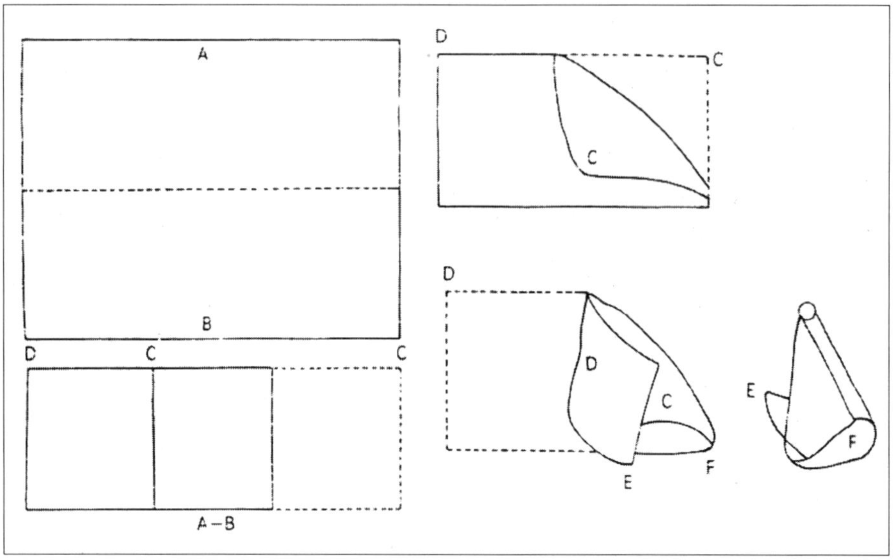

3) 소맷부리 모양(Cuffed Roll)

A, B변을 C, D 위로 내려 접은 후 누른다. 냅킨을 뒤로 돌려놓고 E, F변으로부터 G, H변을 향해 감는다. 소맷부리는 원통형 모양의 바깥쪽에 있기 때문에 (그림 ②)에서는 보이지 않는다. 처음 접은 것이 밖으로 올 수 있도록 돌려서 접는다. 접는 부분이 중간에서 약간 위쪽으로 볼 수 있도록 균형을 잡는다.

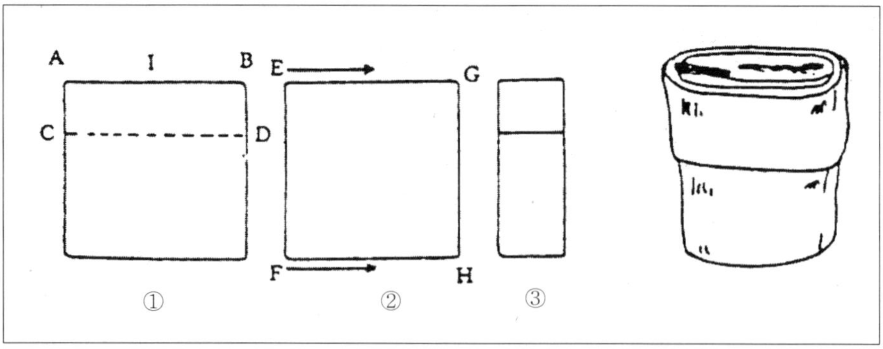

4) 부채 모양(Fan)

③번 그림에서 보여주는 모양을 만들기 위해 E, F점에서 G, H점으로 접어 주름을 만든다. M, N을 바깥으로 접히게 하기 위해 I, J를 K, L뒤로 접으면서 다시 반으로 접는다. 이것이 4번 그림의 모양을 이루게 된다. 두 개의 O점을 반대방향 P로 접는다. 이 삼각형은 부채의 손잡이가 된다. 꼭대기와 밑바닥에 핀으로 잠그고 부채 모양이 되도록 주름을 편다.

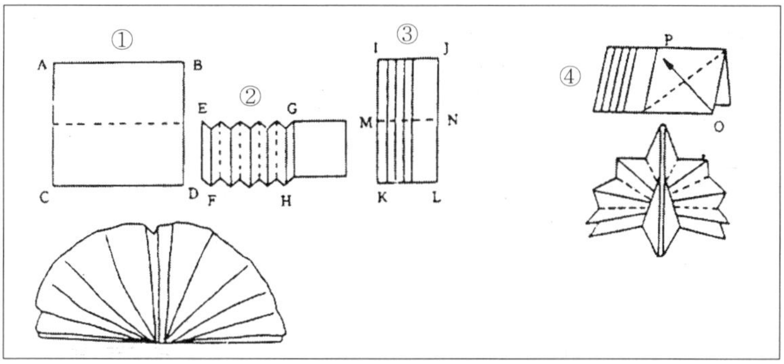

5) 촛대모양(Candle)

점 A를 B에 갖다 대고 C, D가 접히도록 누른다. 선 G, H상에 오도록 E, F를 밑으로 내려 접고 누른다. 소맷부리가 외곽으로 가게 하여 점 G가 H를 향해 전체의 냅킨을 감는다. 조심스럽게 말아서 길이가 똑같은 모양이 되도록 만들며 초모양이 풀리지 않도록 바깥에 남아 있는 소맷부리의 귀퉁이를 안쪽 소맷부리로 끼워 놓는다.

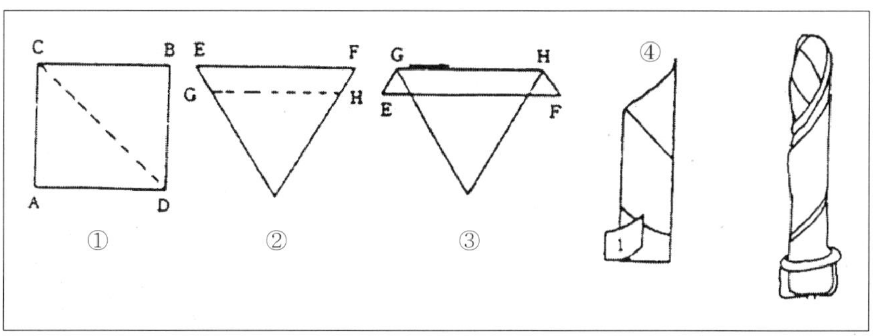

6) 추기경 모자모양(Cardianl's Hat)

C, D를 접어서 B점을 A점까지 접는다. 그런 다음 C와 D를 점 A, B에 닿도록 접는다. 다시 냅킨을 뒤집어 점 F와 G를 바꾸어 놓는다. 점 E를 점 A, B쪽을 향해 약 3/4을 접고, 다시 선 H, I쪽을 향해 밑으로 접는다. H와 I를 함께 가져다가, 둥근 밑받침을 만들기 위해 한쪽 끝을 다른 한쪽으로 밀어 넣는다. 냅킨을 똑바로 세우고 끝이 비스듬히 되도록 깃을 빳빳이 세운다.

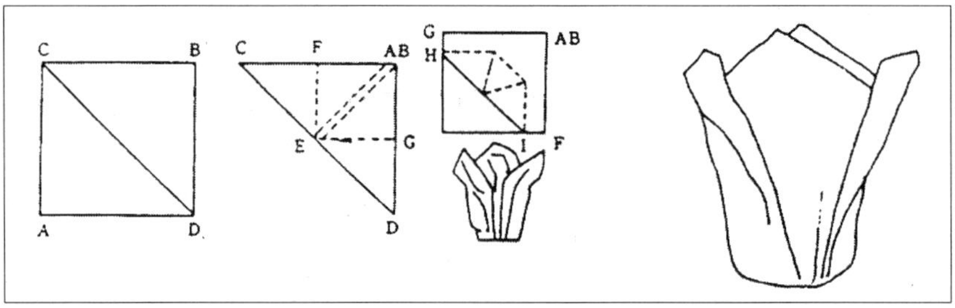

7) 왕관모양(Crown)

C와 D선을 접어서 A, B점까지 접는다. 그런 다음 C와 D를 점 A, B에 닿도록 접는다. 점 G를 점 A, B를 향해 약 2/3를 접어 올리고 누른다(그림 ②).

점 G를 다시 선 H, I를 향해 밑으로 내려 접으면 (그림 ③)과 같이 된다. 그리고 냅킨을 뒤집어 놓고(그림 ④), H를 I와 함께 모서리를 맞추고 둥근 밑받침을 만들도록 한쪽 끝을 다른 쪽으로 밀어 넣는다. 냅킨을 세우고 왕관모양을 만들기 위해 상단의 양 깃을 약간 구부려 빳빳하게 한다.

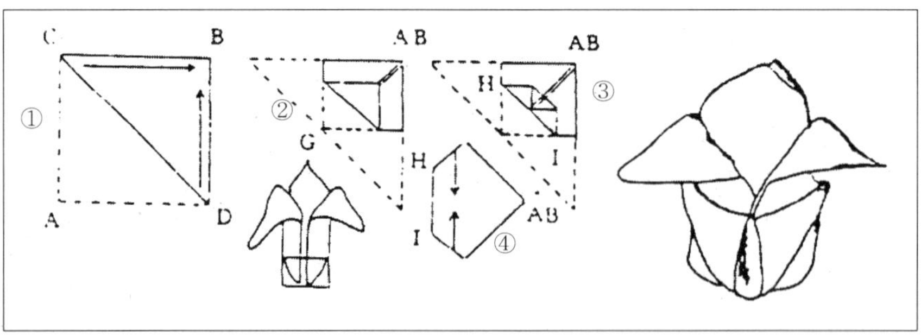

8) 장미모양(Rose Center Piece)

1과 2단계로 모든 모서리(A, B, C, D와 E, F, G, H)는 중심을 향해 접는다. 냅킨을 뒤집어 놓고 3단계로 모든 모서리(I, J, K, L)를 중심을 향해 접는다. 이 점에서 모든 주름이 꽉 눌렸는지를 확실히 하고 4단계로 들어간다. M점과 중심 사이의 중간쯤 되는 1, 2점에 두 손가락을 갖다 댄다. M점 밑으로 손을 넣어 뒤쪽 늘어진 가락을 잡고 이를 잡아당겨서 세운다. 이와 같이 점 N, O, P에서도 똑같이 하여 네 귀퉁이를 세운다. 5단계에서는 점 2와 3에 왼손 두 손가락을 올려놓고 M, N 뒷면에 있는 눌려진 가락을 끌어올려 세우며 면 N·O, O·P, P·M의 뒷면에 있는 늘어진 것도 똑같이 올린다.

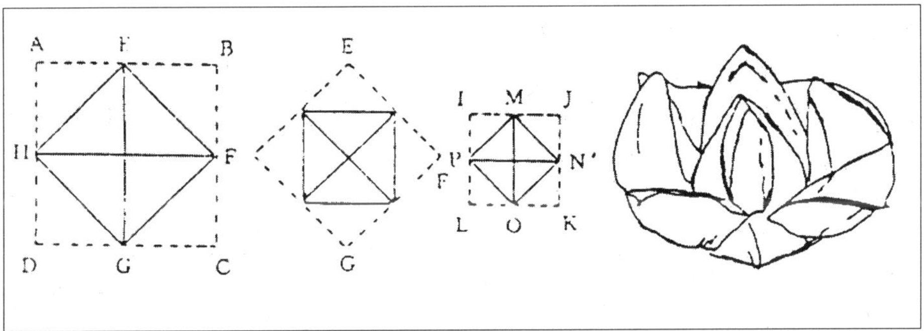

9) 책모양(Book)

첫 단계로 (그림 ①)과 같이 냅킨을 3등분으로 접는다. (그림 ②)와 같이 왼쪽 끝을 각각 2편의 1/4이 되게 접는다. 그리고 (그림 ③)과 같이 양쪽 끝을 중심점으로 접는다.

오른쪽편을 뒤로 접는다. 마지막으로 접힌 세 부분이 일정하도록 뒤로 끌어내어 (그림 ④)와 같이 만든다. 이 모양은 공식적인 행사나 예약된 테이블에 적합하며 접시 위에 놓으면 모양이 좋다.

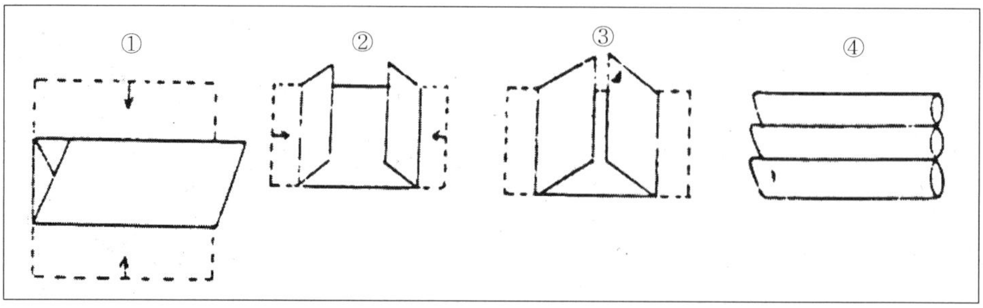

10) 비둘기모양(Dove)

냅킨을 반쪽으로 접는다. 그리고 왼쪽과 오른쪽을 삼각형으로 만들기 위해 안쪽으로 접는다. 그리고는 냅킨을 뒤집어놓고, 삼각형의 꼭지 중심점으로부터 세 개의 주름을 만든다. 냅킨의 링을 세 주름 꼭지에 끼우면 된다. 이 모양은 접시장식이 잘 되며 프린트 된 냅킨일 경우 더욱 잘 어울린다.

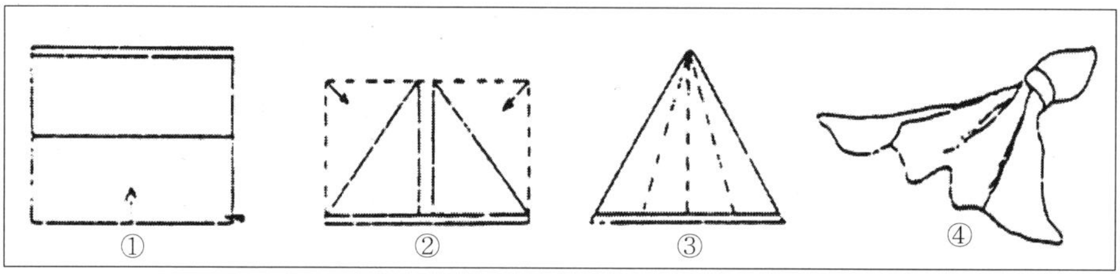

11) 방패모양(Royal Shield)

냅킨 2장을 포갠 후 위에 있는 냅킨을 A에서 B로 접은 다음 냅킨 전체를 3등분하여 각 모서리를 뒤로 제쳐 내리되 (그림 ②)와 같이 보이도록 약간씩 차이를 두어 접는다. (그림 ②)의 점선 양쪽 바깥부분을 뒤로 접어 놓으면 (그림 ③) 모양이 된다. 이 모양은 식탁용 은기물을 집어 넣기 위해서 사용되며 색깔이 있을 때 한층 더 돋보인다.

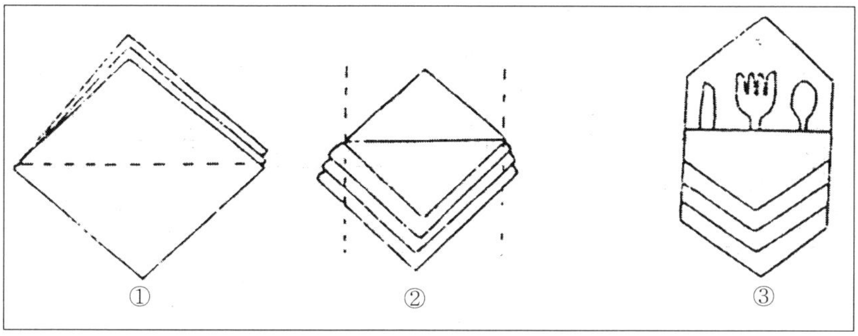

12) 3단형 모양(Triple Tier)

A, B를 C, D지점까지 접는다. 다음으로 E와 F선을 A, B점까지 접는다. 다시 G, H점을 I, J부분으로 내려서 접는다. 그리고 K, L선을 아래쪽으로 해서 접는다. 그런 다음 K, L선을 가운데 부분인 M, N선에 맞게 접는다.

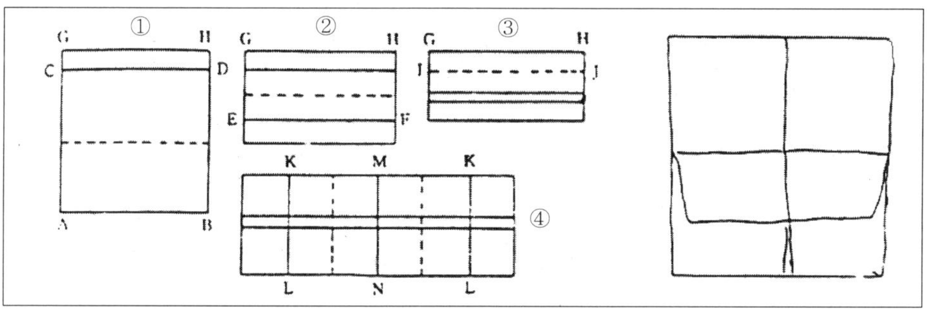

13) 성지형 모양(Shrine)

C와 D선을 접어서 A, B점을 포갠다. 그런 다음 C, D를 A, B점으로 다시 접어 뒤집는다. H, I선처럼 A, B쪽으로 약 3/4을 접는다. 다시 A, B점을 반대로 접는다. 원이 되도록 모양을 만든 후 냅킨을 세워서 성지형의 형태로 모양을 낸다.

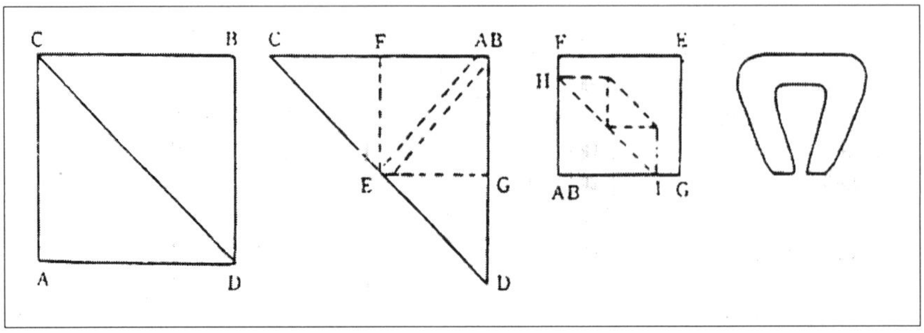

14) 백합꽃 모양(Fleur de Lis)

A, B, C, D를 F와 E쪽으로 다시 접어 넣는다. G를 H쪽으로 접는다. I점을 선으로 하여 양쪽으로 (바깥쪽) 접는다. 접으면 다이아몬드 형태가 된다.

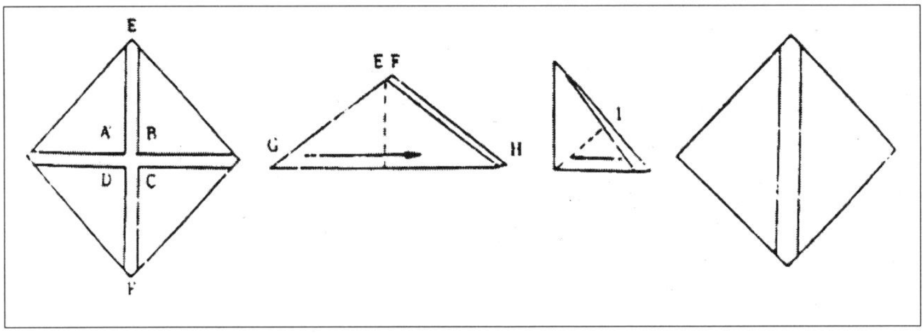

6. Flatware(접시, 기물류)

1) 도자기류(Chinaware)

인류문명 이전부터 사용되어 온 도자기류(일명 사기그릇류)는 긴 역사에서도 말해주듯이 그 종류가 다양하다. 특히 어떤 유의 비품·집기보다 깨어지거나 금이 가기 쉽기 때문에 취급 시에는 각별한 주의를 요한다.

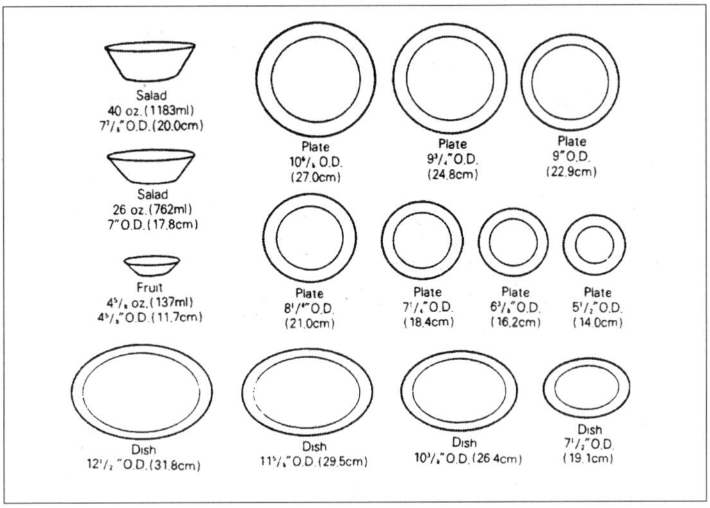

<그림 1-2> 도자기의 종류

(1) 접시류 (Plates)

요리제공용 접시로 디너용, 피시용, 디저트용, 브레드용, 수프용 등

(2) 접시 밑받침 (Underliner)

수프컵 밑받침, 커피컵 밑받침, 스페셜컵 밑받침, 모카(Mocca)컵 밑받침 등

(3) 컵 (Cups)류

커피컵, 모카컵, 데미타스 컵(Demitasse Cup), 부용(Bouillon) 컵 등

(4) 볼 (Bowl)

시리얼(Cereal)용, 샐러드(Salad)용 등

2) 은기물류(Silverware)

때로는 은제(銀製) 대신 스테인리스 스틸을 사용하기도 하는데, 이들을 취급할 때 소음을 내면 안 된다. 특히 테이블 세팅을 할 때에는 더욱 조심해서 취급해야 한다. 은기는 녹이 슬 염려가 있으므로 뜨거운 물에 깨끗이 닦은 후 반드시 마른

Dish Towel로 닦아 건조하게 보관해야 한다.

(1) 쟁반 (Service Tray)

- 깨끗하게 사용하고 보관한다.
- 물건이 미끄러지지 않게 언제나 매트(Mat)를 깐다.

제품별로는 다음과 같다.

- 스테인리스 스틸(Stainless Steel)
- 플라스틱(Plastic)
- 은기제품(Silver)

용도별 종류는 다음과 같다.

- 둥근 쟁반(Round Tray)
- 타원형 쟁반(Oval Tray)
- 사각쟁반(Square Tray)
- 직사각쟁반(Rectangular Tray)

3) 나이프와 포크 (Knife & Fork)

나이프와 포크의 종류는 용도에 따라 여러 가지가 있으며, 포크가 처음에 사용된 것은 16세기 '앙리 2세' 때 프랑스 궁중에서라고 한다. 이렇게 귀족들만이 사용하다가 1866년 이후에 일반 대중에게 널리 보급되었다고 한다.

(1) Knife의 종류

- Appetizer Knife
- Fruit Knife
- Fish Knife
- Carving Knife(Meat & Fish)
- Meat Knife(Entree Knife)
- Butter Knife
- Dessert Knife
- Table Knife Service(Knife)

(2) Fork의 종류

- Escargot Fork
- Dessert Fork

- Cocktail Fork
- Appetizer Fork
- Fish Fork
- Meat Fork(Entree Fork)
- Fruit Fork
- Carving Fork(Meat & Fish)
- Salad Fork

등이 있으며 이외에도 여러 종류의 Knife와 Fork 등이 있다.

(3) 스푼 (Spoon)

스푼은 국물이 있는 음식을 먹거나 사용하기 위해서 준비된 기물이며, 그 종류는 다음과 같다.

- Bouillon Spoon
- Melon Spoon

Silverware의 종류

- Soup Spoon(table spoon)
- Dessert Spoon
- Tea Spoon(coffee spoon)
- Strawberry Spoon
- Sugar Ladle
- Soda Spoon
- Ice Cream Spoon
- Service Spoon
- Sauce Ladle
- Soup Ladle

이외에도 여러 가지 Spoon이 있다.

그 밖에 은기제품으로는 Soup Tureen, Entree Oblong, Bread Basket, Napkin Holder, Sauce Boat, Water Pitcher, Champagne Cooler, Coffee Pot, Ice Pail 등 여러 종류의 기물들이 있다.

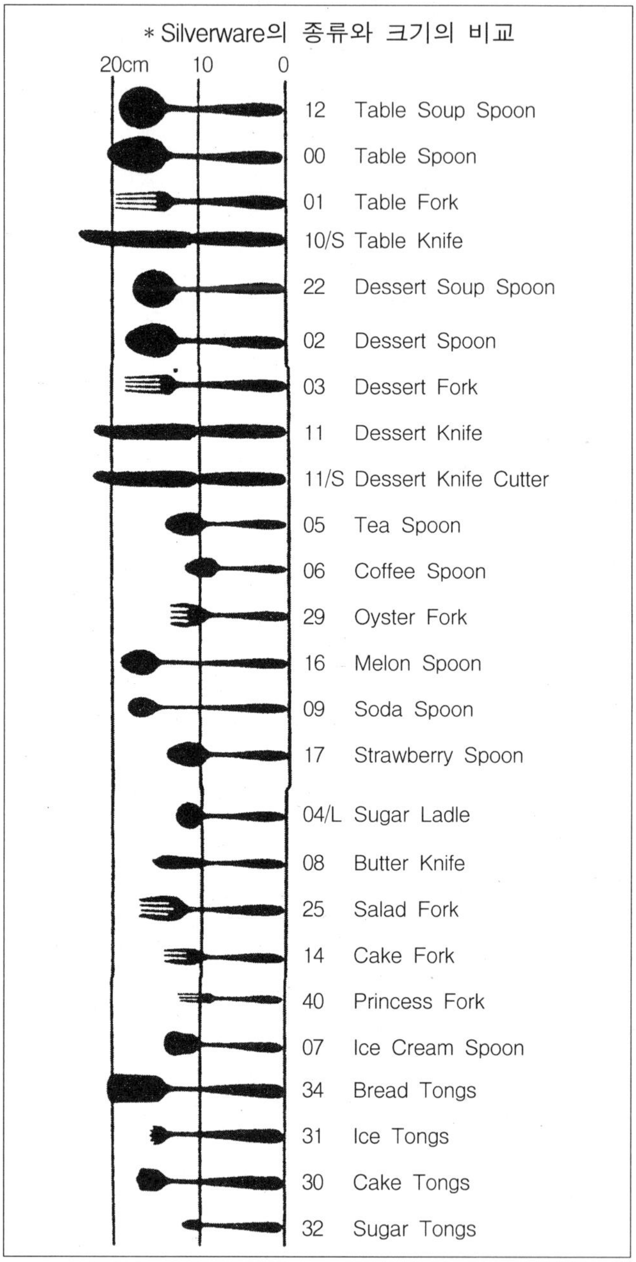

<그림 1-3> 은기물의 종류와 크기①

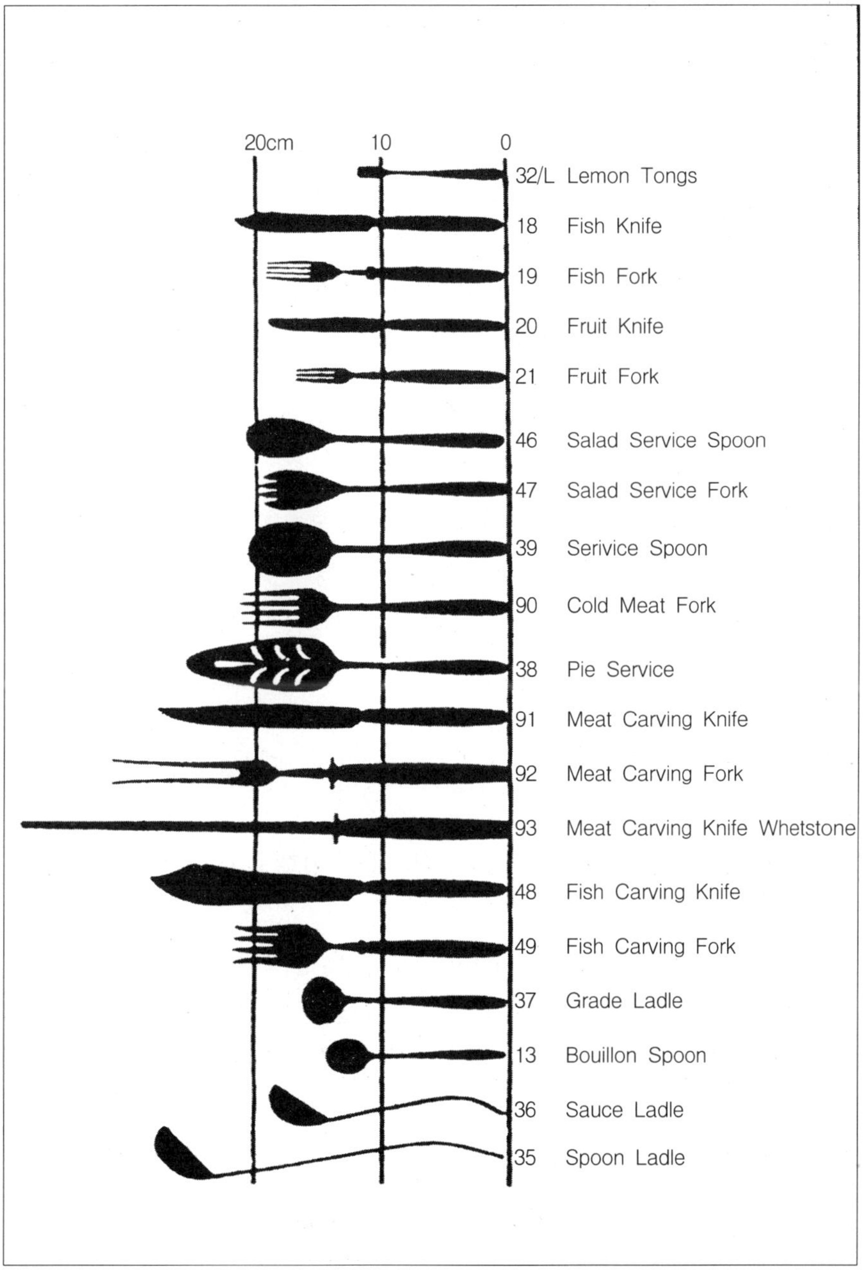

<그림 1-3> 은기물의 종류와 크기②

4) Flatware 세팅

접시류의 배치는 다른 기물류와 조화를 이루는 가운데 Hall 전체의 분위기에 어울리도록 Setting해야 한다.

(1) 기본순서

① Cover 오른쪽(Knife 및 Tea Spoon)

- Knife 세팅 1개, Dinner Knife는 접시 오른쪽에서 1인치 평행으로 배치한다. 칼날부분이 항상 접시 쪽을 향하게 한다.
- Steak Knife 세팅, Steak Knife는 접시 오른쪽에서 칼날이 겨우 지나갈 정도 나란히 배치한다. 칼날부분이 항상 접시 쪽을 향한다.

② Cover 왼쪽(Forks)

- Dinner Fork는 왼쪽에서 접시나 Fork의 목부분의 선이 일치하도록 놓고 테이블 끝에서 1인치 높아야 한다.
- Salad Fork는 Dinner Fork와 나란히 두고 끝이 Dinner Fork 끝부분보다 1인치 높아야 한다.

③ 디저트 세팅

- Dessert Fork는 Show Plate보다 1인치 위에 배치할 Fork가 오른쪽으로 향해야 한다.
- Dessert Spoon은 Dessert Fork보다 위로 평행되게 놓는다. Spoon은 왼쪽을 향하게 한다.
- Tea/Soup Spoon은 Dinner Knife 옆으로 평행이 되게 한다.
- Cover 오른쪽에 있는 Flatware는 테이블 끝에서 1인치 떨어뜨린다.

④ Butter Knife는 Butter Plate에 둔다. 두 가지 형태로 Butter Knife를 Plate에 둘 수 있다.

- 접시 위 끝쪽으로 날부분이 아래쪽을 향하고 손잡이는 오른쪽에 위치시킨다.

⑤ 전체 Cover

- Flatware는 Showplate를 1인치 등거리식으로 감싼다.

- 손잡이 끝부분이 Showplate와 일정해야 하고 테이블 끝에서 1인치 위로 한다.
- Cover 위에 있는 Flatware는 대칭되게 배치한다.

(2) 주의사항

① Flatware를 사용 순서대로 배치한다.

예) Soup 코스가 Main 코스보다 우선이므로 Soup Spoon은 오른쪽에 Dinner Knife와 평행이 되게 한다.

② Fork는 뾰족한 부분이 위쪽을 향하게 배치한다. 스푼 머리부분을 바로 한다. 칼날부분은 접시를 향하도록 배치한다.

③ Flatware는 Cover에 등거리지게 배치한다. 1인치 간격이 바람직하다(집게 및 가운뎃손가락 폭 정도).

④ Flatware를 배치할 때

- Fork는 안쪽에 배치한다(예외 : Oyster Fork와 Cocktail Fork는 오른쪽 Tea Spoon 옆에 둔다).
- Knife 및 Spoon은 오른쪽이다.
- 디저트용 Flatware는 Dinner Plate 윗부분에 비치한다.

5) Flatware 닦는 법

Flatware류를 깨끗하고 좋은 상태가 되게 하기 위해서는 손 접촉을 가능한 줄이면서 닦아야 한다.

(1) 기본순서

① 우선 닦기 쉽도록 각 종류별로 구분한다.

② 운반은 쟁반을 사용한다.

③ 은기의 취급은 항상 손잡이를 잡고 한다.

④ 포크의 경우 날의 안쪽 부분을 특히 주의해서 닦는다.

⑤ 닦는 기물은 종류별로 구분하여 세팅하기 편리하도록 쟁반에 잘 놓는다.

⑥ 무거운 쟁반을 운반할 때에는 왼손의 손목을 회전시켜 어깨 위로 받쳐 들며, 가슴을 펴고 운반하는 것이 일반적이다.

- 오른손은 올려진 쟁반의 앞쪽을 가볍게 잡는다.
- 이 방법은 큰 직사각형 쟁반이나 큰 타원형 쟁반일 때 많이 이용한다.

<그림 1-4> 기물 닦는 모습

<그림 1-5> 모로 잡는 모습

(2) 주의사항

① 닦은 다음에는 Flatware를 가능한 덜 만진다.
② Flatware를 손잡이로만 잡고 절대로 먹는 쪽을 잡아선 안 된다.
③ 실오라기, 손, 물, 음식자국이 있는지 확인한다. 음식찌꺼기가 묻은 Flatware는 즉시 세척을 다시 한다.
④ 닦을 때에는 깨끗하고 위생적인 수건을 사용한다.
⑤ 구부리거나 변색된 Flatware가 있는지 확인한다. 구부러진 Flatware는 관리자에게 통보한다. 변색된 Silverware는 다시 닦도록 한다.

7. 글라스류(Glassware)

글라스의 대부분은 바 글라스(Bar Glass)에 해당되는 것이 많으며, 디자인과 모양, 용량에 따라 다르고 또한 같은 용도의 것이라도 생산기업마다 달리 만들어지기도 한다.

1) 글라스의 종류

(1) 스템웨어(Stemware)

스템(기둥)이 달린 음료용 유리잔으로 와인글라스, 워터 고블릿, 주스, 샴페인 글라스, 리큐르 글라스, 브랜디 글라스, 셰리와인 글라스, 칵테일 글라스 등이 있다.

(2) 텀블러 (Tumbler)

원통형 유리잔으로 하이볼 글라스, 톰콜린스 글라스, 올드패션드 글라스, 맥주 글라스 등이 있다.

(3) 기타류

디캔터(decanter), 유리제 물주전자 등

① Delmonico Glass
② Collins Glass
③ Shot Glass
④ Highball Glass
⑤ Old Fashioned Glass
⑥ Irish Coffee Glass
⑦ Pilsner Glass
⑧ Beer Mug Glass
⑨ Pousse Cafe Glass
⑩ Parfait Glass
⑪ Flip Glass
⑫ Red Wine Glass
⑬ White Wine Glass
⑭ Sherry Wine Glass
⑮ Flute Champagne Glass
⑯ Brandy Glass
⑰ Cocktail Glass
⑱ Sour Glass
⑲ Liqueur Glass

<그림 1-6> 글라스의 종류

(4) 유리제 접시류

렐리시(relish) 그릇, 식초와 기름 담는 유리제 접시

(5) 컨테이너 (Container)

여러 가지를 담는 그릇류

(6) 파운테인 (Fountain)

셔벗(Sherbet), 파르페(Parfait), 소다, 아이스크림용 유리그릇

2) 글라스 세팅

글라스류는 테이블의 좌우에 올바른 형태로 세팅시켜 사용하기에 편리하도록 해야 한다.

(1) 기본순서

- 글라스는 깨지기 쉬우므로 상당한 주의를 필요로 한다.
- 글라스를 운반하는 방법에는 손으로 운반하는 방법, 트레이(tray)로 운반하는 방법이 있는데, 어떠한 경우라도 손가락이 유리컵 안으로 들어가서는 안 된다.
- 글라스를 잡을 때에는 항상 밑부분을 잡도록 하며, 손잡이가 달린 잔은 반드시 손잡이를 잡도록 한다.
- 손으로 운반할 때에는 손잡이 부분(stem)을 손가락 사이에 끼워서 윗부분이 아래쪽으로 향하도록 한다.
- 트레이(tray)로 운반할 때에는 항상 유리컵이 미끄러지지 않도록 냅킨을 깔고 그 위에 올려 놓는다. 또한 한쪽으로 쏠리지 않도록 하며, 한꺼번에 많은 양을 운반할 때에는 글라스 랙(glass rack)을 사용하기도 한다.

여러 개 드는 모습

스템 없는 글라스를 쥐는 모습

스템 글라스 쥐는 모습

<그림 1-7> 글라스 쥐는 요령

(2) 주의사항

① Glassware는 가능한 덜 만진다.
② Glassware는 테이블에 똑바로 놓는다.
③ 일반적으로 잔을 사용목적에 따라 놓는다.
④ Water Glass가 Cover에 놓일 때에는 이것이 Base Glass가 된다. Base Glass는 항상 Dinner Knife보다 1 inch 높게 배치한다. 다른 잔은 Base Glass 옆으로 나란히 놓는다.
⑤ 글라스는 서비스 목적에 따라 대칭형태로 놓는다.
- Wine Glass를 물/Base잔보다 위에 배치한다.
- Wine Glass를 삼각형으로 배치한다.

3) Glassware 닦는 법

글라스에 손을 너무 많이 대지 않고 Glassware를 닦아야 한다. 이때 Glassware는 아주 깨끗하고 상태가 좋아야 한다.

(1) 기본순서

- 글라스 랙(glass rack)을 사용하여 식기세척기(dish washer)에서 세척한다.
- 용기에 뜨거운 물을 따로 준비한다.
- 세척된 글라스에 수증기를 쏘인다.
- 글라스 타월(glass towel)을 엄지손가락으로 잡은 다음 왼손 바닥으로 유리컵 밑부분을 감싸준다.
- 오른손으로 한쪽 타월을 글라스 안쪽에 넣고 엄지손가락을 갖다 대고, 나머지 손가락은 글라스 바깥부분을 완전히 잡는다.
- 타월을 돌려가면서 글라스 안팎을 닦은 후 글라스 손잡이를 닦고 밑바닥을 닦는다.
- 수증기를 쏘여도 얼룩이 충분히 닦이지 않을 때에는 물에 담갔다가 닦는다.
- 글라스를 닦을 때에는 무리한 힘을 가하지 말아야 하며 닦으면서 글라스가 깨어지지 않았는가를 확인한다.

(2) 주의사항

① Glassware를 닦은 후에는 가능한 접촉을 줄이도록 한다. 기름기가 묻은 손으로 글라스를 더럽히게 된다.
② Glassware에 실오라기, 손자국, 물자국, 음식자국이 있는지 확인한다. 음식이 남아 있는 것은 다시 세척한다.
③ 닦을 때는 깨끗하고 위생적인 수건을 사용한다.
④ 잔의 Stem이나 중하위 부분을 잡는다. 가장자리는 잡지 않는다.
⑤ 잔의 깨진 부분이 있는지 확인한다. 있으면 즉시 교환한다.

8. 센터피스(Center Pieces)

센터피스란 식탁의 중앙에 놓는 집기를 말한다. 즉 식탁을 돋보이게 하기 위해 놓은 꽃병과 소금, 후추병, 촛대 등이 있으며, 뷔페 테이블의 중앙에 장식물로 놓이는 생선요리, 케이크, 과일용 은제 바스켓, 얼음조각 등도 이에 속한다. 꽃은 병에 꽂거나 수반을 이용할 수 있으나 꽃의 높이가 너무 높아 상대방의 얼굴을 마주 보는 데 방해가 되면 안 된다. 촛대 역시 손님의 대화에 지장을 주는 높이는 피해야 한다. 소금과 후추병은 보통 2~3명에 한 세트씩 세팅하며, 내용물이 차 있어야 하고, 응고되거나 구멍이 막히지 않았는지를 확인한다.

내용별 구체적인 관리요령은 다음과 같다.

1) Cream Pitcher

① 광택이 나야 한다.
② 손자국이 있거나 더러운 것은 사용을 금한다.
③ 2인용 식탁에는 Pitcher에 1/3의 Fresh Cream을 준비한다.
④ 4인용 및 6인용 식탁에는 Pitcher에 2/3의 Fresh Cream을 준비한다.
⑤ Fresh Cream은 미리 담아 차가운 곳에 보관한다.
⑥ 고객이 착석하면 즉시 식탁의 중앙에 놓는다.

2) Sugar Bowl

① 광택이 나야 한다.
② 설탕은 Bowl의 8부 정도로 채워 넣는다.
③ 설탕이 굳어 있는가, 오물이 들어 있는가를 확인한다.
④ Sugar Ladle에 설탕이 묻어 있지 않은지 확인한다.
⑤ Ladle을 꽂아 뚜껑을 닫고 Table 중앙에 놓는다.

3) Bill Box

① 회사 및 업장의 선전효과를 나타낼 수 있다.
② 테이블 위에서 자주 이동되지 않도록 고객의 불편함이 없는 곳에 위치시켜야 한다.
③ 위치는 테이블의 위치에 따라 달라진다.
- 창가의 직사각형 테이블에는 창가 쪽에 위치시킨다.
- Hall 중앙의 4인용 정사각형이나 원탁일 경우에는 중앙에 위치시킨다.
- 2인용의 정사각형 및 원탁인 경우에는 고객의 불편이 없는 바깥쪽에 위치시킨다.

④ 주일단위로 세척하여 관리한다.

4) 꽃병(Flower Vase)

① 광택이 잘 나야 한다.
② 항상 싱싱한 맛을 느낄 수 있도록 관리한다.
- 매일 아침 물을 바꾸어준다.
- 꽃에 물을 뿌려준다.
- 시든 꽃과 잎은 제거한다.

③ Bill Box의 우측에 놓는다(음식서브나 고객의 불편을 덜어줄 수 있는 위치).

5) 촛대(Candle Stand)

① 광택이 나야 한다.
② Dinner Time에 사용한다.

③ 녹이 묻어 있지 않도록 매일 세척한다.
④ 테이블의 중앙에 위치시킨다.
⑤ 영업 개시 후 해가 지면 불을 켠다(또는 고객 참석 시 불을 켠다).
⑥ 마주 앉아 있는 고객의 얼굴을 가리면 안 된다.
⑦ 촛대의 위치에 따라 식탁의 분위기가 크게 달라질 수 있다.

6) Centerpiece Arrangement(중앙세팅 정리)

레스토랑의 중앙세팅은 전체적으로 일정하고 보기 좋게 배열시켜 Hall의 전체 분위기와 조화를 이루도록 해야 한다. 기본적인 내용은 기능적으로 돋보여야 한다.

중앙세팅에는 깨끗하고 손상되지 않은 소금, 후추통, 램프 등이 포함되어야 한다.

(1) 기본순서

① 소금 및 후추통
- 통이 채워져 있고
- 통이 깨끗하고 윤이 나야 한다.

② 램프
- 깨끗하고
- 깨진 부분이 없고
- 양초는 알맞은 높이에서 환하게 비춰야 한다.

③ 꽃병
- 꽃은 신선하고
- 꽃에 이상이 없어야 하며
- 꽃병은 깨끗하고 깨진 부분이 없어야 한다.
- 꽃병에 물이 있어야 한다.

제 3 절 테이블 세팅의 종류와 기본원칙

1. 테이블 세팅의 종류

테이블 세팅은 식사의 종류에 따라 다양하게 준비되는데 크게 구분하면 다음과 같다.

① 기본 세팅(Basic Setting)(<그림 1-8> 참조)
② 정식 세팅(Table d'Hôte Setting)(<그림 1-9> 참조)
③ 일품요리 세팅(Á la Carte Setting)(<그림 1-10> 참조)
④ 조식 세팅(Breakfast Setting)(<그림 1-11> 참조)

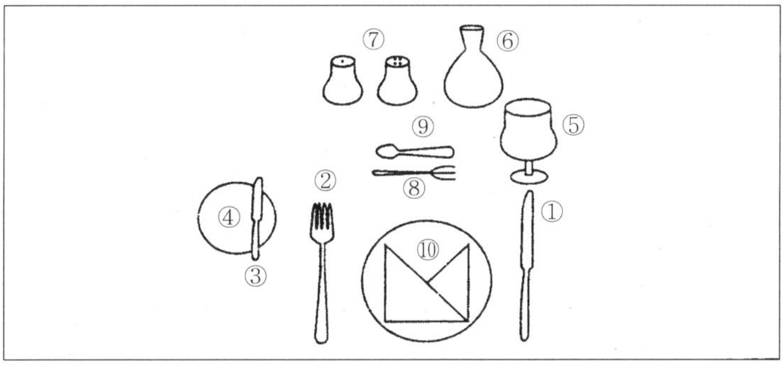

① Dinner Knife ⑤ Water Goblet ⑧ Dessert Fork
② Dinner Fork ⑥ Flower Vase ⑨ Dessert Spoon
③ Butter Knife ⑦ Caster Set ⑩ Service Plate and Napkin
④ B&B Plate

<그림 1-8> 기본 세팅(Basic Setting)

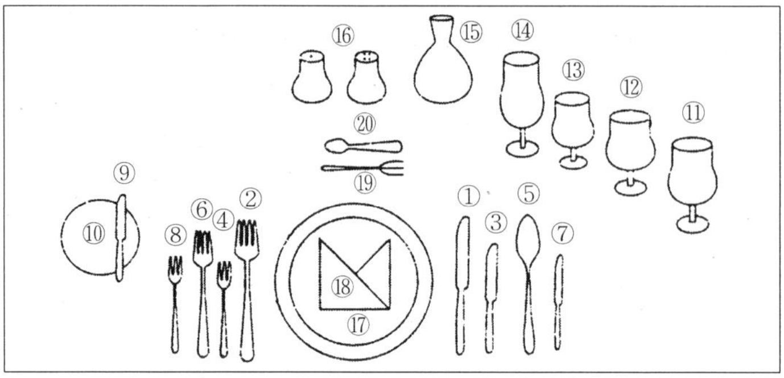

① Meat Knife	⑧ Appetizer Fork	⑮ Flower Vase
② Meat Fork	⑨ Butter Knife	⑯ Caster Set
③ Fish Knife	⑩ B&B Plate	⑰ Service Plate
④ Salad Fork	⑪ Water Goblet	⑱ Napkin
⑤ Soup Spoon	⑫ White Wine Glass	⑲ Dessert Fork
⑥ Fish Fork	⑬ Red Wine Glass	⑳ Dessert Spoon
⑦ Appetizer Knife	⑭ Champagne Glass	

<그림 1-9> 정식 세팅(Table d'Hôte Setting)

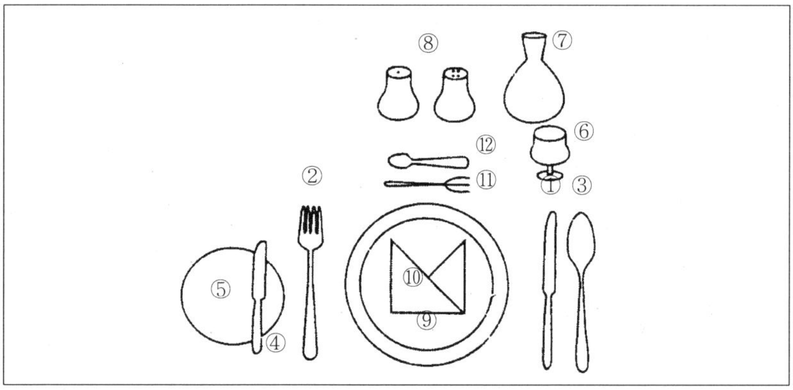

① Dinner Knife	⑥ Water Goblet	⑪ Dessert Fork
② Dinner Fork	⑦ Flower Vase	⑫ Dessert Spoon
③ Soup Spoon	⑧ Caster Set	
④ Butter Knife	⑨ Service Plate	
⑤ B&B Plate	⑩ Napkin	

<그림 1-10> 일품요리 세팅(Á la Carte Setting)

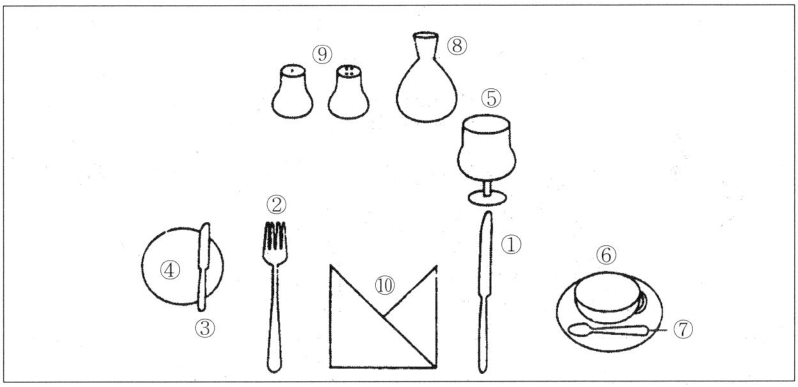

① Table Knife　⑤ Water Goblet　⑨ Caster Set
② Table Fork　⑥ Coffee Cup & Saucer　⑩ Napkin
③ Butter Knife　⑦ Coffee Spoon
④ B&B Plate　⑧ Flower Vase

<그림 1-11> 조식 세팅(Breakfast Setting)

2. 테이블 세팅의 기본원칙

테이블 세팅의 기본원칙 준수는 레스토랑의 전체 분위기를 높일 수 있는 하나의 수단으로 작용되어 매출증진에 일익을 담당할 수 있다.

구체적인 기본원칙은 다음과 같다.

① 쇼 플레이트와 은기물류는 식탁 가장자리로부터 2cm 정도의 간격을 두고 놓는다.

② 기물류의 배열은 전체적인 균형을 이룰 수 있도록 적당한 간격으로 보기 좋게 놓는다.

③ 빵 접시(Bread Plate)의 중앙선과 쇼 플레이트의 중앙선이 일치하도록 배열한다.

④ 디너 나이프(Dinner Knife)는 칼날이 안쪽으로 향하게 한다.

⑤ 버터 나이프(Butter Knife)는 빵 접시 위에 오른쪽으로 1/4 정도 되는 부분에 포크의 배열선과 맞춰 놓는다.

⑥ 물잔(Water Goblet)은 디너 나이프의 끝쪽 연장선과 디저트 스푼과 포크의 중앙 배열선이 교차되는 곳에 놓는다(<그림 1-8~11> 참조).
⑦ 와인잔(Wine Glass)은 물잔의 오른쪽 아래쪽으로 45° 대각선상에 놓는다.
⑧ 센터피스(Center Pieces)의 배열은 테이블의 종류와 세팅 인원에 따라 달라질 수 있겠으나, 일반적으로 좌측부터 후추, 소금, 꽃병의 순으로 배열한다.
⑨ 쇼 플레이트를 사용하지 않을 때는 냅킨(Napkin)을 놓아 기준을 삼는다.

이러한 원칙은 영업장의 특성과 식탁의 종류, 식탁이 배치된 장소, 기물의 종류에 따라 다소 변할 수는 있으나, 테이블 세팅의 근본 목적인 고객이 사용하기에 편리하고, 짜임새 있고 모양 좋은 테이블이 되게 해야 한다.

제 4 절 테이블 세팅의 순서와 방법

1. 테이블 세팅의 순서

영업장의 특성과 테이블의 종류에 따라 세팅 순서가 달라질 수 있겠으나 일반적인 순서는 다음과 같다.

① 식탁과 의자를 점검한다.
② 테이블 클로스를 편다.
③ 센터피스[Center Pieces ; 꽃병(Flower Vase), 소금과 후추(Salt & Pepper Shaker)]를 놓는다.
④ 쇼 플레이트(Show Plate)를 놓는다.
⑤ 빵 접시(Bread Plate)를 놓는다.
⑥ 디너 나이프와 포크(Dinner Knife & Fork)를 놓는다.
⑦ 피시 나이프와 포크(Fish Knife & Fork)를 놓는다.
⑧ 수프 스푼과 샐러드 포크(Soup Spoon & Salad Fork)를 놓는다.

⑨ 애피타이저 나이프와 포크(Appetizer Knife & Fork)를 놓는다.
⑩ 버터 나이프(Butter Knife)를 놓는다.
⑪ 디저트 스푼과 포크(Dessert Spoon & Fork)를 Show Plate 위쪽에 놓는다.
⑫ 물잔과 포도주잔(Water Goblet, White & Red Wine Glass)을 놓는다.
⑬ 냅킨(Napkin)을 편다.
⑭ 전체적인 조화와 균형을 점검한다.

2. 기본 테이블 세팅

양식당의 테이블 세팅은 영업방침 또는 제공되는 메뉴에 따라 달라지나 일반적인 테이블 세팅은 다음과 같다.

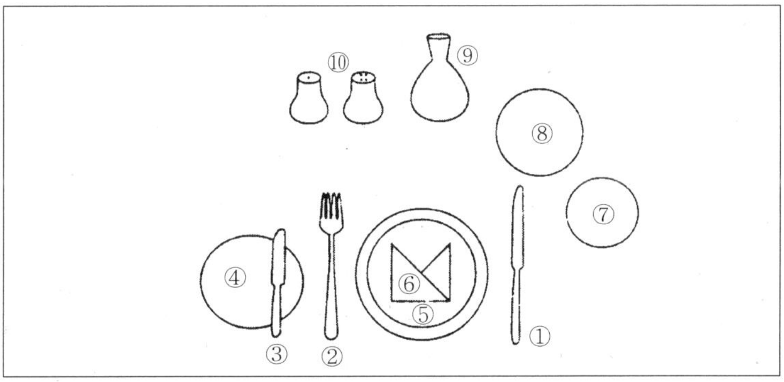

① Meat Knife ⑤ Show Plate ⑨ Flower Vase
② Meat Fork ⑥ Napkin ⑩ Caster Set
③ Butter Knife ⑦ Wine Glass
④ B&B Plate ⑧ Water Goblet

<그림 1-12> 기본 테이블 세팅 요령

3. 아침 식사 테이블 세팅

아침 메뉴는 주스, 과일과 요구르트, 시리얼, 빵과 달걀요리, 팬케이크 순으로 제공한다.

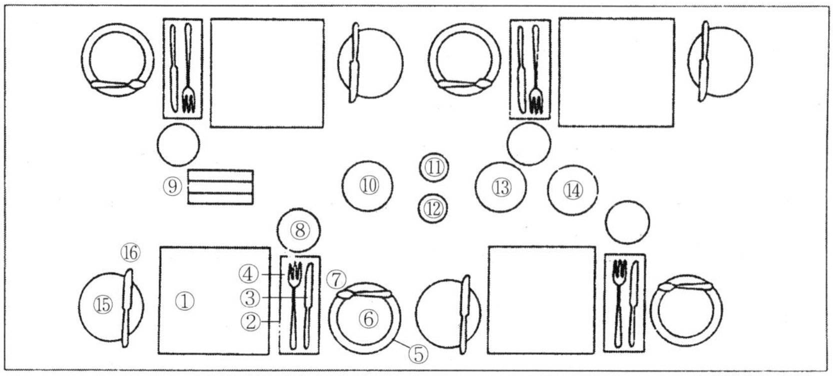

<4인용 Rectangular>

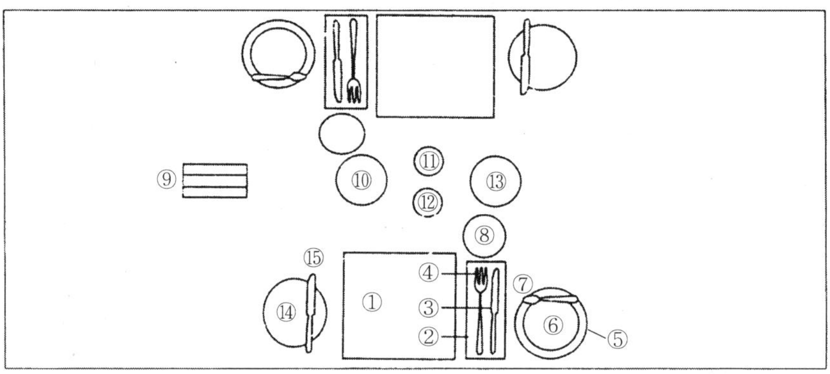

① Mat menu	⑥ Coffee-cup	⑪ Salt shaker
② Paper napkin	⑦ Tea spoon	⑫ Pepper shaker
③ Table knife	⑧ Water goblet	⑬ Sugar bowl
④ Table fork	⑨ Bill holder stand(menu)	⑭ Bread plate
⑤ Coffee-cup saucer	⑩ Flower vase	⑮ Bread knife

<2인용 Rectangular>

4. 점심 및 저녁식사 테이블 세팅

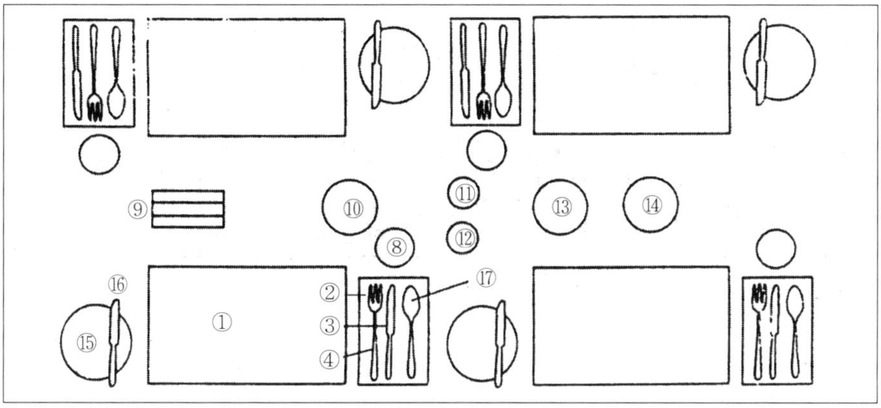

<점심 및 저녁식사, 4인용 테이블 세팅>

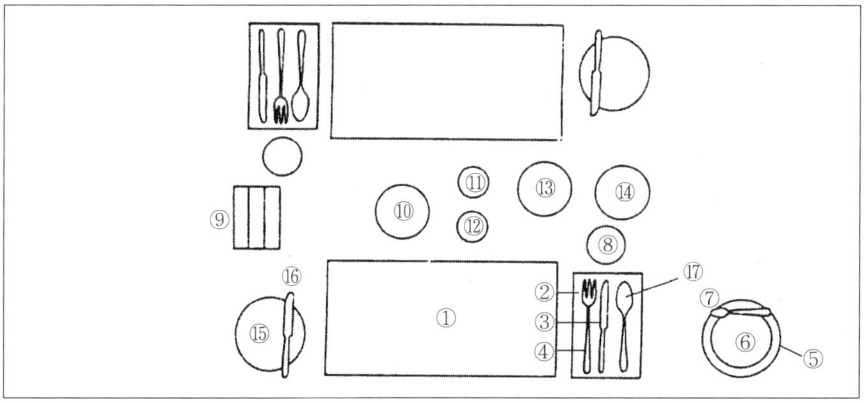

① Mat menu
② Paper napkin
③ Table knife
④ Table fork
⑤ Coffee-cup saucer
⑥ Coffee-cup
⑦ Tea spoon
⑧ Water goblet
⑨ Bill holder stand(menu)
⑩ Flower vase
⑪ Salt shaker
⑫ Pepper shaker
⑬ Sugar bowl
⑭ Creamer
⑮ Bread plate
⑯ Bread knife
⑰ Soup spoon

<점심 및 저녁식사, 2인용 테이블 세팅>

5. 트레이 혹은 트롤리 세팅 요령

아침조식 서비스를 위해서 서비스 트레이에는 깨끗한 트레이 클로스(Tray Cloth)를 깔아야 하며, 서비스 트롤리에는 테이블 클로스를 덮어야 한다.

1) 콘티넨탈 브렉퍼스트(Continental Breakfast)

① 기물 : 디저트 플레이트, 컵과 컵받침, 티스푼, 버터나이프, 냅킨, 솔트, 페퍼 셰이커, 주스 글라스

② 품목 : 설탕-1인당 두세 봉지(Packs)
버터-1인당 10그램(2 Packs)
브레드·롤빵-1인당 두세 개(조식용 소형 롤빵)
냅킨에 싸서 제공한다.

③ 잼(Jam)-가능한 한 1인분씩 포장되어 있는 두 종류의 잼(1잼, 1마멀레이드)

④ 음료-주문에 따른다.

- 커피는 뜨겁게 유지하되 보온병에 넣어 제공한다(캡틴은 이 보온포트 관리를 철저히 할 것).
- 티백(Tea Bag)은 뜨거운 물 포트와 함께 서브한다.
- 초콜릿은 덮개 있는 포트에 서브되며 뜨거운 밀크는 4온스 대형 크리머(Creamer)에 서브한다.

⑤ 주스(Juice)
조식용 주스 글라스에 제공

⑥ 꿀(Honey)
요청이 있을 때 제공한다.

2) 아메리칸 브렉퍼스트(American Breakfast)

① 기물 : 디저트 플레이트, 버터나이프, 컵과 컵받침, 티스푼, 냅킨, 솔트페퍼 셰이커, 미트 나이프, 미트 포크, 시리얼 스푼(Cereal 주문 시)

② 품목 : 콘티넨탈 브렉퍼스트의 품목에 달걀요리가 추가된다(달걀요리의 형태(Style)와 곁들여지는 육류(햄, 베이컨, 소시지 등)를 확인할 것).

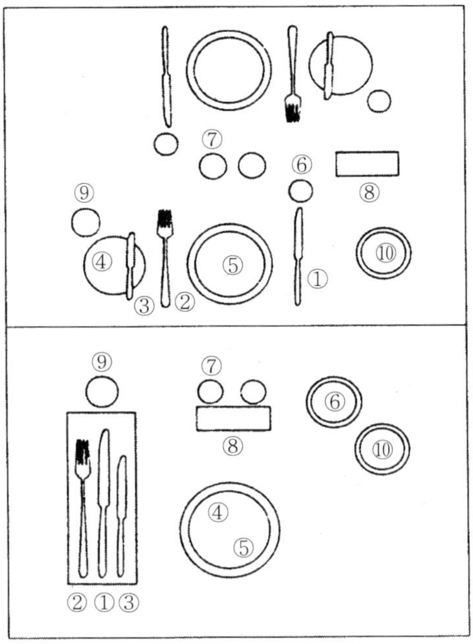

① Table knife
② Table fork
③ Butter knife
④ B&B plate
⑤ 주문한 음식
⑥ Water goblet
⑦ Caster set
⑧ Tent card
⑨ Butter dish
⑩ 주문한 음료

cf. ④번 B&B plate는 Main Dish Food Cover 위에 놓는다.

<그림 1-13> 룸 서비스의 기본 세팅

6. 레스토랑 왜건(Restaurant Wagon)

1) 사이드 보드(Side-board)

① 명칭은 다음과 같이 불리기도 한다.

- Working Table
- Service Station
- Serving Table
- Side Table

② 신속한 서비스를 목적으로 준비된 것이다.

③ 가로의 길이와 높이는 고객의 식탁과 비슷해야 한다.

④ 이동식과 고정식의 두 가지 형태가 있다.

⑤ 서비스에 필요한 준비물을 보관해 둔다.

2) 게리동(Gueridon)

① 최고급 서비스를 하는 데 필요한 비품이다.
② 바퀴가 달려 있다.
③ 식탁의 높이와 비슷해야 한다.
④ 장애물이 있는 곳에서는 들어 옮길 수 있어야 한다.

3) 오르되브르 트롤리(Hors d'Oeuvre Trolley)

① 음식의 빛깔이나 맛이 변하지 않도록 냉장설비가 되어 있어야 한다.
② 고객이 잘 볼 수 있도록 꾸며져야 한다.
③ 항상 청결한 상태를 유지해야 한다.
④ 차가운 오르되브르 접시와 필요한 기물이 함께 준비되어야 한다.

4) 즉석 요리차(Flambee Trolley)

① 특별한 전채, 앙트레, 후식 등을 요리할 때 사용된다.
② 가스나 알코올 레인지를 갖추고 석쇠가 올려져 있다.
③ Fry Pan이 준비되어야 한다.
④ 간단한 조리용 양념(소금, 후추, 버터 혹은 샐러드 오일 등)이 고정 배치되어 있어야 한다.
⑤ 고객 앞에서 직접 조리하여 제공한다.

5) 로스트 비프 왜건(Roast Beef Wagon)

① 요리된 로스트 비프가 식지 않도록 뚜껑이 있다.
② 밑에 연료를 사용하여 적당한 온도를 유지할 수 있도록 되어 있다.
③ 도마와 조리용 칼, 비프용 소스가 준비된다.
④ 고객 앞에서 직접 Carving하여 제공한다.

6) 디저트 트롤리(Dessert Trolley)

① 냉장설비가 되어 있는 것과 되어 있지 않은 것으로 구분된다.
② 여러 가지 후식을 준비할 수 있어야 한다.
③ 접시와 필요한 기물이 함께 준비된다.
④ 고객이 잘 볼 수 있도록 꾸며져야 한다.
⑤ 고객 앞에서 직접 제공한다.

7) 바 왜건(Bar Wagon)

① 각종 주류를 진열할 수 있어야 한다.
② 글라스와 바의 기물 등을 함께 준비할 수 있어야 한다.
③ 얼음과 조주에 필요한 부재료도 준비할 수 있어야 한다.
④ 고객 앞에서 주문받아 직접 조주하여 제공한다.

Service Station

Flambee Wagon

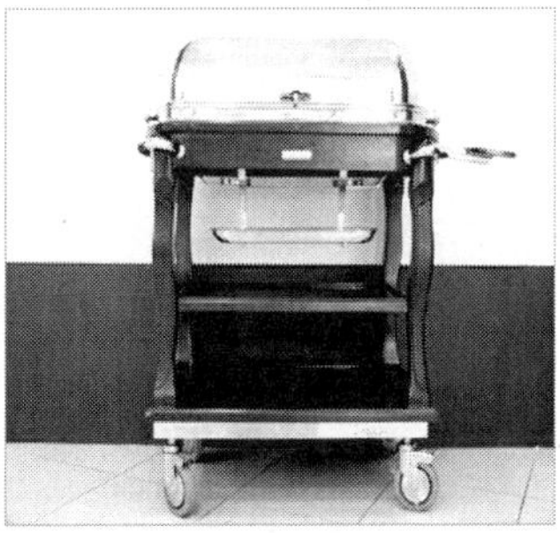
Roast Beef Wagon

Bar Wagon

<그림 1-14> 레스토랑 왜건의 종류

7. 뷔페식당의 테이블 세팅

1) 식탁의 크기와 종류

① Rectangular Table
Hall의 벽 쪽에 주로 배치되며 4인용, 6인용으로 활용한다.
규격은 140 × 90cm이며 높이는 75cm이다.

② Square Table
Hall의 중앙부분에 배치되며 2인용, 4인용 등 인원 수에 따라 다양하게 활용되고 있다. 규격은 90 × 90cm이며 높이는 75cm이다.

③ Round Table
Hall의 중앙부분에 배치되며 2인용, 4인용 등 인원 수에 따라 다양하게 활용되며, 규격은 지름 150cm, 높이 75cm이다.

2) Table 배치의 특징

- 견고하고 흔들리지 않아야 한다.
- 정해진 규격이 일정해야 한다.
- 이동 Table은 Square로 한다.
- 고객의 수에 어울리는 테이블이어야 한다.
- 고객의 활동에 불편함을 주지 않도록 한다.

8. 테이블 세팅의 방법

1) 나이프와 포크(Knife & Fork)

세팅방법은 레스토랑에 따라 다소 차이가 있으나 그 기본은 다음과 같다.

① 인원 수에 맞게 의자를 배치한다.

② 서비스 플레이트는 먼저 의자의 중앙 앞에 무늬가 바르게 되도록 기준을 잡는다.

③ 나이프는 날이 안쪽으로 향하게 해서 우측에 수직으로 놓는다.

④ 포크는 날 부분을 위로 향하게 해서 좌측에 수직으로 놓는다.
⑤ 손잡이는 식탁 끝(Rims)으로부터 1.5cm~2cm가량 위로 올려서 세팅한다.
⑥ 그 밖의 기물도 음식을 먹는 부분이 위로 향하게 해서 다른 기물과 나란히 놓는다.
⑦ B.B. Plate(Bread & Butter Plate)는 서비스 플레이트 왼쪽에 놓는다.
⑧ 버터 나이프는 B.B. Plate의 오른쪽 위에 Fork와 나란히 놓는다.
⑨ 레스토랑에서는 기본세팅만 먼저 해놓고 그 밖의 필요한 기물은 고객의 주문에 따라 추가로 세팅한다.
⑩ 정식일 경우 식사 종류와 순서에 맞추어 미리 세팅한다.

2) 그 밖의 기물세팅

① Soup Spoon은 Knife 우측에 나란히 놓는다.
② Service Plate 윗부분에 Butter Plate 또는 Butter Bowl을 놓는다.
③ B. B. Plate 위쪽에 Bread Basket을 놓는다.
④ 디저트를 제공할 때에는 다음과 같이 세팅한다.
- 테이블 위의 Water Goblet, Wine Glass는 제외하고 접시와 카스터 세트 등 그 밖의 기물들은 치운다.
- 더스트 팬(Dust Pan)이나 더스트 브러시(Dust Brush)로 깨끗하게 쓸어낸다.
- Service Plate 없이 그대로 디저트용 기물을 세팅한다.

⑤ Spoon과 Fork가 함께 필요한 디저트는 Spoon을 오른쪽에, Fork를 왼쪽에 세팅한다.
⑥ 두 기물 간의 간격은 디저트용 접시에 비례해서 세팅한다.
⑦ 커피나 홍차는 미리 세팅하지 않는다.
⑧ 커피나 홍차가 서브될 때에는 컵받침 접시(Saucer)보다 약간 큰 접시 위에 Paper Napkin이나 둥근 Doily를 깔고 그 위에 컵받침 접시를 놓아 컵과 함께 제공한다.
⑨ 커피 Spoon은 고객이 쉽게 볼 수 있도록 컵 앞에 수평으로 놓는다.

3) 글라스의 세팅

① 워터 고블릿(Water Goblet)을 중심으로 와인글라스류가 놓인다.
② 워터 고블릿은 Meat Knife의 약 1.5~2cm 정도 위에 세팅한다.
③ 워터 고블릿을 중심으로 마름모꼴이나 사선형으로 다음과 같은 글라스가 차례로 놓인다.
- White Wine Glass
- Red Wine Glass
- Champagne Glass

④ 테이블 세팅을 할 때에는 위치를 정확하게 한다.
⑤ 한 사람의 고객 앞에 한꺼번에 4개 이상을 세팅하는 일이 없도록 한다.
⑥ 너무 많은 글라스가 놓이면 고객에게 부담감을 준다.
⑦ 글라스류는 반드시 손잡이나 밑부분을 잡아야 한다.
⑧ 입이 닿는 윗부분을 잡아 손자국이나 오점을 남기면 안 된다.

4) 세팅의 유의점

레스토랑의 서비스는 각각 특징이 있다. 이 특징을 잘 살리면서 고객을 성의 있게 모시기 위해서는 기본여건이 제대로 구비되어야 하는데, 이를 뒷받침할 수 있는 것은 레스토랑의 장식과 분위기 및 서비스 상황으로 볼 수 있으며 우선 고려되어야 할 점은 세팅문제이다.

세팅은 때와 장소 및 요리에 따라 다소 변형이 있을 수 있으나 몇 가지의 기본에 맞추면서 기물을 사용하기 쉽게 잘 구비해 놓을수록 서비스에는 좀 더 큰 효과를 가져올 수 있다.

세팅할 때의 주의점은 다음과 같다.

① 식탁에 은기류를 세팅하기 전에는 먼저 언더클로스와 테이블 클로스를 깔아 놓은 후에 다음과 같은 것들을 점검한다.
- 소금과 후추 용기는 깨끗하게 적당히 채워져 있는지를 확인한다.
- 설탕용기의 설탕이 굳어 있거나 오물이 들어간 설탕은 없는지를 확인한다.
- 꽃병은 깨끗하고 빛이 나며 꽃은 시들지 않았는지 확인한다.

② 은기류는 세팅 직전에 반드시 다시 한 번 닦는다.

③ 기물의 배치, 방향 및 순서를 항상 염두에 두어 가장 합리적이고 정성이 담긴 분위기 조성에 노력해야 한다.

④ 필요하지 않은 은기류, 접시 및 컵은 가능한 한 제외하도록 한다.

⑤ 레스토랑은 식사를 하면서 휴식을 취하고 체력과 건강을 유지시키는 장소이므로 우선 청결 여부가 중요시된다.

⑥ 세균의 전염 매개체는 종사원의 손이라는 것을 명심한다.

- 손으로 음식을 만지면 절대 안 된다.
- Plate는 반드시 가장자리나 밑부분을 잡아야 한다.
- 식탁을 자주 닦고 사용한 클로스는 즉시 교환한다.
- 단정하고 깨끗한 몸가짐과 함께 손은 자주 씻어야 한다.

⑦ 위생적인 면에서 고객의 건강을 보호할 책임이 있다는 것을 항상 기억하고 있어야 한다.

⑧ 캔들 스탠드(Candle Stand)는 윤택이 나야 하며 녹이 슬거나 촛농이 묻어 있으면 안 된다.

9. 테이블 세팅

1) 테이블 세팅 전 준비 및 점검사항

테이블 세팅은 고객을 맞이할 수 있는 모든 준비를 완료하는 단계를 말하며, 고객에게 편안함과 안락한 이미지(image)를 부여함과 동시에 식사의 편의를 최대한 제공하기 위한 기본 준비작업이다. 또한 종사원의 신속한 서비스를 위한 준비이기도 하다.

구체적인 세팅 전 준비 및 점검사항은 다음과 같다.

① Table 및 Chair가 흔들리는 것이 있는지 확인한다.

② Table Cloth는 잘 깔려 있는지, 더럽지 않은지 확인한다.

③ Setting에 필요한 기물이나 Napkin을 다시 한 번 확인한다.

④ Flower Vase의 꽃이 시들지 않았는지 확인한다.

⑤ 각종 소스병(Hot Oil Vinegar, Soy Sauce) 등을 점검한다.
⑥ 예약사항을 확인한다.

2) 테이블 세팅과 서비스 방법

(1) 테이블 세팅과 기물 세팅

1인분을 기준으로 필요한 기물 세팅은 다음과 같다.

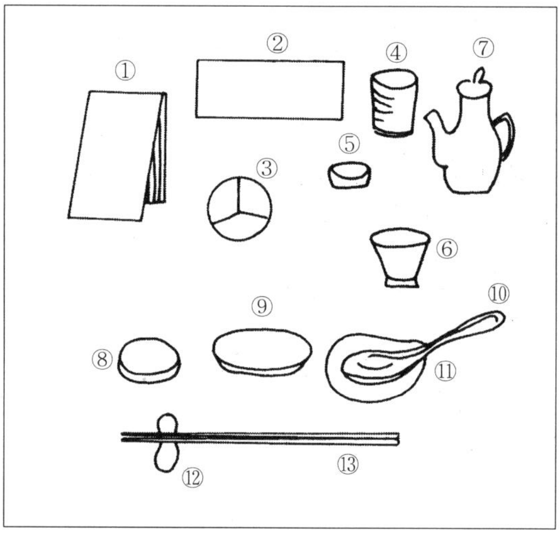

<그림 1-15> 테이블 세팅과 기물 세팅 요령

① Napkin : 手肉(Shou Jou)
② 식단 : 菜單(Tsai Tan)
③ 조미료 접시, 간장, 라유(고추기름), 식초 : 味破(Wei Po)
④ 유리컵 : 玻璃杯(Po li Pei)
⑤ 술잔 : 酒杯(Chiu Hu)
⑥ 공기그릇 : 碗(Wan)
⑦ 술주전자 : 酒壺(Chiu Hu)
⑧ 뼈접시 : 骨碟(Ku Tieh)

⑨ 작은 빈접시 : 小碟(Sao Tieh)
⑩ 숟가락 : 匙子(Chih Tzu)
⑪ 숟가락 받침 : 匙子座(Chih Tzu Tho)
⑫ 젓가락 받침 : 子座(Kuai Tzu)
⑬ 젓가락 : 子(Kuai Tzu)

기본 세팅은 다음과 같다.

① Bone Dish ② Napkin
③ Condiment Dish ④ Chopstick
⑤ Serving Spoon ⑥ Tea Cup
⑦ Soup Spoon Holder ⑧ Soup Spoon
⑨ Chop Stick Holder

(2) 식탁의 배치

예부터 '중국은 예의 나라'라고 하여 식사에 관하여 엄격한 구분이 있다.

좌석을 정할 때에는 명단의 연대순위로 할 것이며, 각 개인별로 초대하였을 때에는 주인 측에서 미리 각 개인의 명단을 식탁에 배치하고 명단을 거치(据置)하여 놓는다. 즉 주인이 친히 상좌에 주빈을 모시게 하고 다음 순위로 각각 좌석을 정하여 접배(接配)한다.

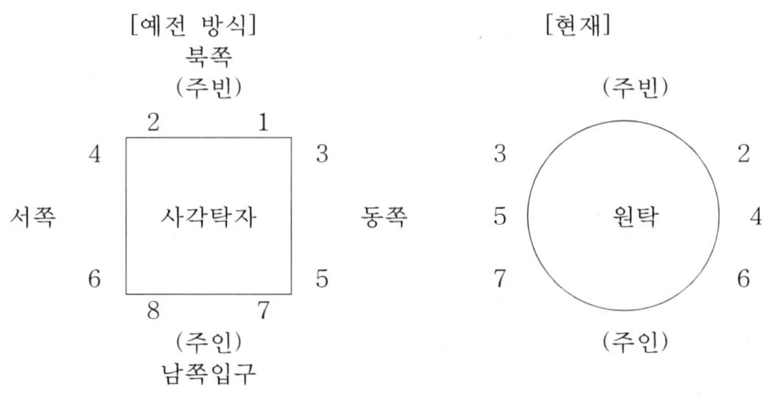

<그림 1-16> 식탁 배치 요령

식탁의 상좌는 남쪽을 향하여 정해 왔다.

옛날에는 식탁의 모양을 '팔선탁자(八仙卓子)'라고 하며 혹은 '사선탁자(四仙卓子)'라고 하는 8인용, 4인용의 정방사각형 탁자를 사용하였지만, 근대에 와서는 원탁을 많이 사용하고 있다.

주인과 주빈의 좌석은 서로 마주보도록 좌석을 정한다.

10. 일식 테이블 세팅 방법

1) 테이블 세팅

① 기본세팅

- 箸(하시 : 젓가락)
- 箸置き(하시오키 : 젓가락 받침)
- ナプキン(냅킨)
- しょうゆびん台ざら(간장병 받침)
- しょうゆびん(간장병)
- つまようじ(이쑤시개)

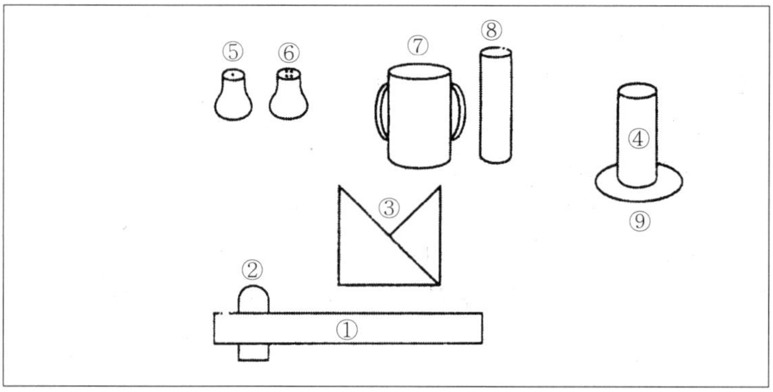

① Chopstick	④ Tea Cup	⑦ Soy Sauce Bottle
② Chopstick Holder	⑤ Salt Shaker	⑧ Toothpick Holder
③ Napkin	⑥ Pepper Shaker	⑨ Tea Cup Underliner

<그림 1-17> 테이블 세팅 요령

② 아침밥 정식(朝御飯定食) 세팅

- 箸(젓가락)
- 御飯(밥)
- 赤出汁(あかたし：된장국) 또는 味噌汁(みそしる：된장국)
- 香の物(일본김치)
- 野菜(더운 채소)
- 海苔(のり：김)
- 小針(こばち：소량의 음식)
- 燒物(やきもの：구이)
- 煮物(にもの：조림)
- お盆(おぼん：쟁반)

③ 아침죽 정식(朝御粥定食) 세팅

- 箸(젓가락)
- 粥(죽)
- 赤出汁(된장국)
- 香の物(일본김치)
- 野菜(더운 채소)
- れんげ(일식 숟가락)
- 小針(소량의 요리)

11. 한국요리의 상차림과 테이블 세팅

1) 궁중요리의 역사적 배경

개성에서 한양으로 도읍지를 옮긴 뒤(1392년 8월)에 중국의 형식에 따라 중앙에 궁궐을 짓는 과정에서 좌로는 종묘(왕의 조상을 모시는 곳), 우로는 사직(社稷：나라를 지키는 모든 신을 모시는 곳)을 지었다.

태조 4년(1396년)에 청계천을 파고, 태조 5년(1397년)에 도성(성곽)을 쌓고 문루(서대문)를 완공하였다. 그 안에 들어올 구역은 동서남북 중5부 52방으로 나누었다.

성곽은 북에는 백악산(百岳山：北岳山), 남에는 목멱산(木覓山：南山), 동에는 낙산(駱山：구서울대 뒤편), 서에는 인왕산(仁旺山)이 4면을 둘러쌌다.

음식을 만들기 위한 식자재 구입행로를 살펴보면 다음과 같다.

① 서대문을 통하여 들여온 식자재

- 마포강：새우젓, 각색 어물, 생선류, 어패류
- 서　강：곡물(쌀, 보리, 콩, 조, 밀 등)

② 동대문을 통하여 들여온 식자재
동대문 밖 살곶어벌은 무 재배단지였고, 마장동 훈련원 밖은 배추의 재배단지였으며, 마장동에 소, 돼지 도살장이 있었다.

③ 남대문을 통하여 들여온 식자재
청파동(원효로 남영동 일대)은 미나리, 파 재배단지였다.

④ 숙정문을 통하여 들여온 식자재
북쪽문 밖 사냥터가 있었다(자하문 밖 : 평창동 일대).
꿩, 산돼지, 노루 등의 날짐승류

가. 궁중의 수라간

대조전과 떨어진 곳에서 음식을 만드는 주방을 말한다.
주방에서 일하는 상궁들은 옥색저고리에 남치마를 입었다(흰 앞치마).

가) 궁중의 퇴선간
수라간에서 올라오는 수라를 받아 배선을 하고 수라시간을 제조 상궁이 알리면 온돌방으로 들여가 식지 않게 따뜻하게 준비해 두었다가 들여간다.

나) 찬품단자
진찬할 때 음식명을 기록한 내용이 담긴 반기를 찬품단자라고 한다.

나. 궁중의 상차림

가) 어　상 : 임금님이 나라에 경사가 있는 날 받는 상차림
나) 수라상 : 임금님과 대비마마가 평소에 받는 진지상
다) 진연상 : 궁중에서 잔치할 때 차리는 상을 통틀어 진연상이라 한다.
라) 수렵상 : 사냥터에서 받는 상차림. 야생류 전골을 납평전골이라 한다.

2) 반상(飯床)

반상이란 양반가(대갓집)의 상차림을 말한다.
반상의 종류는 다음과 같다.

- 12첩반상 : 임금님 수라상차림의 형태가 12첩이며, 오직 임금님만 드실 수 있는 상차림이다.

- 9첩반상 : 양반가 대갓집의 상차림이다.
- 7, 5첩반상 : 양반가의 평소 상차림이다.
- 3첩반상 : 양반가의 간식 상차림으로 이용되었다.

한편, 반상 차림법은 다음과 같다.

구이류, 찜류, 전류, 생채류, 조림류, 초류, 자반류(포), 젓갈류, 숙채류(나물), 조치류, 부각류, 숙회류이다.

품목 중에서 계절에 맞는 요리를 선택하여 홀수로 차린다. 단 초장, 간장, 김치, 밥, 국은 첩수에서 제외한다.

① 3첩반상

밥, 탕, 김치, 종지(간장) 하나에 3가지 반찬, 즉 숙채, 생채의 나물류와 조림이나 구이 중의 한 가지이다. 3첩반상은 조치류가 없고 조림이나 구이의 재료는 고기류와 생선류로 한다.

② 5첩반상

밥, 탕, 김치, 종지(간장, 초간장) 두 개에 조치 한 그릇과 5가지 반찬, 즉 숙채, 생채, 조림이나 구이 중 한 가지에 전류와 마른반찬류가 추가된다.

전은 생선회나 고기류 또는 채소류를 재료로 부치는 것이지만, 다른 반찬과의 조화를 살리기 위해 육류의 반찬이 많을 때에는 채소를 쓰며, 채소류의 반찬이 많을 때에는 고기나 생선을 쓰도록 한다. 조치는 고추장찌개나 새우젓찌개 중의 한 가지를 놓는 것이 원칙이다.

마른반찬으로는 육포, 어포, 어란, 북어, 자반 등 여러 가지 중에서 두 가지나 세 가지를 곁들여 담아 차리도록 한다.

③ 7첩반상

밥, 탕, 김치, 종지(간장, 초간장, 초고추장) 세 개에 조치 두 그릇(찌개류 한 그릇과 찬류 한 그릇), 그리고 7가지 반찬, 즉 숙채, 생채, 조림, 구이, 마른반찬, 전, 회류이다.

조치 두 그릇 중에서 한 그릇은 고추장찌개나 새우젓찌개로 하고, 한 그릇은 갈비나 닭, 생선 등의 찜으로 하되 역시 재료의 중복이 없도록 한다.

조림과 구이 중의 한 가지는 고기류로 하고, 한 가지는 생선으로 하는 것이 좋은데, 대체로 조림에는 생선이 쓰이고 구이에는 육류가 쓰인다.

3) 주안상

주류만을 대접하기 위한 상으로 술안주가 될 수 있는 요리가 주가 되는데, 주안상에 적당한 요리는 여러 가지 포 등의 마른반찬과 전류와 편육, 찜, 신선로, 전골이나 얼큰한 찌개 등이다.

4) 면상

면상은 점심으로 차리는 상으로 국수나 만두가 주식이 되는데, 보통 더운 국수가 주로 제공되며 여름철에는 냉면도 된다. 온면, 냉면, 만두 등이 주식이 되므로 마른반찬, 짠 반찬 등은 사용하지 않으며 큰 자극 없이 먹을 수 있는 요리로 준비한다.

5) 교자상

축하연이나 회식, 모임 등에 쓰이는 상차림으로 원래는 많은 손님이 모일 때에도 한 사람 앞에 한 상씩 차려 대접하였는데 이것이 개량되어 여러 명에 한 상을 차려 대접하는 교자상이 되었다.

시간이 저녁식사 때이면 밥을 내고 그 밖의 경우는 면류로 한다. 주식이 밥인 경우는 국을 올리는데 맑은장국이 좋다. 요리로는 신선로나 전골, 찜, 전, 편육, 회, 나물, 마른반찬, 편류, 한과류, 화채류 등 여러 가지 중에서 손님들의 식성, 계절 등을 고려하여 선택한다.

교자상 차림으로 서비스할 때에는 음식을 모두 상에 놓는 것이 아니라 주가 되는 요리 한두 가지와 그와 어울리는 냉채나 숙채 한두 가지, 전과 마른반찬 정도로 하고, 서비스할 때에도 처음에 한두 가지를 내고 그 요리가 빌 때쯤 해서 다음 요리를 내어 2~3차례로 나누어 낸다. 후식은 상을 깨끗이 치운 뒤 서비스해야 한다.

6) 테이블 세팅

한식당의 테이블 세팅은 숟가락과 젓가락을 기본으로 하여 준비되지만, 집기는 식문화의 발전으로 요리에 맞는 집기가 사용되고 있으므로 정해진 원칙에 따라 고객이 식사 시 불편함이 없도록 다음과 같이 준비한다.

① 기본 테이블 세팅(Basic Table Setting)

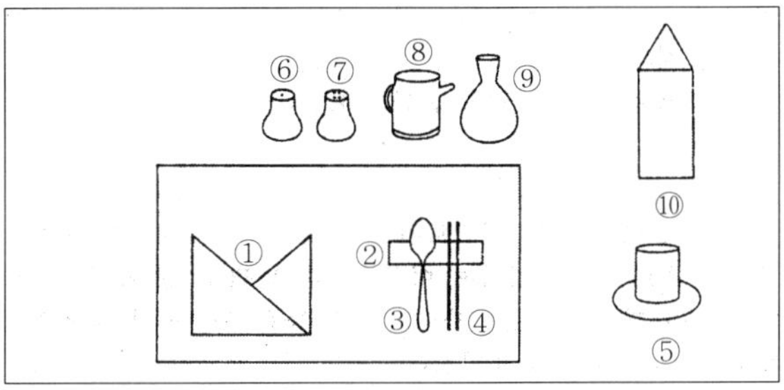

① Napkin
② Spoon & Chopstick Holder
③ Spoon
④ Chopstick
⑤ Leaf Tea Cup & Saucer
⑥ Salt Shaker
⑦ Pepper Shaker
⑧ Soy Sauce Bottle
⑨ Flower Vase
⑩ Tent Card

<그림 1-18> 기본 테이블 세팅 요령

② 특별 테이블 세팅(Special Table Setting)

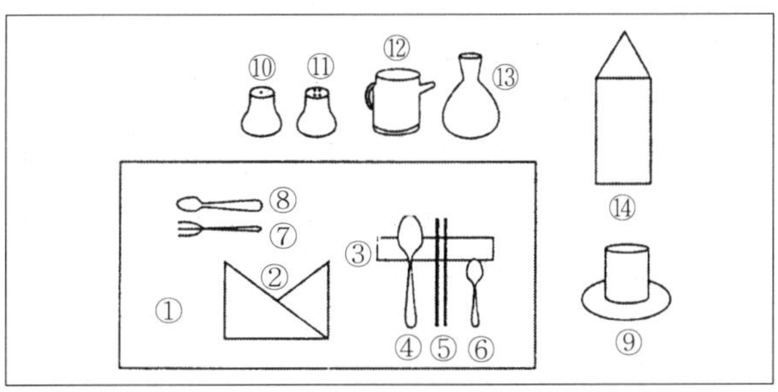

① Doily
② Napkin
③ Spoon & Chopstick Holder
④ Spoon
⑤ Chopstick
⑥ Pinenut Porridge Spoon
⑦ Dessert Fork
⑧ Dessert Spoon
⑨ Leaf Tea Cup & Saucer
⑩ Salt Shaker
⑪ Pepper Shaker
⑫ Soy Sauce Bottle
⑬ Flower Vase
⑭ Tent Card

<그림 1-19> 특별 테이블 세팅 요령

제 5 절 서비스 스테이션의 준비(Service Station Set-up)

서비스할 때 좀 더 빠르고, 편리하며, 정확하게 하기 위하여 홀(Hall)의 사이사이에 배치된 서비스 준비 테이블을 말하며 다음과 같은 것들을 준비하게 된다.

1. 서비스 스테이션 유지법

① 서비스 스테이션에 두는 품목
Flatware, Glassware, 양념통, Coffee Cup, Butter Plate, Creamers, 소서, 버터, 리넨, 소금 및 후추통, 설탕

② 서비스 스테이션에서 보관되는 양념통에 특히 신경 써야 한다.
- 반쯤 빈 통은 채워야 한다.
- 모든 용기, 병 등의 뚜껑, 가장자리 및 몸통부분이 깨끗한지 확인한다.
- 열린 병은 변하지 않도록 하기 위해 냉동 보관한다.
- 양념통을 교대로 잘 사용한다. 먼저 연 것을 사용한다.

③ Shift 중에는 서비스 스테이션을 깨끗하게 하며, 물품이 떨어지지 않도록 한다.

④ 서비스 스테이션에 더러운 접시를 보관해 두지 않도록 한다.

2. Linen 보관

Side Table의 가장 아래칸에 준비되며 보관되는 종류는 다음과 같다.

① Table Cloth
② Napkin
③ Baby Napkin
④ Doily
⑤ Drapes
⑥ Under Cloth

이때 자주 사용하는 Linen과 자주 사용하지 않는 Linen, 접힌 Napkin 등을 별도로 구별해서 보관하면 편리하다.

3. Plate와 Glass의 보관

이것은 Side Table의 중간에 위치하고 Table Setting에 필요한 종류는 다음과 같다.

① Bread Plate

② Coffee Cup & Saucer

③ Water Goblet

④ Wine Glass

등을 준비하며 Hall에 별도의 Warmer가 있으면 Coffee Cup과 Entree Plate를 보관하면 좋다.

4. 기물 보관

Side Table에 특별히 서랍 형식으로 짜여 있어 종류별로 준비하면 좋다. 보관할 종류로는 다음과 같은 것들이 있다.

① Meat Knife

② Meat Fork

③ Dessert Fork

④ Dessert Spoon

⑤ Soup Spoon

⑥ Tea Spoon

⑦ Ice Cream Spoon

⑧ Sugar Ladle

⑨ Serving Spoon

⑩ Serving Fork

⑪ Cake Server

⑫ Cake Knife

5. 소모품 및 Condiment

기물서랍의 위칸에 별도의 용도별 서랍을 설치하여 준비하는 것이 좋으며, 이때 서랍 입구에 보관품목을 적어놓으면 편리하다. 그 종류는 다음과 같다.

① Toothpick

② Table Mat

③ Bill Holder

④ Condiment

⑤ Mustard

⑥ Parmesan Cheese

⑦ Cocktail Napkin

⑧ Memorandum Paper

⑨ Paper Napkin

6. 그 밖의 Side Table 준비물

자주 사용하므로 쉽게 취급하기 위하여 가장 위에 준비하게 되며 그 종류는 다음과 같다.

① Service Tray
② Water Pitcher
③ Warmer(range)
④ Service Towel(arm towel)
⑤ Table Sauce(hot sauce, tabasco sauce, A-1 sauce)

그 외 Sauce의 관리와 취급요령은 다음과 같다.

① 영업이 시작되면 냉장고에서 Side Table로 배치한다.
② Side Table에 배치할 때는 깨끗한 상태여야 한다.
③ 고객이 원할 경우 테이블 앞에서 뚜껑을 열어드린다.
④ 병뚜껑과 주둥이는 항상 깨끗해야 한다.
⑤ Sauce는 항상 채워 놓는다.
⑥ 영업이 끝나면 다시 채워 냉장고에 보관한다.

제 6 절 기타 준비 및 점검사항

1. 기타 준비사항

1) Waiter가 갖추어야 할 준비물

① 메모지와 검은 볼펜
② Order Slip
③ Service Cloth or Arm Towel

2) 리넨 교환절차

① 각 업장마다 각 리넨류에 대한 일일 적정재고량(Par Stock)의 기준을 설정하여야 한다. 또한 실제로 사용되지 않는 리넨은 업장지배인의 감독하에 보관창고에 깨끗이 보관해야 한다.

② 사용된 리넨은 지정된 리넨통에 즉시 넣어야 하며 마룻바닥이나 지저분한 곳에 쌓아두면 절대 안 된다.

③ 지배인이나 캡틴은 일반 직원들이 리넨으로 가구류나 기물들을 닦거나 광택을 내는 데 쓰지 않도록 감독해야 한다.

④ 매일 오전, 오후에 사용된 리넨류를 품목별, 색깔, 크기별로 분류하고 10개 또는 5개씩 다발로 묶어서 취급한다.

⑤ 사용한 리넨은 그 숫자를 정확하게 계산하고 리넨교환 Slip에 기록해야 한다.

⑥ 사용된 세탁물을 세탁실에 반납하고 그에 해당되는 숫자대로 새 리넨으로 교환하여 온다.

⑦ 리넨 교환표는 세탁실에 의해 계산되며 이것은 식음료부의 세탁비용 처리하는 데 근거가 된다.

⑧ 각 식당은 월 1회씩 리넨 재고조사를 실시하며 기준적정량에 해당하는 숫자를 보유하고 있는지 확인한다.

⑨ 리넨은 각 용도별로 만들어졌기 때문에 제 용도대로 사용해야 한다.

3) 양념류와 그 용도

(1) 양념류의 종류

① 소금(Salt) : 응고를 방지하기 위해 Salt Shaker 속에 볶은 쌀을 약간 넣는다.

② 설탕(Sugar) : Paper Bag과 Bowl, Shaker에 부어 사용하는 방법이 있다.

③ 후추(Pepper) : Shaker 또는 Pepper Mill을 사용한다.

④ Nutmeg : 칵테일 조제 시 향료로 사용된다.

⑤ Oil & Vinegar : Salad용으로 사용되며 정해진 병에 넣어 사용한다.

⑥ Tomato Ketchup : 햄버거요리에 사용
⑦ Mustard : Bavarian Mustard, French Mustard, English Mustard 등이 있으며 Pot에 담아서 사용한다.
⑧ Tabasco : 매운맛의 Table Sauce로서 Oyster, Cocktail Dressing, Salad Dressing 등에 사용한다.
⑨ Worcestershire Sauce : 뜨거운 치즈요리, Sauce류, Dressing용으로 사용한다.
⑩ Mint Jelly : 박하향이 있는 것으로 양고기 제공 시 사용된다.
⑪ Red Current : 엽조류(Game) 요리 제공 시 사용한다.

(2) 양념류 취급 시 주의사항

① 단음식을 제외한 모든 요리를 서브할 때 식탁에 Salt & Pepper Shaker를 Set-up 한다.
② Smoked Salmon, Oysters를 서브할 때에는 Pepper Mill을 사용한다.
③ 연회 table의 경우 4명에 Caster 1 Set씩 Set-up한다.
④ 기타 다른 양념류는 Service Station에 준비하여 놓는다.

(3) 양념그릇 손질요령

① Salt Pepper Shaker : 깨끗하게 세척한 다음 완전히 건조된 후에 소금과 후춧추가루를 넣는다.
② Pepper Mill : 물 세척은 금한다.
③ Mustard Pots : 매일 세척하고 다시 담아야 하며, 담을 때에는 플라스틱이나 목재 스푼을 사용한다.
④ Bottles류 : 매일 세척하고 병입구를 잘 닦아야 한다.

2. 바 영업준비(Bar Mise-en-Place)

1) 준비조(Morning Shift)

① 프런트 오피스로부터 키를 찾아 문을 연다.

② Switch를 Full 가동해 보고 전구 등의 이상 유무를 확인한다.
③ 테이블을 깨끗이 닦는다.
④ 모든 글라스웨어의 청결상태를 점검한다.
⑤ 각종 비품, 장비를 청결히 한다.
⑥ Hall, Bar, Counter, 출입구, 업장 주위를 깨끗이 청소한다.
⑦ 재고상태를 파악하여 Re-Stock을 충분히 한다.
⑧ 기물류 Napkin, Coaster, Muddler, Cocktail Pick 등을 점검한다.

2) 마감조(Closing Shift)

① 업장 내외를 청결히 한다.
② 가구류(테이블, 스테이션 등)는 물기 없는 마른 헝겊으로 닦는다.
③ 모든 사용된 기물은 깨끗이 세척되어야 한다.
④ 주류창고 및 냉장고 등은 잠가야 한다.
⑤ 재고파악(Inventory)을 한다.
⑥ 다음날 수령할 품목을 작성해서 업무일지와 함께 식음료 사무실의 확인을 받도록 한다.
⑦ 전원 스위치를 내린다(단, 냉장고 연결선 제외).
⑧ 모든 키는 프런트 오피스에 보관한다.

3. 그 밖의 가구 및 집기의 준비

가구나 Brass Ware는 영업 전후에 반드시 광택이 나도록 닦아야 하고 파손 여부도 영업 전에 미리 체크하여 수리해 두어야 한다.

1) 체크해야 할 가구의 종류

① Reception desk
② 출입문
③ Cashier's Desk
④ Side Table
⑤ Service Wagon
⑥ Hall의 벽
⑦ Plant Box
⑧ Window Side(창가)

2) 체크할 집기의 종류

① Sign Board
② Wine Basket
③ Champagne Cooler Set
④ Ice Tongs
⑤ Soup Tureen
⑥ Soup Ladle
⑦ Alcohol Lamp
⑧ Vacuum Cleaner
⑨ Reserved Tag
⑩ Mop(대걸레)
⑪ 빗자루
⑫ 쓰레받기
⑬ Cash Tray(chit tray)
⑭ Toothpick Case
⑮ Bill Holder
⑯ Paper Napkin Holder

3) 그 밖의 고객용 소모품의 종류

① High Pin
② Sales Envelope
③ Letter Paper
④ Chopsticks
⑤ Chopsticks Paper(cover)
⑥ Memorandum Paper
⑦ Toothpick
⑧ Coaster
⑨ Umbrella Cover
⑩ Cocktail Pick
⑪ Muddler
⑫ Straw
⑬ Candle
⑭ Birthday용 Candle
⑮ Memorandum Pad
⑯ Cocktail Napkin
⑰ Birthday Candle 받침
⑱ Cake Knife(plastic)
⑲ Alcohol
⑳ Cake 포장지

Food & Beverage Service

제2장 | 식음료 영업장 예약관리

제 1 절 예약 받기

1. 전화예약 및 응대요령

전화는 고객과의 빼놓을 수 없는 의사소통의 수단이며 고객접점의 중요한 매개체이다. 전화응대 하나가 업장에 지대한 영향을 미치며 잘못된 전화응대는 매출감소는 물론 업장 전체의 이미지에 결정적인 영향을 미치게 된다.

전화는 고객의 얼굴을 직접 보지 못하고 대화하기 때문에 자칫하면 소홀히 응대하기 쉽고 오해가 발생할 소지가 많으므로 각별히 주의를 기울이고 더 세심하게 응대할 수 있도록 습관화하여야 한다.

1) 전화응대의 기본예절

① 전화기에 얘기하는 것이 아니고 고객과 얘기하고 있다는 것을 항상 명심한다.

② 바른 자세와 밝은 음성으로 고객에게 호감과 만족을 줄 수 있도록 한다.

③ 음성은 '솔'음 정도의 톤으로 밝고 명랑하게 말하며 어조를 너무 낮추지 않는다.

④ 잘 듣고 있다는 것을 고객에게 전하기 위하여 적절히 맞대응을 한다.

⑤ 고객이 감정적으로 되어도 결코 이쪽의 감정을 나타내서 언쟁이 일어나지 않도록 한다.

⑥ 고객이 이해 못 하는 전문용어, 외래어 등을 피하고 알아듣기 쉽게 말한다.

⑦ 고객의 말을 주의 깊게 잘 들어서 반복해서 말하지 않게 하며 지레짐작의 응답은 피한다.

2) 전화예약 요령

(1) 초기 응대 시

- 전화는 Bell이 3번 이상 울리기 전에 받으며 인사말, 업장명, 자신의 이름을

말한다.

- 전화 Bell이 3번 이상 울린 후 받았을 경우에는 반드시 “기다리시게 해서 죄송합니다”라고 말한 후 업장명과 이름을 말한다.
- 초기 응대어(인사말, 업장명, 자신의 이름)는 고객이 알아들을 수 있도록 명확하게 말한다.
- 고객의 말이 잘 들리지 않거나 혼선의 경우에는 “전화상태가 좋지 않은 것 같으니 죄송하지만 다시 한 번 걸어주시면 고맙겠습니다”라고 양해를 구한다.

(2) 용건 청취 시

- 왼손으로 송수화기를 잡고 오른손으로 메모하면서 통화한다.
- 대화 중에 고객의 직함, 외국인의 경우에는 이름을 자주 불러준다.
- 고객의 말을 잘못 들었거나 이해가 가지 않을 경우에는 “네?”라고 하지 말고 “제가 잘못 들었는데 죄송하지만 다시 한번 말씀해 주시겠습니까?”라고 정중히 부탁한다.
- 고객을 기다리게 할 경우에는 “잠시만 기다려주시겠습니까?”라고 양해를 구한 후 보류버튼을 작동하여 잡음이 들리지 않도록 한다.
- 고객이 요구하는 사항이 무엇인지를 빨리 파악하여 고객의 요구를 해결해 줄 수 있는 쪽으로 대화를 진행시키며 가능한 한 “안 됩니다”, “없습니다” 등의 부정적인 어휘는 피한다.
- 일시, 금액, 장소, 인원 등 중요한 사항은 메모하며 복창하여 고객에게 신뢰감을 줄 수 있도록 한다.
- 가능한 한 고객의 입장에서 전화통화를 하며 너무 이쪽의 상황을 내세우지 않는다.

(3) 전화 연결 시

- ‘누구로부터 누구에게’인가를 확인하여 지명인에게 정확히 연결해 준다.
- 자신의 담당이 아닌 내용을 상대가 이야기하면 적정한 시점에서 “제가 담당

자를 연결해 드리겠습니다. 혹시 전화가 끊어지면 ○○○○번으로 다시 해 주십시오"라고 말한 후 연결해 준다.

- 담당자에게 전화를 연결할 때에는 누구로부터의 전화인가를 말하고 고객이 말한 용건을 되풀이하지 않도록 자세히 말한다.
- 연결을 받은 담당자는 중계인이 말해준 내용을 고객에게 먼저 확인하여 고객이 용건을 다시 말하지 않도록 한다.
- 지명인이 전화를 받기가 어렵거나 시간이 걸릴 경우에는 고객에게 상황을 말해주고 지명인이 전화를 걸도록 하겠다고 양해의 말을 구한다.

(4) 고객의 불평 전화 시

- 고객에게 정중히 사과한 후 상대방의 이름, 직함, 전화번호를 가르쳐주어 상대방에게 전화를 다시 걸도록 하거나 전화를 여기저기로 돌리는 행위는 삼간다.
- 반드시 고객에게 양해를 구한 후 직접 담당자를 찾아 전화연결을 하여 통화하도록 배려한다.

(5) 종료 시

- 통화내용을 요약, 복창하여 이상이 없는지를 확인한다.
- "전화 주셔서 감사합니다." 또는 "최선을 다해 준비해 놓겠습니다."라고 마무리 인사를 하여 고객이 기분 좋게 전화를 끊을 수 있도록 한다.
- 상대방이 먼저 수화기를 놓은 다음에 내려놓는다.

제 2 절 레스토랑 조직의 의의

레스토랑 부문에 대한 조직도 경영조직의 기본이념에 입각하여 조직의 형태가 이루어지는 것이므로 각 업무가 합리적으로 구성되어야 한다. 조직(Organization)

이란 어떤 목적을 달성하기 위해 혼자 해야 할 일을 타인과 협력해서 하는 것이 효율적인 경우에 형성된다. 좀 더 확실하게 표현한다면 조직은 수행해야 할 일을 명시하고 개인을 집단화하여 책임과 권한을 규정하고 위임하며 소기의 목적을 달성하기 위하여 구성원들이 가장 효과적으로 협동하여 일할 수 있도록 직무관계를 설정하는 과정이다.

조직에는 각종의 경로시스템을 마련해서 경영진과 종사원의 의견이나 제안・정보 등의 커뮤니케이션이 원활하게 이루어져야 한다. 레스토랑 부문의 조직은 각 부문 종사원의 협동활동이 경영목적에 잘 적용될 수 있도록 하기 위하여 각 부문 종사원이 수행할 역할과 직무의 관계를 규정하는 것으로, 레스토랑 부문의 조직은 종사원의 능률적인 관리를 위한 수단인 것이다. 이와 같이 조직의 목적과 목표를 달성하기 위해서는 각 구성원의 직무를 규정하는 일과 일정한 권한 및 책임을 할당하여 각 직무의 상호관계를 정하는 것을 중심과제로 삼고 업무의 능률을 높이고 경영활동을 촉진시키는 데 그 의의가 있다.

제 3 절 레스토랑 서비스 조직의 편성

레스토랑 서비스 조직에는 셰프 드 랑 시스템, 헤드웨이터 시스템, 스테이션 웨이터 시스템 등이 있는데 각 업장의 영업방침과 경영방식의 차이에 따라 구분할 수 있다.

1. 셰프 드 랑 시스템(Chef de Rang System)

셰프 드 랑 시스템(Chef de Rang System)은 프렌치 서비스(French Service)라고도 부르며 가장 정중하고 최고급의 서비스를 제공하는 고급식당에 적합한 조직편성이다. 메트르 도텔(Maitre d'Hôtel) 아래 셰프 드 랑(Chef de Rang)과 코미 드 랑(Commis de Rang), 코미 드 바라쉬르(Commis de Barraseur)가 한 팀이 되어

서비스를 수행하게 된다. 또 셰프 드 뱅(Chef de Vin)은 와인을 전문적으로 서비스하는 사람으로 음식을 서비스하는 셰프 드 랑을 도와준다. 따라서 이는 팀워크를 중심으로 3~4명의 근무조로 편성되어 서브된다.

이 시스템의 장점은 고객에 대한 수준 높은 서비스 제공과 종사원들의 만족을 주는 근무조건이다. 단점은 종사원 상호 간에 의존도가 높아 인건비 지출이 높다는 것이다. 고급식당의 편성에 적합하다.

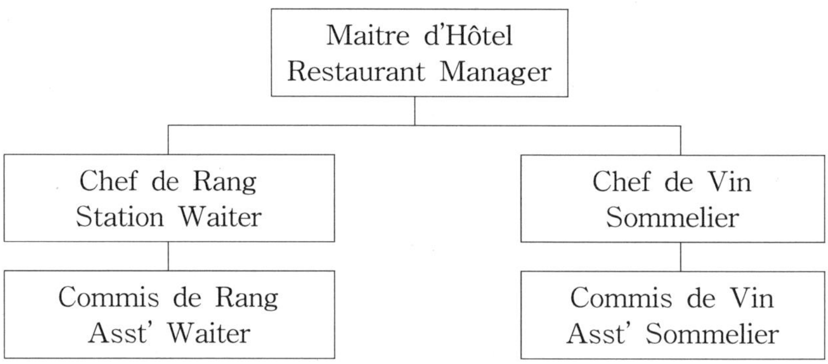

<그림 2-1> Chef de Rang System

2. 헤드웨이터 시스템(Head Waiter System)

헤드웨이터 시스템(Head Waiter System)은 수장 밑으로 식사담당, 음료담당을 두어 주어진 테이블을 서브하는 제도로 일반식당에 적합하다. 따라서 헤드웨이터(Head Waiter)는 웨이터, 웨이트리스를 감독하고 지시하며 서비스의 전반적인 책임을 진다. 밀 웨이터(Meal Waiter)는 식사만 담당하고 헤드웨이터의 지시에 따라 서비스하지만, 때로는 직접 주문을 받고 서비스도 한다. 그리고 음료 웨이터(Beverage Waiter)는 와인 리스트(Wine List)를 숙지하고 식사에 대한 지식을 갖고 서비스를 한다.

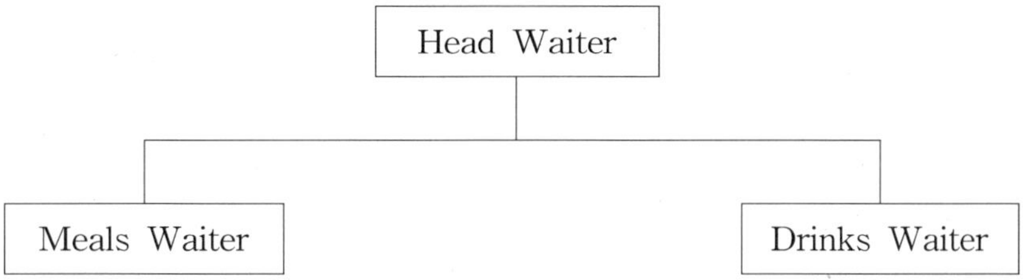

<그림 2-2> Head Waiter System

3. 스테이션웨이터 시스템(Station Waiter System)

스테이션웨이터 시스템(Station Waiter System)은 One-Waiter System이라고도 하며 한 식당에 수장을 두어 그 밑에 한 명씩 웨이터가 각자의 구역만을 서브하는 제도로서 계절레스토랑(Seasonal Restaurant)에 적합하다.

스테이션웨이터 시스템의 장점은 한 계절을 통한 웨이터의 충실한 준비와 일괄적인 서비스 제공, 높은 임금을 받을 수 있다는 것이다. 단점은 웨이터의 잦은 담당구역 이탈로 고객을 오래 기다리게 하여 불평을 사기 쉽다는 것이다.

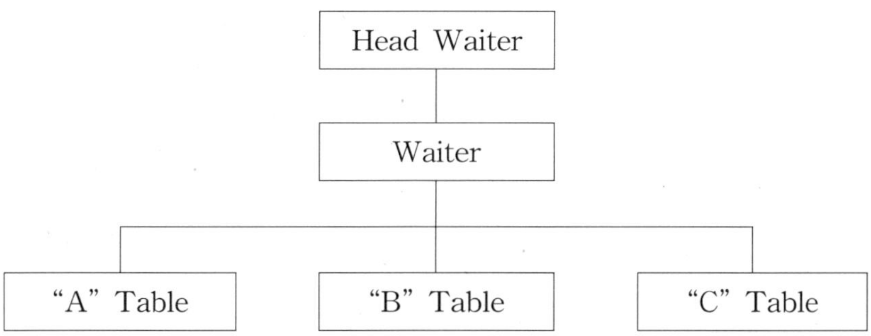

<그림 2-3> Station Waiter System

제 4 절 레스토랑 조직도의 실제

호텔레스토랑 조직은 회사의 경영이념에 따라 다양한 조직을 이루고 있으나 일반적으로 300실 이상의 대규모 특급호텔 레스토랑 부서조직은 아래와 같다.

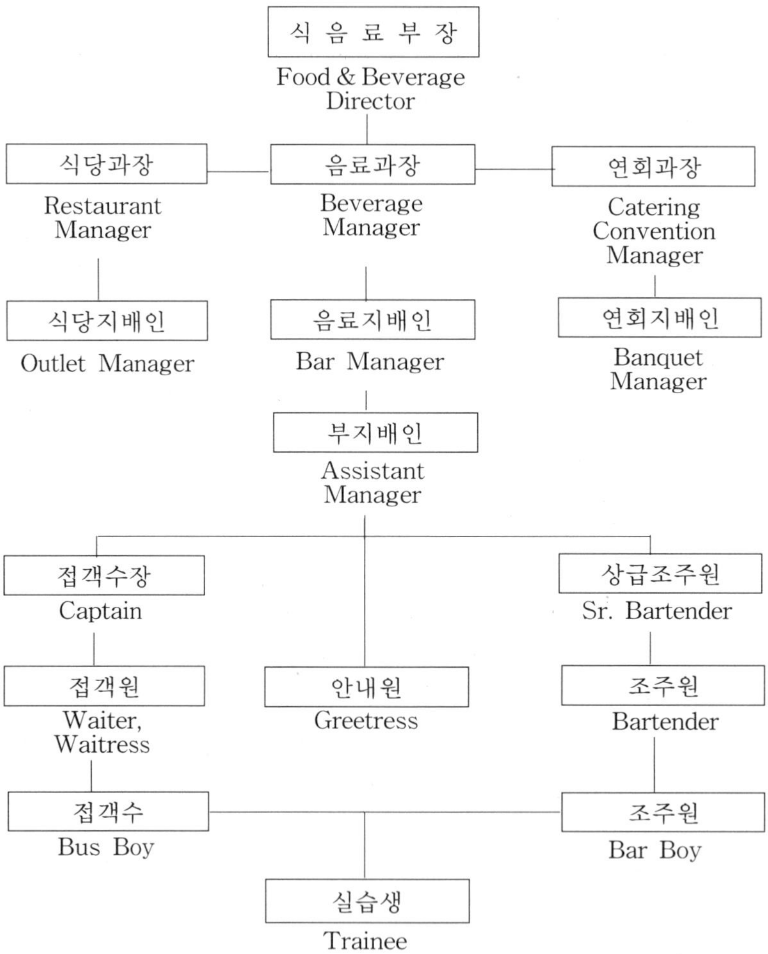

<그림 2-4> 식음료 조직도

제5절 레스토랑 조직의 직무기능

1. 식음료 부장(F&B Director)

레스토랑의 최고 책임자로서 영업에 관한 정책수립 및 계획자로서 영업장의 관리 감독, 전 종사원의 인사관리, 경영자와 종사자의 의사전달자로서 식음료부의 전반적인 운영상태를 총괄 관리한다.

2. 식음료 과·차장(F/B Assist. Director)

식음료 부장을 보좌하며, 식음료부의 운영상태 및 문제점을 파악하고 운영에 관한 책임을 지며, 종사원의 인사관리 및 서비스교육을 통해 질적 서비스 향상을 위한 일을 담당한다.

3. 지배인(Outlet Manager)

각 영업장의 책임자로서 사업장 운영 및 고객관리, 인사관리, 교육훈련과 부서장 간의 직간접적인 중계역할을 한다. 주영업장 관리는 매출관리, 재고관리, 업장환경 정돈, 원가관리, 메뉴작성, 특별행사기획(각종 Event) 등과 고객관리는 고객대장관리, 예약관리, 고객불평 처리 및 예방이 있다.

인력관리에는 근무태도관리, 인사고과 작성, 교육훈련, 그 외 재산관리(집기, 비품), 문서의 기록보관 관리 등이 있다.

4. 부지배인(Outlet Assist. Manager)

지배인을 보좌하여 영업장의 운영관리와 대고객서비스 관리를 수행하며, 지배인 부재 시에는 그 직무를 대행한다.

5. 캡틴(Captain)

보통 헤드웨이터(Head Waiter)라고 하며 중·소규모의 식당에서는 지배인급의 역할을 대행하는 것이 상례이다. 특히 캡틴은 접객책임자로서 영업준비상태와 종사원의 복장 및 용모를 점검하며 고객을 영접하고 식음료의 주문과 서비스를 담당한다.

또한 식당 내의 전반적인 정보를 숙지하여 고객에게 정보를 제공하고 주문전표와 계산서를 관리한다.

6. 그리트리스(Greetress)

지배인과 부지배인을 보좌하며 단정한 복장으로 레스토랑 입구에서 밝은 표정과 웃는 얼굴로 고객을 맞이한다. 특히 예약업무, 좌석안내절차 등에 대하여 숙달해야 하며 예약상황 시 정확한 성명, 인원 수, 도착시간, 특별요구사항, 전화번호 등을 순서에 입각하여 기재한다.

7. 웨이터 / 웨이트리스(Waiter / Waitress)

캡틴을 보좌하며 일선에서 고객과의 접촉을 가장 많이 하며 서비스를 제공하는 직무다.

노련한 상품지식과 전문기술을 겸비하고 상급자의 지시에 소홀함이 없으며 동료와 협력하고, 하급자에 대한 보조도 아끼지 말아야 한다. 테이블세팅과 청소를 담당하고 식당에서 필요한 은기물류, 글라스, 리넨류 등을 관리하면서 전반적으로 영업장에 대한 정리정돈을 한다.

8. 어시스트 웨이터 / 웨이트리스(Assist. Waiter / Waitress)

캡틴이나 웨이터의 지시에 따라 영업장 내 테이블 정리정돈과 서비스 스테이션 정리정돈 등 영업에 필요한 준비를 하며, 종사원 결원이 있을 경우 보조를 담당한다.

9. 수습사원(Trainee)

경험이 많지 않은 수습사원은 신입사원으로 배정받은 근무부서의 실무를 익혀서 맨 파워를 충분히 발휘할 수 있을 때까지 견습사원으로 업무에 임한다.

10. 바텐더(Bartender)

음료에 대한 전문적인 지식과 양목표에 맞게 칵테일을 제조 판매하며 음료 및 부재료를 수령하고 각종 집기류의 작동상태 점검 및 영업장 내 정리정돈과 청결을 유지한다.

11. 와인 스튜어드(Wine Steward; Sommelier)

아페리티프(Aperitif), 테이블와인(Table Wine), 다이제스티프(Digestif) 등을 권유하고 제공하는 역할로서 주문받은 즉시 정중하게 서브하며 와인의 진열과 음료 재고를 점검 관리하며 필요시 음료창고로부터 보급 수령한다.

제 6 절 레스토랑의 명칭에 의한 구분

1. 레스토랑(Restaurant)

일반적으로 식당의 의미로 쓰이는 명칭이다. 레스토랑은 고급식당으로서 식탁과 의자를 마련하여 놓고 고객의 주문에 의하여 웨이터나 웨이트리스가 음식을 날라다 주는 테이블 서비스가 제공되며, 고급음식과 정중한 서비스, 훌륭한 시설이 갖추어진 최상급의 식당이다.

2. 커피숍(Coffee Shop)

고객이 많이 왕래하는 장소에서 커피와 음료수 또는 간단한 식사를 판매하는 식당이다. 호텔에서는 식음료부서의 핵심적인 얼굴이며 서비스품질을 평가받은 대표적인 업장이다.

3. 카페테리아(Cafeteria)

음식물이 진열되어 있는 카운터 테이블(Counter Table)에서 음식을 고른 다음 요금을 지불하고 손님 자신이 직접 날라다 먹는 셀프서비스(Self-Service)식의 식당이다.

4. 다이닝 룸(Dining Room)

주로 정식(Table d'Hôte)을 제공하는 호텔의 주식당으로 이용하는 시간을 정하여 조식을 제외한 점심과 저녁식사를 제공한다. 그러나 최근에 이 명칭은 사용되지 않고 고유의 명칭을 붙인 전문요리 레스토랑과 그릴(Grill)로 형태가 바뀌었으며, 정식뿐만 아니라 일품요리(Á la Carte)도 제공하고 있다.

5. 그릴(Grill)

일품요리(一品料理 : Á la Carte)를 주로 제공하며, 수익을 증진시키고 고객의 기호와 편의를 도모하기 위해 그날의 특별요리(Daily Special Menu)를 제공하기도 한다. 아침, 점심, 저녁식사가 계속해서 제공된다.

6. 뷔페식당(Buffet Restaurant)

준비해 놓은 요리를 균일한 요금을 지불하고 자기 양껏 원하는 대로 선택해 먹을 수 있는 셀프서비스 식당이다.

7. 런치 카운터(Lunch Counter)

식탁 대신 조리과정을 직접 볼 수 있는 카운터 테이블에 앉아 조리사에게 직접 주문하여 식사를 제공받는 식당이다. 고객은 조리과정을 직접 볼 수 있기 때문에 기다리는 시간의 지루함을 덜 수 있고, 식욕을 촉진시킬 수 있다.

8. 리프레시먼트 스탠드(Refreshment Stand)

간편한 간이음식을 만들어 진열장에 미리 진열하여 놓고, 바쁜 고객들로 하여금 즉석에서 주문하여 먹을 수 있도록 한 식당이다.

9. 드라이브 인(Drive-In)

도로변에 위치하여 자동차를 이용하는 여행객을 상대로 음식을 판매하는 식당이다. 이 식당은 넓은 주차장을 갖춰야만 한다.

10. 다이닝 카(Dining Car)

기차를 이용하는 여행객들을 위하여 식당차를 여객차와 연결하여 그곳에서 음식을 판매하는 식당이다.

11. 스낵 바(Snack Bar)

가벼운 식사를 제공하는 간이식당이다.

12. 백화점 식당(Department Store Restaurant)

백화점을 이용하는 고객들이 쇼핑 도중 간이식사를 할 수 있도록 백화점 구내에 위치한 식당이다. 이곳에서는 대개 셀프서비스 형식을 취하며, 회전이 빠른 식사(fast-food)가 제공된다.

13. 인더스트리얼 레스토랑(Industrial Restaurant)

회사나 공장 등의 구내식당으로 비영리 목적의 식당이다. 학교, 병원, 군대의 급식식당 등이 이에 속한다.

제 7 절 운영형태에 의한 구분

1. 독립형태의 레스토랑(Independent Restaurant)

별도로 독립하여 한 사람의 투자와 경영기술로 운영되는 레스토랑으로 시중의 일반식당은 대부분 이에 속한다고 할 수 있다.

2. 연쇄형태의 레스토랑(Chain Restaurant)

레스토랑사업의 대형화와 아울러 각지에 지점을 두어서 운영의 묘를 꾀하고 있다.

미국에서는 로렌조 델모니코(Lorenzo Delmonico)씨가 처음으로 체인(Chain)식당을 열었으며, 1876년에 캔자스(Kansas)주의 토페카(Topeka)에서 영국인 프레드 하비(Fred Harvey)씨가 시작한 식당이 대연쇄점을 갖게 되어 1912년경에는 12개의 큰 호텔과 65개의 철도식당, 그리고 60개의 다이닝 카(Dining Car)를 운영하게 되었다. 최근에는 하워드 존슨(Howard Johnson)회사가 운영하는 식당도 세계적이고 햄버거 전문으로 시작한 맥도날드(Mcdonald)는 많은 지점을 갖고 있는 대형식당이다.

3. 전문레스토랑

최근에는 고객의 취향도 단일화 및 전문화되어 가는 경향이 있어 식당의 메뉴도 이러한 경향에 맞추어 전문화되고 있다. 즉 스낵(Snack) · 핫도그(Hot Dog) · 칼국

수 · 한정식 · 불고기 · 로스구이 · 햄버거 · 생선요리 등이 각기 전문음식으로 제공되고 있다.

4. 고급레스토랑(Deluxe Restaurant)

생활소득이 증대함에 따라 여가와 고급요리를 찾는 계층이 늘어나서 실내장식 및 집기 등의 설비가 고급화되고, 이곳에서는 노래와 음악으로 고객의 흥취를 돋우어 음식의 맛을 더욱 돋보이게 한다.

5. 실비식당(實費食堂)

서민들이 부담 없이 식당을 출입할 수 있도록 저렴한 가격으로 음식을 판매한다든지, 카페테리아(Cafeteria) · 뷔페(Buffet)식당처럼 셀프서비스를 제공하거나 동일식품의 다량을 실비로 판매하여 박리다매(薄利多賣)의 경영기술을 꾀할 수 있다.

제 8 절 제공품목에 의한 구분

1. 양식당(Western Style Restaurant)

1) 이탈리아식 식당(Italian Restaurant)

이탈리아 요리는 일찍이 14세기 초엽에 탐험가 '마르코 폴로'가 중국 원(元)나라에 가서 배워 온 면류(麵類) 요리가 고유한 스파게티(Spaghetti)와 마카로니(Macaroni)로 정착하였으며 또한 프랑스 요리의 원조가 되었다. 이탈리아에서는 이 면류 요리를 총칭하여 파스타(Pasta)라고 하며 수프 대신 식사 전에 먹는다.

이탈리아 요리의 코스는 다음과 같다.

① 아페리티보(Aperitivo : 식사 전에 마시는 술)
② 안티파스토(Antipasto : 전채에 해당)
③ 육류요리(肉類料理)
④ 인살라타(Insalata : 채소)
⑤ 과일
⑥ 커피

등의 순서로 약 3시간 정도의 점심식사를 정찬으로 즐긴다.

2) 프랑스식 식당(French Restaurant)

서양요리에는 프랑스 요리가 세계적으로 가장 유명하다. 프랑스 요리는 이탈리아에서 유래되어 16세기의 '앙리 4세' 때부터 발전하여 오늘날 가히 요리의 천국을 이룩하였다. 우리가 잘 알고 있는 샤토브리앙(Chateaubriand)을 비롯하여 바닷가재요리 · 생굴요리 및 오르되브르(Hors d'Oeuvres)요리가 있고, 각종 소스(Sauce)만도 500가지가 넘는다고 한다.

3) 미국식 식당(American Restaurant)

서양요리는 각국마다 그 특색이 있는데 이탈리아에는 파스타(Pasta), 영국에는 로스트 비프(Roast Beef)가 있는가 하면, 미국에는 비프 스테이크(Beef Steak)를 대표요리로 들 수 있다. 그 밖에도 바비큐(Barbecue : 통고기구이), 햄버거(Hamburger) 등도 들 수 있다. 이들은 재료를 대개 빵과 곡물, 고기와 달걀, 낙농식품, 과일 및 채소 등으로 이용하는데, 미국인들은 대개 간소한 메뉴와 경제적인 재료 및 영양본위의 실질적인 식생활을 하는 것이 특징이다.

4) 스페인 식당(Spanish Restaurant)

주위가 바다로 둘러싸인 스페인은 해산물(Sea Food)이 풍부하여 생선요리가 유명하다. 스페인 요리는 올리브유, 포도주, 마늘, 파프리카, 샤프란 등의 향신료를 많이 쓰는 것이 특색이다. 대표적인 요리로 왕새우요리(Gratinado de Langosta)가 세계적으로 유명하다.

2. 한식당(Korean Restaurant)

한국요리는 오랜 역사와 함께 이루어진 문화유산 중 하나로 지리적 여건과 기후 변화 등의 영향을 받으며 각 지방의 다양한 산물을 이용한 향토성 짙은 지방음식이 다양하게 발달하였다. 주식(밥, 죽, 면 등)과 부식(국, 찌개, 구이, 찜, 조림, 산적, 나물, 전, 김치 등)의 형태가 명확하게 구분되어 음식의 종류와 조리법이 매우 다양하게 발달되었다고 할 수 있다.

한국요리는 다른 나라 요리에 비해 정성과 노력이 많이 들 뿐 아니라 궁중음식, 반가음식, 서민음식 등 계층에 따른 음식과 향토음식, 절식, 시식, 혼례음식, 제사음식 등이 미풍양속과 함께 전승되어 왔고, 각 분야별로 변화의 과정을 거치면서 독특한 조리기술과 상차림 및 독창적인 식기문화의 변천과 더불어 발전되었다.

최근에는 한국음식에 대한 외국인의 관심이 크게 변하고 있으며 한국음식을 계승하여 더욱 훌륭한 세계적인 음식으로 발전시켜 나가야 할 것이다.

3. 중식당(Chinese Restaurant)

중국에서는 벌써 2000년 전에 요리의 전문서적이 출판되었고 6세기경에 『식경(食經)』이라는 책이 지금도 남아 있을 정도로 중국요리는 그 맛과 전통을 자랑하고 있다. 광대한 지역의 중국은 음식의 맛과 질도 다양하여 요리의 수준이 세계 제일의 것임은 두말할 나위가 없다.

중국인의 강인한 체력과 정신력을 지속시키고 있는 중국요리는 건강과 강장에 특히 유의해서 의사를 중심으로 하여 기초가 만들어졌다고 한다.

고대 중국인은 식물의 배합과 맛의 조화에 대해서도 음양오행설(陰陽五行說)을 생각했다고 한다. 특히 주목할 것은 산(酸), 고(苦), 감(甘), 신(辣), 염(鹽) 등 향신료의 조화이다.

중국요리는 황궁과 민가의 합작요리라고도 할 수 있다. 황제나 권력자는 돈과 권력을 이용하여 필사적으로 불로불사의 산채 · 강장 · 강정의 식물을 구했고, 민가는 빈곤한 수준에서 먹고 살아가야 할 식사를 연구했다. 그 양자의 결합이 현재의 세계적인 요리를 만들게 된 요소이다.

중국요리는 주식과 부식의 구별이 없으며 요리를 만드는 데는 다음과 같은 3요소가 있다.

① 미(美)
② 미(味)
③ 색(色)

수천 년의 역사와 광대한 면적을 지닌 중국에서의 요리는 각 지역마다 독특한 재료의 맛(味)과 풍토에 따라 여러 가지 특색이 있다. 이것은 다음과 같이 4대 계통으로 크게 나눌 수 있다.

① 북경요리
② 사천요리
③ 광둥요리
④ 남경(상해)요리

따라서 이는 다른 나라의 요리와 달리 지방별로 여러 가지로 구분된다.

4. 일식당(Japanese Restaurant)

일본은 계절의 구분이 뚜렷하고 사방이 바다로 둘러싸인 해양국가의 특수성으로 인해 음식의 색, 향기, 맛을 살려 조미(調味)하는 것이 특색이다.

일본요리는 고대 중국과 한반도로부터 전래된 문물과 함께 그 역사의 시효를 이루었으며, 문화가 발달함에 따라 일본인의 기호 및 지역적 특성에 맞는 색, 향기, 맛을 위주로 한 고유한 특징을 지닌 요리로써 변화발전했다. 즉 후지산을 중심으로 오사카(大阪)의 관서풍 요리와 도쿄의 관동풍 요리가 대표적인 것으로 다음과 같은 특징이 있다.

① 관서풍 요리
- 맛이 싱겁고 담백하다.
- 색깔이 엷다.
- 소금으로 조미한다.

② 관동풍 요리
- 맛이 강하다.
- 색깔이 짙다.
- 간장으로 조미한다.

③ 상차림
- 본선요리(本膳料理) : 도산시대(挑山時代)부터 에도시대(江戶時代)에 걸쳐 발달하였다.
- 회석요리(會席料理) : 다도(茶道)를 전문으로 하는 가정요리에서 발달하였다.

④ 향토요리 : 각 지방의 가정에서 발달된 요리이다.

⑤ 정진요리(精進料理) : 사원(寺院)에서 발달된 요리이다.

⑥ 요정요리(料亭料理) : 도시를 중심으로 발달된 요리이다.

상차림의 요리는 형식을 매우 중요시하고 식사예법도 구비되어 있다. 계절별로는 춘(春), 하(夏), 추(秋), 동(冬)의 요리가 있고, 명절과 행사 때 사용되는 요리 또한 대단히 많다.

제 9 절 식사 서비스 형태에 의한 구분

1. 테이블 서비스(Table Service)

테이블 서비스는 쾌적하게 조성된 분위기 속에서 특징 있는 요리를 신속하고 부드럽게, 또한 보다 전문적이며 효율적인 방법으로 제공하여 고객의 요구를 충족시켜 주는 데 그 목적이 있다.

요리를 서비스하는 방법에는 여러 가지가 있으며 이들은 각국의 식생활 발전에 따라 이름이 붙여진 것이다.

1) 프렌치 서비스(French Service)

① 유럽의 귀족들이 좋은 음식과 시간적인 여유를 즐기기 위한 형식적이고 우아한 서비스이다.

② 요리는 Silver Platter에 담아 Guéridon에 의해 운반된다.

③ 고객 앞에서 Flambée Wagon이나 레쇼(Réchaud)를 사용하여 셰프 드 랑(Chef de rang)이 요리를 완성시켜 서브한다.

④ 요리는 신속하게 잘 조화된 형태를 갖추어 짧은 시간에 서브한다.

⑤ 전형적인 프랑스 요리를 제공하며 대표적인 요리는 다음과 같다.

- La Salade César(Caesar Salad)
- Le Tournedos au Poivre(Pepper Steak)
- Lec Crêpes Suzettes(Crepes in Orange Juice)

⑥ 한 스테이션을 보통 셰프 드 랑 1명과 코미 드 랑(Commis de Rang : 즉 Assistant Station Waiter) 1명이 담당한다.

⑦ 음료 서비스는 주로 소믈리에(Sommelier : Chef de Vin : 즉 Wine Steward)가 담당한다.

⑧ 셰프 드 랑(Chef de Rang)의 주업무는 다음과 같다.

- Maitre d'Hôtel(지배인)이나 Greetress의 부재 시에는 고객을 테이블까지 안내한다.
- 주문을 받는다.
- 고객 앞에서 음식을 요리한다.
- 소믈리에의 부재 시 음료를 서브한다.
- 전표 작성과 계산을 한다.

⑨ 코미 드 랑(Commis de Rang)의 주업무는 다음과 같다.

- 셰프 드 랑으로부터 인계받은 전표를 주방에 의뢰한다.
- 주방에서 준비된 요리를 Guéridon(Wagon)에 접시와 함께 고객테이블 옆에 준비한다.
- 셰프 드 랑이 Flambée한 요리를 예쁘게 장식하여 접시에 담아 고객의 오른쪽에서 오른손으로 서브한다.
- 필요에 따라 셰프 드 랑을 보좌한다.

⑩ 모든 요리를 Guéridon에 의하여 서비스한다.
- Guéridon은 항상 깨끗하게 손질된 상태에서 식탁 옆에 놓고 조리할 수 있도록 준비한다.
- Guéridon은 반드시 식탁의 높이와 같아야 한다.

⑪ 준비된 요리는 Platter에 담아 Commis de Rang이 운반하여 Guéridon 위에 놓는다.

⑫ Guéridon 위의 Platter를 셰프 드 랑이 고객에게 보이고 난 뒤 Carving이나 Flambée하여 요리를 완성한다.

⑬ 코미 드 랑은 요리된 접시를 고객의 오른쪽에서 오른손으로 서비스한다.

⑭ 버터, 빵, 샐러드 등은 고객의 왼쪽에서 오른손으로 서비스한다.

⑮ 버터, 빵, 샐러드 이외의 모든 접시종류와 글라스류는 고객의 오른쪽에서 오른손으로 서브하고 치운다.

⑯ 손으로 들고 먹는 요리의 경우는 항상 핑거볼(Finger Bowl)을 식탁에 요리와 함께 제공하며 다음과 같은 것이 있다.
- 핑거볼은 반드시 받침과 함께 서브한다.
- 핑거볼에 레몬이나 꽃잎을 띄우고 미지근한 온수를 약 1/3 정도 붓는다.

⑰ 고객의 우측 또는 좌측에 벽이나 그 밖의 서비스에 불편한 물건 및 시설물이 있어 제시된 내용과 같은 서비스가 어려울 때에는 TPO(Time, Place, Occasion)에 입각한 서비스 진행방법을 모색하여 되도록 고객에게 불편함이나 식사에 지장을 초래하지 않도록 한다.

⑱ 고객에게 조급한 식사를 요구하면 안 되며 천천히 여유를 가지고 요리나 서비스를 즐기도록 해야 한다.

⑲ Flambée는 식사를 더한층 화려하게 만들며 고객에게 식욕을 더욱 돋우어 준다.

⑳ Flambée는 여러 고객들의 주목을 끌게 되므로 연기력을 가지고 멋있고, 우아하게 서비스하지 않으면 안 된다.

㉑ Guéridon 서비스의 특징은 다음과 같다.
- Á la Carte 메뉴를 사용하는 전문레스토랑에 적합한 서비스이다.

- 식탁과 식탁 사이에 Guéridon(Wagon)이 움직일 수 있는 충분한 공간이 필요하다.
- 숙련된 종사원으로 접객 편성이 이루어져야 하므로 인건비의 지출이 높다.
- 고객은 자기 양껏 먹을 수 있으며 남은 음식은 따뜻하게 보관되어 추가 서비스를 할 수 있다.
- 다른 서비스에 비해 시간이 오래 걸리는 단점이 있다.
- 구성원은 각각 독립적인 업무를 지니고 있으나 필요에 따라 서로 협조하지 않으면 안 된다.

2) 러시안 서비스(Russian Service)

러시안 서비스는 프렌치 서비스와 유사한 점이 많으며 1800년 중반에 유행했던 대단히 고급스럽고 우아한 서비스이다. 접객원은 무거운 Platter를 사용하며, 테이블 세팅(Table Setting)은 Guéridon 서비스와 동일하다.

그 밖의 러시안 서비스는 다음과 같다.

① 서비스는 1명의 접객원이 담당한다.
② 모든 요리가 주방에서 완전하게 준비된다.
③ 요리는 Platter에 담겨 우아하고 멋있게 장식된다.
④ 접객원은 요리 Platter와 뜨거운 접시를 함께 식탁으로 운반하여 사이드 테이블(Side Table)에 놓는다.
⑤ 뜨거운 접시를 왼손에 암타월(Arm Towel)로 받쳐 들고 고객의 오른쪽에서 오른손으로 시계 도는 방향으로 돌아가며 고객 앞 테이블 끝에서 약 2cm 안으로 놓는다.
⑥ 요리 Platter는 왼손에 암타월(Arm Towel : Service Towel)로 받쳐 들고 서버(Server : Service Spoon & Fork)를 Platter의 가장자리에 준비한다.
⑦ 고객의 왼쪽에서 왼발을 한 발자국 앞으로 다가서서 먼저 고객에게 주문한 요리를 보여 식욕을 돋우어주며 선택한 요리에 대한 만족감을 준다.
⑧ 고객은 스스로 선택할 수 있는 기회를 갖게 되고 접객원은 오른손으로 서버를 쥐고 약간 구부린 자세에서 Platter를 접시와 수평이 되도록 가까이 하고

한 사람에 알맞은 몫을 서비스한다.

⑨ Banquet 서비스에서 널리 쓰이고 있다.

⑩ 이 서비스는 다음과 같다.

- 전형적인 연회(Banquet)서비스이다.
- 혼자서 우아하고 멋있는 서비스를 할 수 있고 Guéridon 서비스에 비해 특별한 준비기물이 필요하지 않다.
- 요리를 Platter에 의해 고객의 왼쪽에서 오른손으로 서브한다.
- Guéridon 서비스에 비해 시간이 절약된다.
- 마지막 손님은 식욕을 잃기 쉬우며 나머지만으로 서비스받기 때문에 선택권이 없다.

⑪ 식사 중인 고객에게 불편을 초래하게 될 때에는 역시 TPO(Time, Place, Occasion)에 따라서 서브할 수도 있다.

3) 아메리칸 서비스(American Service)

아메리칸 서비스는 프렌치 서비스보다 화려하지는 않으나 레스토랑에서 일반적으로 이루어지는 서비스 형식으로 서비스 중에서 가장 신속하고 능률적이다. 고급 레스토랑을 제외하고는 대부분 아메리칸 서비스 방법을 취하고 있으며 이 서비스는 다음과 같다.

① 주문받은 요리는 빠른 시간에 제공할 수 있다.

② 종사원의 숙련도가 그다지 요구되지 않는다.

③ Tray 서비스와 Plate 서비스로 나눌 수 있다.

④ 배정된 스테이션에서 일어나는 모든 서비스를 책임 있게 완성시키도록 하는 것이다.

⑤ 모든 요리는 주방에서 접시에 우아하고 멋있게 장식되어 나온다.

⑥ 고객의 수가 많을 때에는 서비스 Tray로 운반한다.

⑦ 고객의 오른쪽에서 오른손으로 시계방향으로 서비스한다.

⑧ Tray를 이용한 서비스를 Tray Service라고 한다.

⑨ 직접 손으로 들고 가서 제공하는 방법을 Plate Service라고 하며, 다음과 같

은 특징이 있다.

- 가장 간략한 서비스이다.
- 고객의 회전이 빠른 레스토랑에 적합하다.
- 단체 식사를 하는 고객에게 적합하다.

⑩ Trolley를 운반하는 것이 고급서비스는 아니지만 빠른 서비스를 할 수 있다는 것이 장점이다.

⑪ 자기 스테이션의 서비스가 완전할 경우 다른 스테이션을 도와주기도 한다.

⑫ 종사원의 행동범위를 국한시키고 불필요한 노동력을 줄여야 한다.

⑬ 혼자서 동시에 고객에게 서브할 수 있는 인원은 12~20명까지 가능하다.

⑭ Plate Service는 특히 다음 사항에 유의한다.

- 엄지손가락이 너무 깊숙이 잡혀서 음식에 닿지 않도록 한다.
- 접시를 수평으로 다루어야 하며 소스(Sauce)가 옆으로 흐르지 않도록 한다.
- 한 손에 너무 많은 접시를 들어서는 안 되며 위험부담이나 위생적인 면을 감안하여야 한다.

⑮ 아메리칸 서비스의 특징은 다음과 같다.

- 주방에서 음식이 접시에 담겨 공급되어 직접 서브된다.
- 빠른 서비스를 할 수 있다.
- 고객의 미각을 돋우지 못한다.
- 음식이 비교적 빨리 식는다.
- 고급 레스토랑에서보다는 회전이 빠른 레스토랑에 적합하다.
- 종사원 한 사람이 보다 많은 고객을 담당할 수 있다.

4) 패밀리 서비스(Family Service)

① 아메리칸 서비스를 일부 변경한 일반적인 서비스다.

② 조리와 배분은 주방에서 이루어져 볼(Bowl)이나 플래터(Platter)에 담겨 장식된다.

③ 담겨진 요리는 식탁 중앙에 놓거나, 접객원이 도와서 서비스하고 남은 요리는 식탁 위에 놓아둔다.

④ 음료는 따라주고 소스나 양념을 제공하며, 빈 접시는 치운다.

⑤ 요리는 인원에 비해 충분해야 하며, 제공되는 모든 요리를 다 들도록 한다.

⑥ 고객이 원할 때에는 필요한 양의 음식을 더 제공한다.

⑦ 서버는 Platter나 Bowl에 함께 놓아준다.

⑧ 패밀리 서비스의 특징은 다음과 같다.

- 서비스 방법이 단조로워 숙련되지 못한 접객원도 쉽게 적응할 수 있다.
- 고객 스스로가 요리를 분배해서 식사한다.
- 접객원은 많은 고객을 담당할 수 있으며 좋은 서비스도 할 수 있다.
- 고객 스스로 떠먹기 때문에 종사원의 관심도가 적고, 요리가 다른 고객에게는 호화스럽게 보이지 않는다.

2. 셀프서비스(Self-Service)

이 서비스는 카페테리아(Cafeteria)나 뷔페(Buffet) 서비스가 해당된다. 경우에 따라 카빙(Carving)이 필요한 요리는 조리사에 의해 서비스되며, 수프와 음료를 웨이터가 제공해 주기도 한다.

이 서비스는 우아하고 멋있게 진열된 요리식탁에서 고객 스스로 식사할 만큼 취사선택하여 먹는 식사방법을 말한다. 때로는 진열된 식탁 뒤에 요리사가 배치되어 고객이 선택하는 요리를 서비스하기도 한다.

뷔페서비스에는 다음과 같은 것들이 있다.

① 식사 진열대의 입구에서부터 접시와 고객의 기호에 맞는 여러 가지 요리를 배열한 다음 디저트(Dessert) 순서로 배열하나, 디저트는 별도의 식탁을 만들어 진열하기도 한다.

② 카빙(Carving)요리를 제외한 모든 요리는 고객 스스로 선택하여 접시에 담아간다.

③ 카빙이 필요한 요리는 조리사에 의하여 서비스된다.

④ 음료는 접객원에 의해서 서비스된다.

⑤ 접객원은 스테이션별로 식탁을 배정받아 담당한다.

⑥ 식사가 끝난 식탁은 신속하게 다시 세팅한다.

⑦ 뷔페 테이블에 모자라는 요리는 보충해 놓아야 한다.
⑧ 흩어진 요리는 보기 좋게 놓아야 한다.
⑨ 요리는 양식, 중식, 한식, 일식 등 다양하게 준비된다.
⑩ 뷔페는 성격에 따라 Standing과 Sitting으로 구분할 수 있다.

셀프서비스의 특징은 다음과 같다.

① 기호에 맞는 음식을 선택하여 자기 양껏 먹을 수 있다.
② 위생적인 식사가 제공된다.
③ 신속한 식사를 할 수 있다.
④ 가격이 비교적 저렴하다.
⑤ 봉사료(Tips)의 지급이 필요 없다.
⑥ 고객의 불평이 적다.
⑦ 소수의 종사원으로 인건비가 적게 든다.
⑧ 회전이 빨라 매출액이 증진된다.

3. 카운터서비스(Counter Service)

조리장과 붙은 카운터를 식탁으로 하여 고객이 직접 조리과정을 지켜보며 식사할 수 있는 형식으로 때로는 웨이터가 음식을 테이블까지 날라주기도 한다.

카운터서비스의 특징은 다음과 같다.

① 빠르게 식사를 제공할 수 있다.
② 고객의 불평이 적다.
③ 가격이 저렴하다.
④ 테이블 회전율이 높다.
⑤ 소수의 인력으로 운영하므로 인건비가 적게 든다.
⑥ 고객의 Needs를 파악함으로써 메뉴개발이 쉽다.

제 10 절 메뉴의 분류

1. 메뉴의 정의

Menu의 어원은 라틴어의 미누투스(Minutus)에서 찾을 수 있는데, 이 말은 영어의 마이늇(Minute)에 해당되며 그 의미는 '상세하게 기록한 것'이다.

『Webster's Dictionary』에 의하면 메뉴란 "A detailed list of the foods served at a meal"(식사에서 제공되는 음식물의 상세한 목록)이라 설명하고 있다. 메뉴라는 말은 세계 공통어로 사용되고 있으며, 우리말로는 '차림표' 또는 '식단'이라 정의되고 있는데, '판매 상품명과 가격 그리고 상품을 구입하는 데 필요한 조건과 정보를 기록한 표'로써 시대의 변화에 따라 외식업이 산업화되면서 '마케팅과 관리 및 통제도구'로 정의내리고 있다.

따라서 메뉴는 신중하게 결정되어야 한다. 단순히 상품의 설명이나 안내에만 그치는 것이 아니라 고객과 식당을 연결하는 판매촉진의 매체로서 기업이윤과 직결된다. 또한 투자범위, 매출액의 예상, 소요인력, 상품의 원가관리 등을 산출할 수 있는 근거가 되므로 식당의 성공과 실패를 좌우하는 열쇠가 된다.

2. 형태에 의한 분류

1) 정식메뉴(Table d'Hôte Menu)

정식메뉴는 숙박기능을 하는 여인숙이나 여관에서 유래된 것으로 숙박에 식사를 곁들여 제공하는 Full Pension에서 유래되었다고 볼 수 있다. 즉 정식메뉴란 풀코스(Full Course)형식을 말한다. 양식의 경우 과거에는 정식코스가 15가지 이상으로 메뉴가 구성되어 있었으나 현대에 와서 식사시간을 고려하여 6~9가지 코스 등으로 약식화 및 세트화되어 있다. 정식메뉴의 특징은 비교적 가격이 저렴하고 고객의 입장에서는 선택의 폭이 좁은 것이다.

〈표 2-1〉 양식 Full Course의 순서

순 서	영 어	6 course	8 course	9 course
전 채	Appetizer	○	○	○
수 프	Soup	○	○	○
생 선	Fish		○	○
셔 벗	Sherbet		○	○
육 류	Main Dish(Meat)	○	○	○
샐러드	Salad	○	○	○
후 식	Dessert	○	○	○
음 료	Coffee or Tea	○	○	○
식후 과자	Praline			○

2) 일품요리(Á la Carte Menu)

일품요리는 정식의 코스에서 몇 가지를 선택하여 먹을 수 있는 선택요리 및 기호요리메뉴이다. 즉 정식으로 세트화되어 있지 않은 메뉴는 모두 일품요리라고 할 수 있다. 일품요리메뉴는 한번 작성하면 장기간 사용하게 되므로 재료구입 업무에 있어서는 단순화되어 능률적이라 할 수 있으나, 원가상승에 의해 이익이 줄어들 수 있다. 고객들의 욕구나 호응도를 감안하여 계절에 맞는 새로운 메뉴계획이 꾸준히 이루어져야 한다. 특히 메뉴에 대한 지식이 부족한 고객의 경우 주문하기 어려운 특징이 있다.

3) 특별메뉴(Daily Special Menu)

특별메뉴는 기념일 또는 명절 같은 특별한 날이나 계절에 따라 잘 어울리는 메뉴이다.

이 메뉴는 원칙적으로 매일 시장에서 특별한 재료를 구입하여 주방장이 전문성을 발휘하여 조리해서 제공하는 메뉴이다.

4) 콤비네이션 메뉴(Combination Menu)

콤비네이션 메뉴는 정식메뉴(Table d'Hôte)와 일품요리(Á la Carte)의 장점을 혼합한 메뉴이다. 메뉴상 아이템의 가격과 종류의 조정으로 식자재 원가의 상승에 대처할 수 있으며, 고객의 식습관 및 요구변화에 유연하게 대처할 수 있다.

3. 메뉴의 시간별 분류

1) 조식(Breakfast Menu)

시간적으로는 주로 오전 7시부터 10시까지 제공되는데 양조식, 한조식, 일조식, 조식 뷔페 등이 있다. 특히 양조식에는 미국식 조식(American Breakfast), 유럽식 조식(Continental Breakfast), 영국식 조식(English Breakfast)을 위한 메뉴가 있다.

2) 브런치(Brunch Menu)

'Breakfast'와 'Lunch'의 합성어로 시간적으로는 오전 10시부터 12시 사이에 제공되는 메뉴이다. 주로 휴양지 호텔에서 취급하나 도심지 호텔의 경우 공휴일이나 일요일에 많이 실시한다.

3) 점심(Lunch Menu)

시간적으로는 오후 12시부터 3시 사이에 제공되는 메뉴이다. 대부분 메뉴판 자체에는 점심과 저녁 메뉴가 구분되어 있지 않은데, 점심 특선 형식으로 별도의 메뉴를 운용하는 경우도 있다. 격식을 갖춘 점심 메뉴일 경우 런천(Luncheon)이라고 하며 보통 3~4코스로 저녁보다 가벼운 음식으로 구성한다.

4) 저녁(Dinner Menu)

시간적으로는 저녁 6시부터 10시까지 제공되는 5~6코스의 메뉴이며 풍성하고 화려하게 차려진다. 가격은 비싼 편이다. 늦은 저녁에 간단히 먹는 메뉴는 서퍼(Supper)라고 한다.

제 11 절 메뉴의 기능과 중요성

메뉴에는 품목과 가격이 기록되어 있을 뿐만 아니라 고객과 영업장을 연결하는 판매촉진인 모체로서 판매원의 역할을 하기도 한다. 또한 고객과의 의사소통인 마케팅도구와 원가관리, 투자범위 등을 예측할 수 있는 경영투자척도에 중요한 역할과 기능을 가지고 있다.

그리고 메뉴의 내용에 따라 식음료의 구매, 저장, 재고관리, 음식의 조리, 서비스나 작업계획 등 여러 형태의 메뉴관리 내용이 결정될 뿐만 아니라 구매, 저장, 설비, 장비배치, 공간의 모든 분야에 중요한 영향을 미치게 된다.

1. 메뉴의 기능 및 역할

1) 고객측면

메뉴는 <그림 2-5>에서 보는 바와 같이 고객의 Needs(현재적 욕구)와 기능(역할)의 Wants(잠재적 욕구)를 최대한 만족할 수 있어야 한다. 그런데 고객의 욕구를 보면 어떤 고객은 가격이 저렴하면서 음식의 양이 많은 것을 요구할 수도 있고, 어떤 고객은 가격에 비례해 음식의 질과 양을 적당히 요구할 수도 있으며, 어

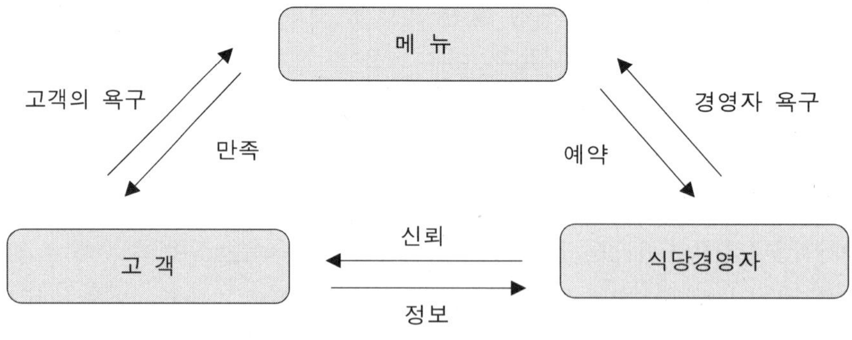

<그림 2-5> 메뉴의 기능

떤 고객은 가격이 비싸더라도 높은 질을 추구할 수도 있다. 이처럼 서민층, 중산층, 상류층에 따른 욕구가 다르며 같은 계층에서도 개인에 따라 욕구가 천차만별로 다르다는 것을 먼저 의식해야 한다. 고객은 메뉴에 대한 각자의 욕구가 있으므로 그에 따른 메뉴는 고객의 욕구를 최대로 만족시켜 주어야 한다.

2) 경영자 측면

식당 경영자들도 메뉴에 대한 기대욕구가 다르게 나타나는데, 질과 양의 가격에 따라 느끼는 경영의 정도가 다르고 수익성에 따른 금액의 만족도가 각기 다르게 나타난다는 사실을 인식해야 한다. 메뉴는 경영자의 욕구에 따라 수익성 보장을 통한 만족을 주어야 한다.

3) 고객과 경영자의 관계측면

경영자가 마케팅을 통하여 고객의 Need와 Wants를 정확히 파악한 후 메뉴를 제공한다면 고객은 식당에 대한 신뢰를 느끼고 그에 대한 보답으로 사회적·시대적 욕구에 따른 고객의 정보를 경영자에게 제공한다.

4) 종사원 측면

메뉴, 고객, 식당경영자의 가장 적절한 이론적 역할이 식당경영을 성공시키는 것은 아니다. 메뉴와 고객과 식당경영자를 연결시키는 종사원이 그 무엇보다 중요한 측면으로 부각되었다는 사실을 인식하는 것은 고객이 원하는 메뉴나 식당경영자가 원하는 메뉴를 만들고 제공하는 것이 종사원이기 때문이다. 그렇기 때문에 메뉴는 고객, 종사원과 식당경영자 각자의 역할이 잘 통합·조정될 때 메뉴의 기능을 최대한 발휘할 수 있게 된다.

2. 메뉴의 중요성

1) 매장 내에서 고객과 접촉하는 1차적 수단이다

매장 경영자는 메뉴를 통해 이익을 내고, 고객은 메뉴를 통해 선택한 상품에 만족을 추구하려는 것으로 메뉴는 경영자와 고객 상호 간에 이루어지는 일종의 커뮤니케이션 통로이다.

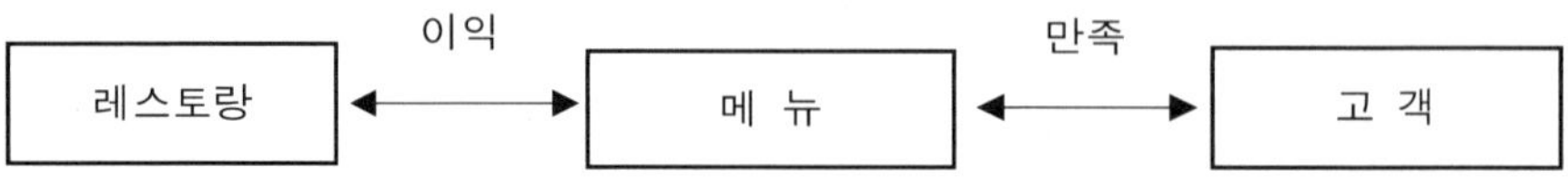

2) 이미지와 마케팅의 수단이다

메뉴는 구매의욕을 불러일으키는 마케팅도구로 활용할 수 있다. 적당히 책정된 가격, 훌륭한 디자인, 눈에 띄게 배치한 특선메뉴 등으로 고객에게 임팩트를 주어 객단가를 상승시키고 특정 아이템에 대한 매출을 상승시킬 수 있다. 또한 메뉴의 재질 및 디자인, 구성요소, 판매 아이템 등으로 그 매장의 분위기 및 이미지를 고객에게 표현할 수 있다.

3) 매장관리 형태를 결정짓는 요소로 작용한다

어떤 음식을 제공하느냐에 따른 식재료 구성, 내용에 따른 식재료의 구매, 검수, 저장, 재고관리, 음식의 조리, 서비스나 작업계획 등 주방 및 홀 경영관리의 여러 형태가 결정될 수 있다. 더 나아가, 메뉴판매에 따른 식음료 원가관리에 커다란 영향을 미치게 된다.

4) 주방설비와 배치를 좌우하는 요소로 작용한다

메뉴의 내용과 범위에 따라 주방에 필요한 설비와 배치가 결정된다. 메뉴를 변경하거나 메뉴를 추가할 경우, 적합한 주방기기 및 기구를 추가로 배치하거나 주방구조를 재조정해야 한다. 따라서 주방설비 및 장비의 배치 등 주방공간의 모든 부분에 영향을 미치게 된다.

제 12 절 메뉴계획

1. 메뉴계획 시 준수해야 하는 사항

메뉴의 계획이란 제공될 여러 종류의 음식을 판매하기 전에 고객에게 어떤 재료를 가지고, 어떻게 조리하여 어떤 가격으로 어떻게 판매할 것인가를 사전에 종합 검토하여 작성하는 작업을 말하는 것이다. 또한 메뉴계획은 마케팅의 표적시장을 정확히 설정하는 것에서 시작하여 원가와 품질, 생산능력 등 다음과 같은 여러 요소가 포함된다.

1) 고객의 욕구 파악

판매하고자 하는 상품, 즉 제공하고자 하는 메뉴의 주력 대상층과 그 대상층의 욕구와 경향을 분석한다. 사회경제적 변화, 수요시장과 공급시장의 변화는 고객의 욕구를 항상 변화시키는 요인으로 작용한다. 이에 따라 시장의 흐름과 목표고객의 경향을 파악하는 것은 주력 메뉴의 종류를 결정하는 가장 중심적인 요소이다.

2) 원가와 수익성의 함수관계 고려

메뉴의 원가는 식자재비 외에 인건비와 기타 제 비용 등을 포함한다. 종전에는 그 개념이 식자재 구매비에만 초점이 맞추어져 있었으나 현재와 같이 인건비 및 기타 제 비용의 구성비가 커지는 실정에서 수익성과 연결지어 메뉴가격을 결정하도록 한다. 원가가 높은 메뉴란 식자재의 구매비가 비싼 것 외에도 제공되기까지 많은 인력을 필요로 하는 것이나, 특수한 설비기기를 필요로 하는 것 등으로 가격의 변동에 따라 매출의 추이가 변하는 점을 고려하여 전반적인 사항을 설정해야 하다.

3) 구입 가능한 식자재의 조사

메뉴계획 시 고려해야 하는 중요사항은 시장에서 안정적으로 공급되는 식자재의 파악과 공급받는 방법 등을 사전에 조사하는 것이다.

4) 조리기기의 사용 용량과 한계 파악

대부분의 주방설비가 조리 시 범용성을 띠고 있으나 품질경쟁력을 갖추기 위해서는 각각의 메뉴특성에 적합한 전문설비의 도입이 필요하다.

5) 다양성 있는 메뉴의 설계

메뉴는 다양성을 지닐 수 있도록 색깔, 모양, 구조, 향기, 온도 등의 특성을 이용하여 설계를 한다. 주력 메뉴에 조리법이나 식자재를 조금만 변화시켜도 메뉴의 폭과 다양성을 함께 추구할 수 있다.

6) 영양적 요소 고려

오늘날과 같이 영양에 대한 관심이 증가하는 상황에서 메뉴는 음식의 질에 영향을 준다는 사실을 고려해야 한다. 또한 고객들에 대한 건강식과 자연식・보양식에 대한 깊은 배려가 있어야 한다.

2. 메뉴계획의 기본원칙

- 같은 재료의 요리를 중복시키지 않는다.
- 비슷한 소스(Sauce)를 중복해서 사용하지 않는다.
- 같은 색의 요리를 반복시키지 않는다.
- 요리와 곁들여지는 재료의 배합, 배색에 유의해야 한다.
- 같은 조리방법을 두 가지 이상의 요리에 사용하지 않는다.
- 요리 제공의 순서는 경식(Light Dish)에서 중식(Heavier Dish)으로 균형을 맞춘다.
- 계절감각, 특산물, 용도별 성격 등을 고려한다.

- 메뉴의 표기문자는 요리의 내용에 따른 각국의 고유문자를 사용하나, 양식인 경우 불어 표기를 원칙으로 하며, 나라명, 지방명, 인명 등의 고유명사는 대문자로 표기한다.
- 영양적으로 균형있게 메뉴를 구성한다.

제 13 절 메뉴 디자인과 포맷(Menu Design Formats)

1. 메뉴 디자인

메뉴 디자인이란 메뉴계획에서 선정된 품목을 메뉴판에 옮기는 과정이라 할 수 있다.

메뉴의 근본적인 기능은 식당에서 고객에게 제공되는 상품과 정보를 알리는 것으로, 보다 효과적·경제적으로 고객에게 알리기 위해서는 메뉴가 단순한 품목과 가격 리스트의 역할이 아닌 마케팅 및 광고의 도구로 정리되어 디자인되어야 한다는 것이다.

메뉴 디자인이 잘 되었다는 것은 메뉴계획자가 구상한 대로 Layout 배열, 설명, 글씨, 메뉴의 사이즈, 모양 그리고 색상 등이 식당의 콘셉트와 조화를 잘 이루고, 기능적으로 메뉴의 역할을 잘 수행할 수 있도록 디자인된 것을 뜻한다.

60년대의 메뉴가 미적인 면이 중요시되었다면, 90년대 이후에는 미적인 면보다는 기능적인 면이 더욱 중요시되는 경향이 있다는 사실을 알아야겠다.

2. 메뉴의 구성과 포맷(Formats)

고객이 식당에 들어와서 제일 먼저 건네받고 보는 것이 메뉴이기 때문에 외형과 내용 면에 있어서 전체적인 콘셉트를 중요하게 부각시켜 주어야 한다.

메뉴판을 만드는 데 있어서 사진, 도형, 문자 등을 일정한 공간에 배열, 배치하는 것을 구성이라 한다. 고객의 심리적 접촉효과를 고려하면서 식당에서 많이 팔기를 원하는 품목들로 고객에게 호기심을 갖게 하고 시선을 끌 수 있도록 구성하는 것을 말한다.

메뉴판의 기본 디자인은 메뉴의 포맷에 의해 결정된다. 메뉴의 크기, 형태, 페이지 수 등 다양한 요소들을 고려하여 만드는데, 너무 크거나 작아서는 안되고, 페이지 수가 너무 많아서도 안 된다는 공통적인 원칙을 고려해야 한다.

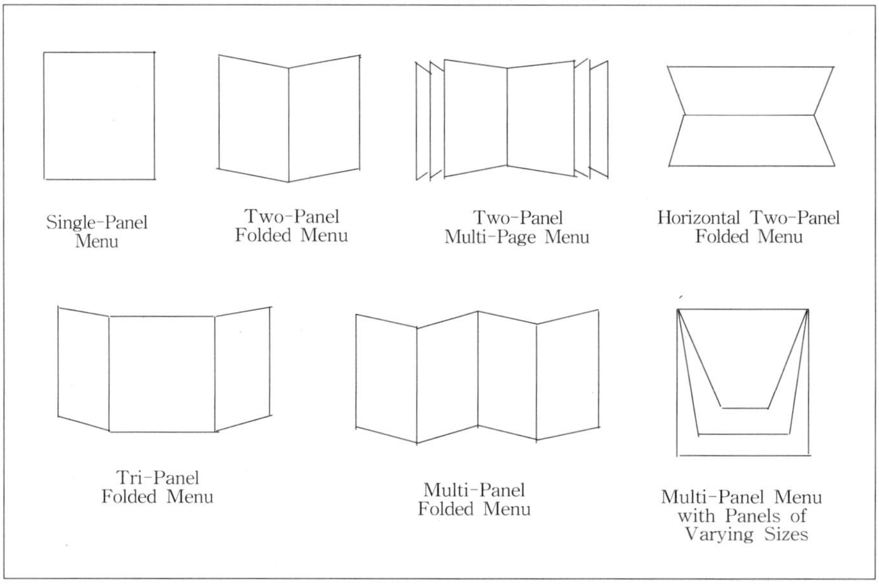

<그림 2-6> 메뉴포맷

3. 메뉴 디자인의 기본원칙

① 메뉴는 얼룩이 지지 않는 견고한 재질을 사용한다.

② 메뉴판의 크기는 테이블에서 쉽게 다룰 수 있어야 한다.

③ 메뉴를 쉽게 읽을 수 있게 적당한 공간과 여분을 두어 형태를 단순화시킨다. (행의 간격은 최소한 3point 이상으로 할 것)

④ 활자의 종류와 크기는 읽기 쉬워야 한다(12point 미만의 활자는 사용하지 말 것).

⑤ 음식의 종류는 주문받은 순서 또는 고전적인 순서로 기재되어야 한다.
⑥ 메뉴의 특별요리는 굵은 활자체, 천색활자, 밑줄 긋기 또는 색이 있는 스티커나 추가조항을 붙여 사용한다.
⑦ 메뉴품목의 설명은 음식품목의 시각적 영상으로 명확하고 흥미를 줄 수 있도록 글자를 만들고 잘못된 전문용어와 안내는 피해야 한다.
⑧ 문법, 철자, 가격은 정확해야 한다.
⑨ 메뉴는 얼룩 없이 깨끗하며, 정정한 것이나 표시가 없어야 한다.
⑩ 식당이름, 주소, 전화번호, 영업시간 등을 메뉴에 기재한다.
⑪ 뒷면의 장식은 피한다.

1) 메뉴의 크기와 모양

메뉴의 크기를 정하는 데 일정한 규칙은 없으나, 메뉴의 크기와 식탁의 크기, 그리고 레스토랑의 수준과 상당한 관계가 있어야 하므로 이에 유념한다. 또 레스토랑의 형태와 규모, 메뉴의 타입, 품목의 수, 목표 고객 등에 따라 메뉴의 모양은 다양하게 나타난다.

2) 메뉴품목의 배열

메뉴품목의 배열순서는 음식이 제공되는 순서에 따라 Appetizer, Soup, Fish, Meat, Salad, Dessert 등으로 전체적인 조화를 이루어 배열하면 된다.

3) 메뉴를 보는 고객의 시선 이동

모든 메뉴판에는 고객의 시선이 집중되는 곳이 있다. 시선이 제일 많이 집중되는 곳은 메뉴의 포맷, 페이지 수, 그리고 패널 수에 따라 다르게 나타난다. 메뉴 디자이너이자 메뉴 컨설턴트 William Doerfler는 메뉴의 페이지 수와 패널 수에 따라 시각 중심선과 시선 이동방향을 <그림 2-7>과 같이 다르게 표시했다.

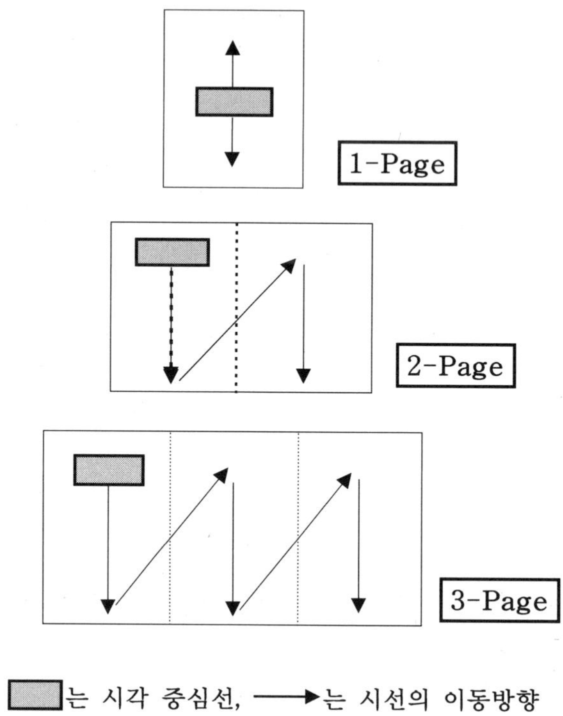

자료 : *The Gallup Monthly Report on Eating Out*, 1987, Vol. 7, NO. 3, p. 1.

<그림 2-7> 시각 중심선과 시선의 이동방향

제 14 절 영업장별 메뉴(사례)

BREAKFAST

조식뷔페	BREAKFAST BUFFET
주스류	CHILLED JUICE
오렌지 주스	Orange Juice
토마토 주스	Tomato Juice
그레이프루츠 주스	Grapefruit Juice
파인애플 주스	Pineapple Juice
과일찜	STEWED FRUIT
서양자두	Prunes
복숭아	Peaches
오렌지	Oranges
곡류	CEREAL
콘플레이크와 라이스 크리스피	Corn Flakes and Rice Crispies
고기류	MEAT
햄	Grilled Ham
베이컨	Bacon
소시지	Sausage
달걀	EGGS
스크램블	Scrambled
프라이	Fried
감자요리	POTATOES
볶은 감자	Hashed-Brown Potates
샐러드	SALAD
신선한 채소샐러드	Mixed Green Salad
빵류	BREAD
크루아상	Croissant
덴마크풍의 빵	Danish Pastry
토스트	Toast
잼과 버터	Butter&Jam
과일	FRUIT
신선한 계절과일	Fresh Fruit in Season
음료	BEVERAGE
커피와 홍차	Coffee and Tea
신선한 우유	Fresh Milk
요구르트	Yogurt

BREAKFAST

한조정식	KOREAN BREAKFAST
기본찬 3가지	3 Standard Side Dishes
진지와 북어탕(또는 진지와 탕류)	Steamed Rice and Pollack Soup
계절과일	Fresh Fruit in Season
인삼차 또는 커피	Ginseng Tea or Coffee

일조정식	JAPANESE BREAKFAST
고객이 선택하는 주스	Choice of Chilled Juice
(오렌지, 토마토, 또는 그레이프 프루츠)	(Orange, Tomato or Grapefruit)
달걀말이	Japanese-Style Egg Roll
흰생선 된장구이	Grilled White Fish with Soybean Paste Soup
병어 조림	Preserved Smelt
순무초 무침	Marinated Turnip Slices
우엉 조림	Braised Julienne Burdock
김구이	Preserved Seaweed
매실 절임	Pickled Plums
조림(쇠고기, 무, 새우, 채소)	Braised Meat, Prawns and Assorted Vegetables
밥	Steamed Rice
장국	Soybean Soup
채소절임	Pickles
계절과일	Fresh Fruit in Season

WESTERN

A

이태리식 야채수프	Minestrone Soup
안심스테이크와 양송이 그라탱	Fillet Mignon Steak w/Mushroom & Bearnaise Gratin
감자구이	Baked Potatoes
모란채 버터볶음	Buttered Broccoli
토마토 구이	Grilled Tomato
계절 샐러드	Salad in Season
레몬 셔벗	Lemon Sherbet
커피 또는 홍차	Coffee or Tea

B

달팽이요리에 시금치 소스	Snail w/Spanish Cream Sauce
바닷가재 크림수프	Lobster Bisque
관자살구이와 샤프론향 버터소스	Grilled Sallopes w/Saffron Sauce
샴페인 셔벗	Champagne Sherbet
마데이라와인소스를 곁들인 최상급 쇠등심 로스구이	Roasted Prime Rib w/Maderira Sauce
안나식 감자튀김, 모란체 버터볶음	Fried Anna Potatoes, Buttered Broccoli
표고버섯 와인 조림	Cepes Bordelaise
루스벨트 샐러드	Salad Roosevelt
사과와 얇은 팬케이크	Crepes Normandes
커피 또는 홍차	Coffee or Tea
후식 고급 생과자	Petits Fours

KOREAN MENU

A

호박죽	Pumpkin Porridge
냉채	Korean-Style Cold Dishes
녹두지짐	Sauteed Green-Bean Pancakes
생선구이(덕쟁이)	Broiled Seasonal Fish(Korean Panfret)
갈비찜	Stewed Beef Ribs
진지와 맑은탕	Steamed Rice and Beef Soup
생과일	Fresh Fruit in Season
식혜	Rice Nectar

B

인삼, 대추, 유자무침	Seasonal Ginseng with Jujube and Citron
해파리, 대하냉채	Stewed Prawns and Jellyfish with Mustard Sauce
황률죽	Chestnut Porridge
전복구이	Broiled Fresh Abalone
신선로	Meat, Fish, and Vegetable Casserole
덕쟁이 양념구이	Broiled Korean Panfret with a Spicy Sauce
갈비구이와 숙채	Broiled Beef Ribs and Hot Vegetables
생채소	Fresh Vegetables with a Spicy Sauce
진지와 삼계탕 또는 만둣국	Steamed Rice and Ginseng-Chiken Soup or Dumpling Soup
계절과일	Fresh Fruit in Season
수정과	Persimmon Punch

CHINESE MENU

A

4가지 냉채	Cold Combination Dish
삭스핀 수프	Shark's Fin Soup
춘권튀김	Spring Rolls
닭고기 고추볶음	Sauteed Assorted Seafood w/Vegetable
팔보채	Sauteed Diced Chicken w/Hot Sauce
유산슬	Braised Sea Cucumber w/Shrimp and Beef
탕수생선	Sweet and Sour Fish
기스면	Noodle Soup w/Shredded Chicken
찰쌀떡	Chinese Rice Balls
향인두부	Cold Almond Jelly w/Fruits Cocktail

B

6가지 냉채	Cold Combination Dish
삭스핀 게일수프	Shark's Fin Soup w/Crab Egg
관자튀김	Fried Scallops
해삼, 전복	Braised Seacucumber, Abalone
왕새우 칠리소스	Braised Prown w/Chili Sauce
닭고기 캐슈넛	Sauteed Diced Chicken w/Cashew Nuts
채소 쇠고기 볶음	Sauteed Beef w/Vegetable
기스면	Noodle Soup w/Shredded Chicken
찰쌉떡	Chinese Rice Balls
용안두부	Iced Almond Jelly w/Longans

TEA

A

커피	Coffee
쿠키	Cookies

B

커피	Coffee
쿠키	Cookies
생과자	Pastries
케이크	Cakes
파이	Pie
프루츠펀치	Fruit Punch

C

여러 가지 케이크	Assorted Small Cakes
모든 생과자	Assorted Pastries
모듬 샌드위치	Assorted Sandwiches
앤초비와 크루아상	Assorted Croissants
참치말이 샌드위치	Rolled Tuna Sandwiches
모듬파이	Assorted Small Pies
모듬떡	Assorted Rice Cakes
약식	Caramelized Rice Cakes with Chestnuts
한과	Korean Rice Cookies
식혜	Rice Nectar
계절과일	Seasonal Fresh Fruit
커피 또는 홍차	Coffee or Tea

COCKTAIL

전채류	APPETIZERS
새우 또는 신선한 굴 칵테일	Shrimp Cocktail or Fresh Oysters on the Half Shell
카나페	Canapes
각종 모듬 안주	Hors d'Oeuvres
마른안주	Dry Snacks
치즈스틱	Cheese Sticks
찬요리류	COLD
호밀빵 위에 훈제연어	Smoked Salmon on Rye Bread
황새우 찜과 젤리	Poached Prawns with Jelly
간 무스 또는 캐비아를 넣은 타르틀레트	Small Tartelettes Mousse or Caviar
채소와 크림 치즈	Cream Cheese on Vegetable Leaves
웰링턴식 쇠고기요리	Small Fillet of Beef Wellington
오픈 샌드위치	Open-faced Sandwiches
훈제한 오리 가슴살과 겨자 소스	Smoked Duck Breast w/Mustard Sauce
연어찜에 향신료 마요네즈	Steamed Salmon with Herb Mayonnaise
여러 가지 작은 샌드위치	Mixed Finger Sandwiches
여러 가지 치즈와 크래커	International Cheese on Crackers
동양식류	ORIENTAL
김치	Kimchi
김밥	Seaweed and Rice Rolls
모듬 생선초밥	Assorted Sushi
특별선택요리류	CHOICE OF SPECIAL CARVED ITEMS
쇠고기와 해산물 즉석튀김	Beef and Seafood Fondue
쇠고기 암심 로스트 즉석카빙	Roast Tenderloin of Beef
더운요리류	HOT
아메리칸식 새우 버터구이	Shrimp Newburg
낭투아 소스를 곁들인 광어요리	Sautd Fillet of Halibut with Nantua Sauce
캐나다풍의 작은 파이	Petite Quiche Canadian
후추소스의 작은 스테이크	Small Steak w/Green Pepper Sauce Snails with
홀란데이즈 소스와 식용 달팽이	Hollandaise Sauce in a Demitasse
쇠고리와 채소 꼬치구이	A Skewer of Beef and Vegetables
후식류	DESSERTS
모든 초콜릿	Assorted Chocolates
불란서식 양과자류와 쿠키	French Pastries and Cookies
신선한 계절과일	Seasonal Fresh Fruit
젤리	Jelly
푸딩	Pudding
한과	Korean Cookies
떡	Korea Cakes

BUFFET

냉요리	COLD
새우 또는 신선한 굴 칵테일	Shrimp Cocktail or Fresh Oyster, on the Half Shell
채소 스틱과 올리브	Fresh Vegetable Sticks and Olives
훈제연어와 곁들임	Smoked Salmon w/Condiment
바닷가재	Medaillon of Lobster
미국식 칠면조구이	Roast Amerian Tom Turkey
리베라식 송아지 파테	Home Made Veal Pate
토마토에 계절 속박이	Stuffed Tomato Crabmeat w/Walcorf Salad
쇠등심구이와 아스파라거스	Roast Beef Fools w/Asparagus
부처 마스터	Our Butcher Master
치즈 모듬	Assorted Cheese Plate
해파리 냉채 모듬	Chinese Jelly Fish w/Mustard Sauce
샐러드류	SALAD
양상추 샐러드	Green Lettuce Salad
서양꽃배추, 마카로니, 토마토	Cauliflower, Macaroni, Tomato
사탕무, 강낭콩, 오이	Beet, Kidney Beans, Cucumber
동양식	ORIENTAL FOOD
배추김치	Korean Kimchi
오이김치, 나물 3가지	Cucumber Kimchi, 3 Kinds of Namul
스시와 김초밥	Japanese Sushi & Norimaki
즉석요리	CARVING
쇠등심구이	Roast Rib-Eye Roll(Wagon Service)
더운요리	HOT
갈비찜	Kal Bi Jim
바다장어와 데리야키 소스	Sea Eel, Deriyaki
간쇼우 새우	Sauteed Shrimps in Chili Sauce
닭고기와 고추볶음	Sauteed Dice Chicken with Red Pepper
어린양 다리 구이	Roast Lamb Leg w/Mint Sauce
크림소스에 익힌 닭고기	Sauteed Chicken A La King
밥	Steamed Rice
여러 가지 섞은 더운 채소	Mixed Vegetable
디저트류	DESSERT
신성한 계절과일	Fresh Fruits in Season
여러 가지 후식	Assorted Dessert
과일펀치	Fruits Punch
빵과 버터	Bread & Butter
커피 또는 홍차	Coffee or Tea

LUNCH BOX

A

피크닉도시락	THE PICNIC
새우 샐러드	Shrimps Salad
감자 샐러드	Potato Salad
통닭구이 반쪽	1/2 Roast Chicken
치즈와 크래커	Cheese with Crackers
삶은 달걀과 오이피클	Boiled Egg and Pickles
마블케이크	Marble Cake
신선한 과일	Fresh Fruit
빵과 버터	Roll and Butter
사과 또는오렌지 주스	Choice of Can Juice(apple or orange)

B

일본식 도시락	JAPANESE
생선구이와 달걀말이	Broiled Fish, Egg Roll
어묵, 우엉	Fish Paste, Burdock
당근, 감자조림	Carrot, Potato
닭튀김과 장어요리	Fried Chicken, Sea-Eel
새우와 양송이	Prawn, Mushroom
레몬, 죽순	Bambooshoot Slice of Lemon, Arum Root
쌀밥	Steamed Rice
일본식 피클	Japanese Pickles

CARVERY SELECTION

(최소 50인 이상)	(Minimum 50 persons)
스탠딩뷔페나 정찬뷔페 시 연회의 질을 높이기 위해 양질의 카빙을 준비하고 손님께서 직접 선택하실 수 있습니다.	To upgrade your event on any-standing buffet or sitdown buffet we recommend the following carveries for your choice.
돼지다리 구이와 애플소스	Roast Leg of Pork with Apple Sauce
통칠면조구이와 지블레 소스, 레드커런트 젤리	Whole Roast Turkey with Giblet Sauce, Red Currant Jelly
특제 미국산 쇠고기 등심 갈비구이와 마스터드 및 호스래디시 크림	U.S. Rib Eye with Horseradish Cream Mustard
멧돼지구이와 그레이비 및 크랜베리소스(100인 이상)	Wild Boar with Gravy, Cranberry Sauce(Minimum 100 persons)
통돼지 바비큐	Barbecued Whole Baby Pork
어린 양고기 바비큐	Whole Baby Lamb with Saffron Rice
이태리 파스타 코너	A Selection of Italian Pastas
일본 정통튀김코너	Japanese Tempura
생선초밥	Assorted Sushi
모듬생선회	Assorted Sashimi

Food & Beverage Service

제3장 | 환영·환송

제 1 절 서비스의 개념

21세기는 문화의 경쟁시대라고 한다. 부드러움이 딱딱함을 이기는 시대이며 사람들의 육체적 힘과 논리보다 감성적 상상력 그리고 부드러움이 세상을 지배하는 시대가 온 것이다. 세계는 지금 감성화, 상상력, 그리고 부드러움을 향한 치열한 경쟁을 하고 있으며 이러한 상황에서 서비스는 현대 기업에서 안고 있는 과제이며 생존을 위한 수단이다. 서비스는 눈에 보이지 않는 무형의 상품이며 소리 없는 강력한 메시지이다. 이제 기업이 제품의 판매에만 의존하던 시대는 지났다. 제품만으로는 더 이상 차별화가 어려워지고 있으며 고객의 까다로워지는 욕구를 충족시킬 수가 없다. 이에 소비자의 구매심리부터 소비행태에 이르기까지 과거와는 다른 형태의 변화를 보여주고 있다. 따라서 기업도 뭔가 차원을 달리하는 고객만족의 서비스기법을 중시하면서 서비스가 경쟁력의 무기가 되고 있다. 경제의 서비스화 현상이 빠르게 진전되면서 기업이 서비스에 많은 투자를 하는 이유는 서비스가 기업의 얼굴이며 경영철학을 대변해 주기 때문이다. 따라서 현대경영에 있어서 고객을 만족시킬 수 있는 다양한 서비스기법을 실천해 나가야겠다.

1. 철저한 서비스 마인드를 높여라

서비스 업계에 종사하는 사람에게 가장 중요한 것은 철저한 서비스 마인드(Service Mind)를 갖는 것이다. 서비스업에 대한 철학과 사명의식이 없이는 어떠한 수준의 서비스도 제 역할을 할 수 없다. 특히 서비스 업계에 있어서 종사원 훈련이 중요시되고, 교육에 대한 투자가 뒤따라야 하는 것도 이와 같은 이유에서이다. 서비스는 사람에게서 나오고 운반되며 판매되고 궁극적으로 사람이 평가하기 때문이다.

따라서 서비스의 질을 향상시키고 점차 까다롭게 변해가는 고객만족 경영을 실현해 나가기 위해서는 서비스에 대한 지속적인 반복교육 및 습관에 익숙해져야 한다. 서비스는 지식이 아니라 몸에 밴 습관이며 알고 있는 것을 행동으로 실천하는 일이다. 따라서 사회구조의 변화와 고객의 소비행태, 생활, 문화가 개인중심으로 까다롭게 변해가는 추세에 고객을 감동시킬 수 있는 서비스 테크닉을 길러나가는 것이다.

2. 인적 서비스의 비중이 절대적이다

서비스는 고객과 1:1 커뮤니케이션이 이루어지는 일련의 인적 서비스의 비중이 크기 때문에 서비스맨의 옷차림, 언어, 표정, 태도, 마음가짐 하나하나가 곧 서비스의 품질을 결정하는 요인이 된다. 철저한 교육과 훈련만이 좋은 서비스를 연출할 수 있는 것은 서비스맨의 가치관, 개성, 교육수준 등 개인적인 속성에 의하여 서비스의 개념이 변질되고 오도될 수 있기 때문이다.

3. 고객만족이 핵심 역량이다

서비스의 가치개념은 사회변화, 소비자 트렌드의 변화에 맞춰 기업경영학을 재조성하고 고객만족 경영을 실현시킬 수 있는 핵심 역량이라고 말할 수 있다. 서비스는 상대적이고 상황적인 변수에 의해서 크게 좌우되기 때문에 먼저 단정하기는 어려우나, 그것은 고객지향적이고 고객만족을 실현시켜 나가기 위한 궁극적인 수단이 되고 있다. 현대적 개념으로 보면 기업의 이익을 창출하고 계속기업(On Going Industry)으로 성장하기 위해 고객에게 따뜻한 호감을 주고 신뢰관계를 구축하여 대내외적으로 좋은 이미지를 선보이는 환대(Hospitality)행위라고 말할 수 있다.

이와 같은 서비스의 개념을 실천하기 위해서 서비스맨이 실천해야 할 서비스 마인드 구축전략을 보면 다음과 같다.

1) S (Sincerity, Speed & Smile)

서비스에서 오랫동안 판매의 3'S로 중요시되어 온 것이다. 이는 성의 있고 신속하게 제공되는 것이 중요할 뿐만 아니라 싱글벙글 웃는 상냥한 미소가 좋은 서비스를 결정짓는다는 의미이다.

2) E (Energy)

서비스에는 활기찬 힘이 넘쳐야 한다. 종사원들의 걸음걸이나 표정이 밝을 때 고객과의 대화나 접촉이 활기를 띨 수 있다. 활기찬 대응이 고객의 인상에 큰 영향을 미친다.

3) R (Revolutionary)

서비스는 신선하고 혁신적이어야 한다. 일률적인 서비스를 제공하는 것이 아니라 언제나 조금씩이라도 신선하고 혁신적인 요소가 부가되는 것이 중요하다. 고객 개개인의 특성과 욕구수준을 사전에 파악하여 접대하고 친근감을 줄 수 있는 친절한 서비스를 전개해 나가야 한다.

4) V (Valuable)

서비스는 가치 있는 것이어야 한다. 서비스는 한쪽에는 가치 있고, 다른 한쪽에는 일방적인 희생을 강조하는 것이 아니다. 어느 한쪽의 희생이 아니라 서로에게 이익이 되고 가치 있는 것이 되어야 한다. 고객과 종사원 모두에게 즐거운 상생의 원리(Win-Win Service)가 적용되는 가치 있는 서비스가 필요하다.

5) I (Impressive)

서비스는 감명이 깊은 것이어야 한다. 기쁨 · 감동 · 감명이 없으면 서비스가 아니다. 언제나 고객에게 감동을 주며 인상적인 메시지를 담고 있어야 한다. 종사원의 말 한마디가 업소의 모든 것을 대변할 수 있다.

6) C (Communication)

서비스에는 설득력 있는 커뮤니케이션이 있어야 한다. 서비스는 상대적이기 때문에 수요자와 공급자 사이에 커뮤니케이션 행위가 중요하며 일방적으로 음식만을 판매하고 끝나는 것이 아니라 고객의 입맛에 맞는 매장설계, 인테리어, 레이아웃(Layout), 색상, 레스토랑 음악 등 고객을 만족시킬 수 있는 고객지향적인 자세가 요구된다.

7) E (Entertainment)

서비스는 고객을 환대하는 것이어야 한다. 항상 고객의 인격을 존중하고 고객을 배려하는 태도가 뒤따라야 한다. 겉으로만 하는 인사치레나 예절 준수가 아니라 언제나 진심으로 고객을 환대하는 것이어야 한다.

제 2 절 서비스의 본질

현대사회의 많은 분야에서 서비스라는 말을 다양하게 사용하고 있으나, 실은 포괄적이며 추상적인 서비스 문화 속에서 생활하고 있는 것만은 사실이다. 즉 서비스의 문화를 정리해 보면 다음과 같이 3가지 의미가 내포되어 있음을 알 수 있다.

1. 정신적 서비스

"고객은 진짜 '왕'(피터 드러커), 고객은 '황제'(IBM의 용어), 고객은 '신'(SONY의 용어)이다"라는 슬로건은 서비스요원으로 하여금 서비스라는 개념을 정신적 차원에서 주입시키는 소위 환대산업(Hospitality Industry)의 지도이념이다.

다시 말하면 "모든 환대산업은 고객에의 봉사사업이다"라는 경영방침을 의미한다고 하겠다. 따라서 서비스요원들은 고객제일주의와 고객지향적인 서비스를 하나의 신앙으로 하여 정신적인 기본자세가 정립되지 않으면 안 된다.

2. 태도적 서비스

서비스를 정신적인 측면에서 생각할 경우 문자 그대로 그 자체는 막연하고 추상적인 존재에 불과하다. 아무리 고객서비스에 투철하도록 경영방침을 정했다 해도 이것이 실질적인 면으로 표시되어 고객들에게 느껴지게 하지 않고는 아무런 의미가 없다.

태도적 서비스에서 중요한 것은 다음과 같다.

① 접객태도(Attitude)
고객이 눈앞에 나타났을 때 즉시 고객중심적인 반응을 나타내는가, 고객과 응대하고 있는 중에 고객을 무시하거나 하는 인상을 주지는 않는가?

② 표정(Expression)
얼굴표정은 상냥한가? 첫인상이 이미지를 결정짓는다.
밝은 표정은 인간관계의 기본이며, 첫인상은 처음 대면 후 5초 이내에 80%가 결정된다. 고객을 모욕하거나 냉소적인 시선과 태도가 나타나지 않도록 주의한다.

③ 동작(Service Manners)
접객의 과정에서 난폭한 동작, 고객에 대한 무신경한 행동 등을 나타내지는 않는가, 절도 있고 기분 좋은 접객 서비스를 하는가?

④ 표현(Speech)
표현은 간결하면서도 경쾌하고 확신을 심어줄 수 있어야 하며, 경어는 정확하게 사용할 줄 알아야 한다.

3. 기능적 서비스

기능적 서비스는 상품에 대한 지식과 정보 그리고 상품의 특징과 장단점 등의 습득이 우선 전제되어야 한다. 또한 응대하는 고객들의 욕구심리를 파악하는 통찰력이 있어야 하며, 판매업무의 수행능력 등이 기능적 서비스의 영역에 속한다.

사실상 정신적·태도적 서비스가 제아무리 잘 되었다 해도 이것만으로는 서비스가 완전할 수 없는 것이다. 이와 같이 기능적 서비스는 자체 내 정비와 운영제도 그리고 인적자원의 확보가 뒷받침되어 전체 팀워크가 잘 이루어질 때 비로소 가능한 것이다.

제 3 절 서비스맨이 갖춰야 할 능력

1. 서비스맨에게 필요한 능력

고객은 서비스맨을 통해 원하는 상품과 서비스를 받고 서비스맨은 일의 보람을 느낄 것이다. 고객이 안심을 하는가 못하는가는 고객의 신뢰감을 어떻게 만들어 내느냐에 달려 있다. 또 고객이 서비스맨을 신뢰하는가 못하는가는 서비스맨의 지식과 경륜을 어떻게 보여주느냐에 달려 있다.

1) 제품에 관한 지식

고객들은 서비스 회사가 만들거나 판매하는 그 어떤 제품이라 할지라도 서비스맨이 그 제품의 사양과 특징, 그리고 부가서비스에 대해 잘 알고 있기를 기대한다. 오디오 시스템을 어떻게 연결해야 할지 몰라 고객 앞에서 사용설명서를 뒤적거리는 판매원은 능력 있는 사람으로 보일 수가 없다.

2) 회사에 관한 지식

고객들은 서비스맨이 맡고 있는 담당업무 이외의 다른 업무에 대해서도 잘 알고 있기를 기대한다. 만일 고객의 특정한 욕구를 채워주는 일이 서비스맨의 권한 밖의 일이라면 고객들은 최소한 서비스맨이 조직의 구성원을 잘 알고 있어서 그들의 요구를 해결해 줄 사람에게 안내해 주기를 기대한다.

3) 경청의 기술

고객들은 자신의 특정한 욕구를 서비스맨에게 설명할 때 서비스맨이 귀 기울여 듣고 이해하여 그것에 대응해 주기를 기대한다. 또한 서비스맨이 고객들을 더 잘 돕기 위해 필요한 질문을 그들에게 던져주기를 기대한다. 그리고 서비스맨이 이야기를 주의 깊게 듣고 일을 제대로 수행해서 다시 더 말하지 않아도 되기를 기대한다.

4) 문제해결 기술

고객들은 자신들의 욕구를 표현할 때 서비스맨이 제대로 이해한 다음 회사가 제공하는 서비스를 활용해서 신속하게 처리해 주기를 기대한다. 그리고 일이 잘못되거나 문제가 발생할 경우 서비스맨이 나서서 문제를 해결해 주기를, 그것도 이왕이면 신속히 해결해 주기를 기대한다.

2. 서비스맨의 인적 능력

1) 커뮤니케이션 능력

인간이 인간다운 것은 언어를 잘 구사할 수 있기 때문에 다른 유기체와 구별되며, 특히 인간생활에서 말은 커뮤니케이션의 중요한 수단으로서 인간의 즐거움과 밀접하게 관계된다. 고객과의 커뮤니케이션에는 언어적 행동(문맥, 어휘, 발음, 화법)과 비언어적 행동(태도, 표정, 동작)이 조화를 이루어야 한다.

2) 인간관계 대처능력

다양하고 복잡한 심리상태를 갖는 고객을 대상으로 원만한 관계를 유지함에 있어서 자신의 행동과 관계없이 곤경에 처할 수도 있다. 이러한 상황에 서비스맨은 자신의 감정을 조절하여 예기치 못한 상황에 적응할 능력이 필요하며, 평소 이에 대한 훈련이 필요하다.

3) 판단력

다양한 상황에 접하게 되는 서비스맨에게는 분석력 · 이해력 · 표현력 등이 필요하며, 이런 능력의 기초가 되는 것이 판단력이다. 특히 다양한 욕구를 지닌 고객과 접객상태에서 빠른 상황 판단력으로 고객의 욕구를 파악하여 대처하는 능력이 필요하다.

4) 창의력

서비스맨은 다양한 고객과 접촉하기 때문에 여러 가지 문제해결 능력을 갖고 있어야 하며, 창의력을 바탕으로 보다 나은 고객서비스 실현방향을 모색하고 여러 가지 상황에 대처할 능력을 배양해야 한다.

5) 기억력

서비스맨의 기억력은 근무 중에 갖추어야 할 필수요건 중 하나라고 할 수 있다. 고객의 성명, 주문사항, 부탁받은 일 등을 활용하는 것도 유용한 방법이다.

6) 전문성과 직업의식

서비스맨은 전문인임을 스스로 자각하고, 서비스정신의 실현, 국가경제에 공헌한다는 자부심, 철저한 전문가정신과 세일즈맨십을 가져야 한다.

제 4 절 접객 서비스의 기본개념

1. 레스토랑 서비스란?

레스토랑의 서비스는 단순한 봉사활동으로서의 제공수단에 그치는 것이 아니라 그 자체가 무형의 상품으로 간주되며, 서비스란 상품을 팔고 있는 것이다. 즉 레스토랑의 서비스는 일반 기업에서의 제품생산과 같이 표면적인 용역이나 노동으로써는 고객을 만족하게 할 수 없으므로 내면적이고 성실한 서비스정신의 발휘를 필요로 하는 것이다.

이 서비스가 수요자인 고객에게 공급되는 것을 서비스의 제공 혹은 서비스 활동이라 한다.

종사원의 고객에 대한 인간관계는 다음과 같다.

- 고객의 성격 및 개성을 빨리 파악하는 것이 매우 중요하다.
- 서비스는 한계가 없는 것이며 이것으로 충분하다고 생각되는 것도 받는 사람에 따라 차이가 생긴다.

그러므로 언제나 차별화된 서비스는 장소와 때에 알맞은 것이라야 하며, 한 번 찾아온 고객을 재방문하도록 노력하는 방법이 좋은 서비스라 할 수 있다.

종사원의 개성은 인내력과 자제심, 사교성과 성실성이 구비되어야 하며, 정중한 서비스를 할 수 있는 인격을 만들어내는 것이 중요하므로 이에 수반하여 종사원의 자질 향상이 더욱 요구되고 있다.

이때 자질 향상으로 인한 진정한 서비스는 고객으로 하여금 자신의 가정에서처럼 편안하고 안락함을 느낄 수 있게 해주는 자연스러우면서도 정중한 태도를 지닐 때 이루어질 수 있다.

다음 사항들을 항상 염두에 두고 이와 같은 과오가 발생하지 않도록 유의하여 업무에 임하는 자세가 곧 서비스라고 할 수 있겠다.

① 종사원의 오만하고 불친절한 태도
② 종사원의 상품에 대한 무지
③ 종사원의 느린 서비스 태도
④ 종사원의 불결한 복장
⑤ 품질이 떨어지는 음식물
⑥ 종사원의 접객용어 사용이 불량하거나 경어에 대한 지식이 부족한 경우
⑦ 불완전한 집기·비품의 사용
⑧ 고객에 대해 험구하는 행위
⑨ 주문받은 식음료 상품에 대해 착오가 발생한 경우

고객이란 어떤 존재인가?

고객은 식당 내외에서 물적·인적 서비스에 대한 과정과 결과를 사용하고 평가하는 사람이다.

① 고객은 우리 레스토랑, 나아가 모든 레스토랑의 생명의 본체이다.
② 고객이 우리에게 의존하는 것이 아니라 우리가 그들에게 의존하는 것이다.
③ 고객은 우리 레스토랑의 목적 그 자체이며, 따라서 그들 없이 우리는 아무것도 할 일이 없는 것이다.
④ 고객은 호텔레스토랑의 존재 여부를 정당화시키므로 그에 따라 접대해야

한다.

⑤ 고객은 금전등록기 안의 돈이 아니다. 감정과 정서를 갖고 있는 인간이므로, 마음에서 우러나오는 존경심을 가지고 접대해야 한다.

⑥ 고객은 잠재적인 욕구를 가지고 있으므로 적극적인 세일즈맨십과 설득력 있는 대화기술로 그 욕구를 개발해 내야 한다.

⑦ 고객은 우리의 상품을 구매함으로써 우리에게 호의를 베푸는 것이다. 그러므로 고객이 필요로 하는 것(needs)과 원하는 것(wants)을 채워드리는 것이 우리의 할 일이자 의무인 것이다.

⑧ 고객은 당신의 봉급을 지급하는 사람이다.

⑨ 고객은 우리에게서 만족을 느끼지 못할 때 언제든지 떠날 준비가 되어 있다.

⑩ 고객의 요구를 성실하고 자신 있는 태도로 만족시켜 주는 것이 우리의 임무이다.

⑪ 고객은 우리가 제공할 수 있는 가장 정중하고 친절한 대접을 받을 자격이 있다.

⑫ 고객은 우리가 만족시킬 때 우리를 위한 친선사절단이 된다.

⑬ 고객은 우리가 최선을 다해서 노력할 때만 만족한다. 따라서 우리 사업의 성패는 끝까지 그들을 만족시키는 데 달려 있다.

⑭ 고객 없이 우리 사업은 존재할 수 없다는 것을 기억해야 한다.

고객만족 4단계

1단계 : Make a Positive First Impression(호감 가는 첫인상을 만들어라.)
2단계 : Treat Guests as Individuals(고객 개개인의 입장에서 최선을 다하라.)
3단계 : Exceed Guest Expectations(고객의 기대와 욕구를 초월하라.)
4단계 : Check Guests Satisfactions(고객의 만족도를 확인하고 감사하라.)

2. 접객원의 자격과 기본정신

1) 접객원의 자격

접객은 손님을 접대하고 영접하는 것을 말하며, 접객의 요체는 서비스이다. 레스토랑 종사원의 서비스는 인간성에 관계된 인간의 심리현상에서부터 시작한 행동인 것이다. 인간의 심리가 어떻게 작용하는가에 대한 경험과 지식을 갖는 것은 좋은 서비스맨이 될 수 있는 길이라 할 수 있다.

레스토랑의 인적 서비스는 사람이 주체가 되어 서비스활동을 하는 서비스기능을 말하며, 고객영접 안내, 접객업무, 판매서비스, 고객의 편의를 위한 서비스 기능을 총칭한다. 종사원의 서비스는 항상 친절한 마음을 지니고 봉사해야 한다. 친절은 고객을 접대함에 있어 기본적인 사항이며, 종사원은 평소에 친절한 마음씨를 갖는 것과 봉사정신을 습관화함으로써 유능한 접객원이 될 수 있는 것이다. 고객에 관한 인간관계는 고객을 식당 내에 오랫동안 체재시키도록 해야 하며, 그러기 위해서는 고객의 취미, 경향, 성격을 파악하고 안전과 만족감을 줄 수 있는 서비스맨의 기능을 충분히 발휘해야 한다.

그러면 종사원으로서 어떤 자격을 갖추어야 할 것인가? 하는 문제에 관하여 레스토랑에 취업하고자 하는 사람들에게 취업동기를 물으면 대부분이 사람을 좋아한다고 대답할 것이다. 이러한 사람들은 고객들과 사귀는 것과 대인관계를 좋아하면 접객원으로서 자질이 충분하다고 생각하는 듯하다. 물론 사람을 좋아하는 것이 필요한 것도 사실이지만 그것으로 충분하다고는 할 수 없다.

레스토랑은 서비스산업이므로 고객과의 대인관계가 많으며, 어느 때에는 자기의 행동과는 전혀 관계없는 일 때문에 고객으로부터 모욕을 당하는 경우도 있을 수 있다. 이때 레스토랑 종사원들은 자신의 감정을 잘 조절하여 예기치 못했던 상황에 적응할 수 있는 능력이 필요하다.

또한 종사원이 관리층으로 승진할 경우 업무의 기술적인 방법론에 대해서도 능통해야겠지만, 경영관리자에게 절대적으로 필요한 것은 종사원들이 그들이 원하는 일들을 알맞은 때에 협력을 통하여 합리적인 방법으로 업무를 완수하도록 하는 능력이다.

접객원의 자격요건은 사업에 대한 흥미와 레스토랑 업무에 헌신하는 사람이어야 한다. 사업에 대한 애착심은 경험을 통하여 얻어지는 것이지만 업무에 애착심을 갖는 사람만이 바람직한 종사원이 될 수 있는 것이다. 따라서 접객원의 자격은 그의 업무에 애착심을 갖고 업무를 숙지해야 하며, 서비스를 실천해야 할 것이다.

접객포인트 'BEST 10'

① 항상 고객들에게 서비스할 준비가 완벽하게 되어 있어야 한다. 고객 간에 차별화된 서비스를 제공해서는 절대 안 된다. 남녀 간 또는 내·외국인 간의 서비스에 차별을 두어서는 안 된다.
② 미소 띤 얼굴을 해야 한다. 고객과 마주칠 때마다 인사를 한다.
③ 고객들의 이름을 기억하고 불러주어야 한다.
④ 종사원은 고객을 먼저 알아보아야 한다. 고객들보다 한 걸음 앞서 생각하고 행동하며, 고객들이 원하는 서비스를 먼저 제공해야 한다(One Step Ahead Service).
⑤ 서비스는 신속하고 정확해야 한다. 이것을 위해서는 동료 간 또는 부서 간의 팀워크를 강화하고 최고의 서비스를 위해 서로 협력해야 한다.
⑥ 항상 정직하게 대답하고 행동해야 한다.
⑦ 풍부한 상품지식을 갖도록 노력한다. 그럼으로써 고객의 어떠한 질문이나 도움 요청에도 자신감 있게 대처할 수 있게 된다.
⑧ 고객들이 더욱 만족할 수 있도록 추가 서비스(Extra Service)를 제안한다. 고객의 요구사항은 적극적이고 신속하게 해결한다.
⑨ 긍정적이고 적극적인 사고를 가지고, 열정적으로 또한 일을 사랑하는 마음으로 업무에 임한다. 그러한 종사원의 서비스에 고객들은 더욱 즐거워하게 된다. 일을 즐겨야 하는 것이다.
⑩ 모든 고객을 '나의 고객'으로 대우한다. 그 고객은 분명 '특별한 사람'으로 대접받고 있음을 감사하고 우리의 영원한 고객이 될 것이다.

2) 종사원의 기본정신

① 봉사성(Service)

레스토랑의 경우 서비스를 생명으로 여김으로써 환대산업(Hospitality Business)의 주전략 상품으로 세우지 않으면 안 된다. 서비스는 부담감을 주지 말고 진심에서 우러나오는 순수한 봉사성이어야 한다.

② 청결성(Cleanliness)

공공위생의 청결은 고객이 이용하는 공공장소의 청결 및 집기·비품 등 모든 시설물의 청결이 철두철미하게 이루어져야 한다.

개인위생이란 자기 자신의 청결을 의미한다. 우선 건강해야 하고 철저한 위생관념에 입각하여 신체상 또는 복장상으로도 청결한 상태를 항상 유지해야 한다.

③ 능률성(Efficiency)

레스토랑 종사원들은 모든 업무를 항상 서서 수행하기 때문에 가장 효율적으로 업무를 처리하기 위해서는 업무를 능동적으로 처리함으로써 매사에 능률을 올릴 수 있다.

고객에 대한 인사에서부터 서비스에 이르기까지 모든 업무가 능동적으로 이루어져야 함은 물론, 정확한 업무를 파악하여 매사에 적극적으로 임함으로써 같은 기간 내에 이루어질 수 있는 일의 능률을 향상시켜야 한다.

④ 경제성(Economy)

절약과 검소는 레스토랑 종사원의 가장 큰 사명이다. 레스토랑의 기물은 고가품이므로 모두의 절약정신이 매우 필요하다. 즉 전기, 수도, 종이, 리넨류 등의 낭비를 막고 준소모품인 접시, 글라스를 조심히 다루어서 파손율을 최소한으로 줄여야 한다.

⑤ 예절성(Courtesy)

레스토랑에서 종사하는 종사원은 다른 분야에서 종사하는 사람들보다 예절성이 더욱 투철해야 한다. 고객이 들어서면 정중히 인사하면서 미소를 잃지 말고, 식탁까지 안내하면서 제반 서비스를 제공하고 나갈 때에도 다시 찾아올 수 있도록 따뜻하게 인사하면서 환송해야 한다.

⑥ 정직성(Honesty)

레스토랑에서 종사하는 종사원은 인위적으로 서비스를 제공해야 하므로 정직성이 어느 곳보다도 더욱 요구된다. 회사와 종사원, 종사원과 고객 간에 서로 믿고 협조하는 원만한 협조체제를 형성하여 서로 신뢰하는 관계로써 업무에 임해야 진정한 서비스의 대가가 생산될 수 있으며, 영업 신장과 아울러 지속적인 발전이 이루어질 수 있다.

⑦ 환대성(Hospitality)

종사원의 실수가 있다 해도 좀 더 친절하게 고객을 설득·이해시켜 식사를 즐겁게 하도록 유도하지 않으면 안 된다.

3. 용모와 복장

고객에게 좋은 서비스를 제공하기 위해서는 깨끗하고 단정한 용모 및 복장이 필요하다. 용모에는 우선 깨끗하고 단정한 신체, 청결한 손과 손톱을 유지하며 단정한 두발상태 등이 갖추어져야 한다.

1) 명 찰

- 명찰은 복장규정의 일부이다.
- 항상 지정된 위치에 부착해야 하며, 명찰을 부착하지 않으면 근무를 할 수 없다.
- 명찰을 고의적으로 훼손하거나 분실하면 안 된다.

2) 남자사원의 두발

- 뒷머리는 짧게 깎아서 와이셔츠 칼라 부분이 덮이지 않도록 한다.
- 옆머리는 귀를 덮지 않도록 하며 항상 단정하게 정돈하여야 한다.
- 머릿기름 등을 바를 경우 냄새가 강한 것은 삼가도록 한다.

3) 남자사원의 얼굴

- 수염은 매일 아침 깨끗이 면도해야 하며 콧속 수염도 밖으로 나오지 않도록

잘라야 한다.

- 얼굴에는 상처가 없어야 하며 반창고를 붙이고 영업장에 나가서는 안 된다.
- 지나치게 얼굴을 햇볕에 그을리거나 강한 화장품은 사용하지 않는다.

4) 여자사원의 두발

- 단정하고 매력적인 스타일을 해야 한다. 지나치게 유행을 따르거나 복잡하고 어색한 염색은 허용되지 않는다.
- 머리모양이 얼굴을 가리면 안 된다.
- 어깨를 넘는 긴 머리나 얼굴에 흘러내리는 머리는 핀이나 밴드를 사용하여 고정시킨다.

5) 여자사원의 얼굴

- 화장은 밝고 자연스럽게 하며, 야하거나 진한 화장을 하지 않도록 한다.
- 눈화장(Eye Shadow, Eyeline)은 자연스런 색상이어야 하며 속눈썹을 달아서는 안 된다.
- 윤이 나는 립스틱(Lipstick)과 짙은 색의 루즈를 사용하면 안 되며, 엷고 자연스런 색상을 사용한다.
- 향이 강한 향수나 화장품을 사용하면 안 되며, 근무 중에 귀걸이, 목걸이를 착용하면 안 된다.

6) 액세서리

- 눈에 띄게 요란하게 치장하는 것은 허용되지 않는다.
- 목걸이, 귀걸이, 팔찌, 반지 등 유니폼 밖으로 보여지는 장신구는 너무 자극적이거나 주목을 끌어서는 안 된다. 반지는 한 손에 한 개, 귀걸이는 한쪽에 한 개씩을 허용하나 늘어져서는 안 된다.
- 지나치게 고가의 시계나 장신구의 착용은 금한다.

7) 손과 손톱

손톱은 단정하고 적당한 길이로 손질한다. 여성은 손톱보호제를 사용해서 손톱의 손상을 방지한다. 식음료부 종사원들은 투명한 손톱보호제를 이용한다.

① 손은 항상 깨끗이 씻어 청결을 유지하고, 상처난 손으로 서비스하면 안 된다.
② 손톱은 반드시 짧게 깎아야 하고, 불순물이 끼지 않도록 가꾸어야 한다.
③ 근무 중에 손으로 코를 후비거나, 머리, 얼굴, 입 등을 만져서는 안 되며, 반지, 팔찌를 끼면 안 된다.

8) 유니폼

- 유니폼을 착용한 상태로 영업장이나 손님이 사용하는 시설물을 이용할 수 없다.
- 모든 종사원은 복장규정을 지킨다. 레스토랑의 규정에 따른 의복을 착용한다.
- 항상 청결하고 다림질이 잘된 것을 착용한다.
- 단추가 떨어지거나 바느질이 터진 곳이 없어야 하며, 더럽거나 얼룩진 제복을 입으면 안 된다.
- 착용 전 반드시 손질하여 먼지, 머리카락, 비듬 등이 묻어 있으면 안 된다.

9) 구 두

- 구두는 매일 손질하여 깨끗하고 광택 나게 해야 한다.
- 구두는 회사에서 지급한 검은색을 신어야 하며, 장식이 달린 구두는 허용하면 안 된다.
- 근무시간 내에 신발을 벗어서는 안 된다.
- 여사원의 경우 굽이 너무 높거나 너무 낮은 구두를 신으면 안 되며 앞이 터지거나 뒤축 끈이 없는 샌들을 신으면 안 된다.

10) 양말 및 스타킹

- 양말은 검은색 혹은 감색을 신어야 하며 흰색 양말 착용은 안 된다.

- 스타킹은 무늬가 없는 커피색 계통으로 착용해야 한다.
- 유니폼 착용 시 어떤 경우라도 신어야 하며 줄이 나간 스타킹은 착용하지 않는다.

11) 기 타

- 식사 후에는 반드시 양치질을 해야 하며, 입냄새가 있는 사람은 적절한 조치를 취한다.
- 고객 앞에서 재채기, 기침, 딸꾹질 등을 하면 안 된다.

4. 자세와 태도

서비스를 담당하는 종사원으로서의 태도는 가장 중요하고 기본이 되는 것이다. 이 중에서도 가장 요구되는 것은 몸에 익은 세련된 태도이다. 올바른 태도를 어떻게 취해야 하는가를 살펴보면 다음과 같다.

1) 보행자세

① 바른 걸음걸이는 바른 자세에서 시작된다. 바로 선 자세로 등을 펴고 턱을 당기고 앞을 보고 똑바로 걷는다.

② 항상 경쾌하나 조용하게 걷는다. 긴급 시 이외에는 결코 뛰어서는 안 된다.

③ 복도의 중앙은 손님의 전용도로로 생각하고 좌측면에서 걸어야 한다. 코너에서는 주의 깊게 돌아야 한다.

④ 복도에서는 상사나 손님을 앞지르지 않는 것이 원칙이다. 급한 용무나 부득이한 때는 반드시 "실례합니다." 하고 사과를 한다.

⑤ 손님이나 상사와 엇갈릴 때는 공손히 고개를 숙여 반절을 한다.

⑥ 여럿이 걸을 때는 종으로 걸으며, 횡으로써 통로를 가리는 일이 없도록 한다. 큰 소리로 이야기하거나 콧노래 또는 휘파람을 불면서 걷는 것은 금물이다.

⑦ 손님을 안내할 때에는 손님에게 유의하면서 조심성 있게 한 걸음 앞에서 선도한다. 손님을 수행할 때에는 손님의 좌측 1~2보 앞에 서서 사선걸음으

로 걸어간다.

⑧ 엘리베이터를 탈 때에는 고객이나 손님보다 먼저 타고, 내릴 때에는 나중에 내리도록 한다.

⑨ 보행 중에는 담배를 피우거나 껌을 씹으며 다녀서는 안 된다.

⑩ 보행 중에는 주머니에 손을 넣거나 팔짱을 끼거나 뒷짐을 져도 안 된다.

⑪ 보행 중에는 눈망울은 초롱초롱하며, 얼굴표정에 생기가 있어 보여야 한다.

⑫ 보행 중에는 주머니에 소리 나는 것을 넣지 말아야 한다.

⑬ 휴식 시 유니폼을 입은 채로 건물 밖에 나가서는 안 되며, 손님의 눈에 뜨이지 않는 지정 휴식장소에서 휴식해야 한다.

2) 서 있는 자세

(1) 여성

① 발을 V자 모양으로 하여 왼발을 약간 뒤로 뺀다(30~60도).

② 무릎은 힘을 주어 붙인다.

③ 엉덩이는 힘을 주어 위로 당긴다.

④ 배는 힘을 주어 앞으로 내밀지 않도록 한다.

⑤ 등줄기는 꼿꼿이 편다.

⑥ 가슴은 쭉 펴고 당당한 모습을 한다.

⑦ 어깨는 힘을 빼어 내린다.

⑧ 턱은 직각이 되도록 당기고 1m 정도의 전방을 주시한다.

⑨ 팔은 가볍게 굽혀서 오른손을 왼손등 위로 가볍게 포개어 쥔다(이때 엄지손가락을 굽혀서 보이지 않게 한다).

⑩ 입꼬리를 위쪽으로 향하도록 하여 미소를 지어 밝은 표정을 한다.

⑪ 시선은 정면을 향하도록 한다.

⑫ 전체적으로 천장에서 당기는 듯한 느낌이 들도록 선다.

(2) 남성

① 발끝은 V자 모양으로 조금 벌린다(양 사이를 약간 벌릴 수도 있다. 주먹

하나 들어갈 정도).

② 입꼬리를 왼쪽으로 향하도록 하여 미소를 지어 밝은 표정을 한다.

③ 양손은 달걀을 잡듯이 자연스럽게 주먹을 쥐고 바지 옆라인에 둔다.

④ 상황에 따라 여성과 같이 손을 포갤 수 있는데, 이때 왼손은 오른손 위로 가게 한다.

⑤ 허리와 가슴을 펴고 당당하고 자신감 있는 자세를 취하는 것이 좋다.

⑥ 윗사람이나 고객과의 대화 시에는 두 손을 허리높이에서 앞으로 모아 접는 자세를 취한다.

⑦ 다리를 떨거나 꼬고 서 있지 않도록 한다.

5. 접객 서비스 화법

우리가 사용하는 언어는 바로 우리의 인격을 나타내는 것이다. 친근하고 미소가 담긴 어조, 적절한 언어 선택, 예의와 경의가 담긴 표현의 사용은 필수적인 것이다. 또한 상대방 입장에서 상대방이 알아듣기 쉬운 언어로 말하며, 항상 긍정적인 문구를 사용하도록 한다. 목소리는 낮고 부드러운 목소리가 더욱 설득력이 있다.

① 먼저 고객의 말은 경청해야 한다. 관심과 흥미를 보이고, 질문하기도 하며, 동의하기도 하고, 감탄하기도 하면 고객은 흥이 나서 본심을 털어놓게 된다. 대화 중 시선을 다른 곳으로 돌리거나 시계를 자주 들여다보는 행위는 금물이다.

② 항상 확실한 경어를 사용한다(존경어, 공손어).

③ 다음과 같은 언어의 사용을 습관화한다.

- 대단히 감사합니다.
- 실례합니다.
- 죄송합니다/죄송하지만…
- 덕분입니다.
- 잠시만 기다려주시겠습니까?
- 제가 하겠습니다.
- 기다리시게 해서 정말 죄송합니다.

- 즉시 해드리겠습니다.
- 좋은 하루 되세요.
- 맛있게 드세요.
- 안녕하세요. 손님?
- 어서 오세요.
- 잘 알겠습니다.
- 천만에요.
- 알려주셔서 감사합니다.
- 도와드릴까요. 손님?
- 더 도와드릴 것이 없습니까?
- 제가 추천해 드릴까요?
- 꼭 다시 뵙기 바랍니다.

④ 고객의 직함을 알면 꼭 직함(또는 이름)을 함께 불러준다.
⑤ 고객이 말한 것은 반드시 다시 한 번 복창한다. 분명하게 못 들었으면 다시 물어본다.
⑥ 항상 고객에게 감사의 표현을 한다.
⑦ 부정적인 말, 푸념, 짜증적인 말은 일체 사용하지 말아야 한다.
⑧ 칭찬을 많이 한다.
⑨ 늘 화젯거리를 준비해 둔다. 단, 다음과 같은 화제는 피하는 것이 좋다.
   - 정치문제, 종교문제, 지역문제, 사적인 문제 등
⑩ 언어 외적인 자기 표현에 유의해야 한다. 열의 있는 눈빛, 신뢰감이 가는 표정, 그리고 훌륭한 매너는 고객에게 안정감을 준다.
⑪ 훌륭한 화술을 위해서는 훈련이 필요하다. 자신의 발음, 악센트, 발성, 표현력 등을 항상 연구해야 한다.
⑫ 고객 앞에서는 호텔 전문용어의 사용을 자제해야 한다.
⑬ 정확한 외국어 구사를 위해 항상 자기계발에 힘써야 한다.
⑭ 고객이 사용한 용어를 고쳐서 사용하지 않는다.

레스토랑 접객용어(예)

1) The customer is comming to outlet	고객이 업장에 들어오실 때
- Welcome to our restaurant.	어서오십시오.
- Good morning, Sir? afternoon evening	
- Did you have a reservation?	예약은 하셨습니까?
- How many members(person) in your party, Sir?	일행은 몇 분이십니까?
- Wait a minute, please (Just a moment, please).	잠시만 기다려주십시오.
- This way, please-Enjoy your meal, Sir. steak food breakfast lunch dinner	2, 3, 4, 5분이십니까? 이쪽으로 오십시오. 즐거운 식사가 되시기를 빕니다.
- Have a nice time.	즐거운 시간 가지십시오.
2) Order taking	주문 시
- Good morning, Sir? afternoon evening	안녕하십니까?
- Menu here you are.	MENU 여기 있습니다.
- What kind of drink would you like?	음료는 무엇으로 하시겠습니까?
- Would you like (to care for) something to drink before your meal, Sir?	
- May I take your order, Sir?	주문 받아드릴까요?
- Are you ready to order, Sir? (Have you made up your mind, Sir?)	주문할 준비가 되셨습니까?
- Is there anything else, Sir?	더 필요한 것은 없으십니까?
- Thank you for your order, Sir.	주문해 주셔서 감사합니다.
3) Water refill	물 보충 시
- Would you care for some more water?	물 좀 더 드시겠습니까?
- Excuse me.	실례하겠습니다.
4) Food Comming	음식 제공 시
- I'm sorry for delayed service.	늦어서 죄송합니다.

(Sorry to have kept you waiting)	
- Your ordered food is comming.	주문하신 음식입니다.
- Enjoy your meal, Sir.	맛있게 드십시오.
5) Silverware & Chinaware take out	기물을 치울 때
- Excuse me, Sir.	실례하겠습니다.
- Did you enjoy your meal, Sir?	맛있게 드셨습니까?
- May I take your empty plate, Sir?	치워드리겠습니다.
6) At the cashier	계산할 때
- Good morning, Sir? afternoon evening	안녕하십니까?
- May I Check your pay bill, Sir?	계산하시겠습니까?
- Charge money _____ won, here you are.	거스름돈 _____원 여기 있습니다.
- This is _____ won.	_____원입니다.
- I take your money, _____ won.	_____원 받았습니다.
- Would you please sign on your bill?	수표에 사인 부탁드립니다.
- Thank you very much.	감사합니다.
7) The customer is go out	나갈 때
- Did you have a nice time?	즐거운 시간 되셨습니까?
- Thank you very much, good-bye.	감사합니다. 안녕히 가십시오.
8) Sold out item(Run out item)	떨어진 품목
- This item is not available right now.	이 품목은 지금 떨어졌습니다.
- It takes about 15 minutes.	이 음식은 15분 걸립니다.
9) Others	기타
- What kind of eggs would you like?	어떤 종류의 달걀요리를 원하십니까?
- Over easy Sunny side up Over medium Overwelldone(hard) Boiled(soft, hard)(1 minutes 3, 4, 5, 7)	
- How would like your steak, Sir?	Steak를 어느 정도 구워 드릴까요?
- Well-done Medium Well Medium Medium Rare Rare	

- What kind of salad dressing would you like?	샐러드 드레싱은 어떤 것을 원하십니까?
- Thousand island dressing French dressing Italian dressing Oil & Vinegar dressing	
- Would you like some more coffee? tea ginseng tea	커피 더 드시겠습니까?
- One more bottle of beer. Another bottle of beer. One bottle of beer.	맥주 한 병 더
- One glass of wine. One more glass of wine.	와인 한 잔 더

제 5 절 고객 영접

1. 인사하기(Greeting)

정중하고 예의바른 인사는 누구에게나 호감을 주게 되며, 대화를 원만하게 해주고 서로의 관계를 친밀하게 해준다.

더욱이 인사를 함으로써 표정도 밝고 부드러워지게 할 수 있는 것이다.

특히 종사원의 첫인상은 고객의 기분을 좌우하기 때문에 따뜻하고 친절한 미소로 고객을 대해야 한다.

1) 기본순서

① 인사하기

- 적당한 인사말을 한다.
- 가능하면 고객의 직함(성함)을 이용한다.

- "안녕하십니까. 박 사장님 어서 오십시오."
  "Good Morning President Park."

② 안내하기

■ 고객의 인원 수 및 예약 여부를 확인한다.

■ 적당한 좌석으로(최선의 자리) 안내한다.

- "두 분이시죠? 좌석으로 안내하겠습니다."
  "Table for two? This way please."

③ 소개하기

■ 담당 종사원을 소개한다(본인인 경우 본인 소개).

- "오늘 저녁 모시게 된 담당자 미스터 김입니다."
  "This is waiter Mr. Kim. Have a nice night."

2) 주의사항

① 바른 자세와 여유 있는 움직임을 가지도록 한다.

② 고객을 주시하여 필요시 미리 대처하도록 한다.

③ 고객의 응대에 즉시 대답하고 바쁠 때에는 몇 분 후에 돌아온다고 명확히 알리도록 한다.

구분/동작	최경례	보통절	반 절	거수경례
인사의 속도	하나, 둘-구부림 셋-멈춤 넷, 다섯-폄	하나-구부림 둘-멈춤 셋-폄	하나-구부림 둘-폄	하나-올림 둘-내림
인사의 각도	45도	30도	20도	
시 선	발 1m 전방	발 2m 전방	발 5~6m 전방	상대방(전방)
양손의 위치	남자 : 손을 편 채로 엄지손가락을 감싸서 바지 재봉선에 댄다. 여자 : 오른손으로 왼손을 감싸서 아랫배에 가볍게 댄다.			
발	뒤꿈치를 붙이고 발의 내각을 30도로 하여 벌린다.			
표 정	가벼운 미소를 띤다.			

구분/동작	최경례	보통절	반 절	거수경례
허리, 머리	허리에서 머리까지 일직선을 유지한다. (머리만 숙이거나 허리만 굽히지 않도록 주의한다.)			
인사말	안녕하십니까? 등의 인사말은 1초 동안 구부린 상태에서 한다.			
다 리	곧게 펴고 무릎을 붙인다.			
히 프	뒤로 빼지 않도록 한다.			
주 의	눈을 치켜 뜨지 말아야 한다.			

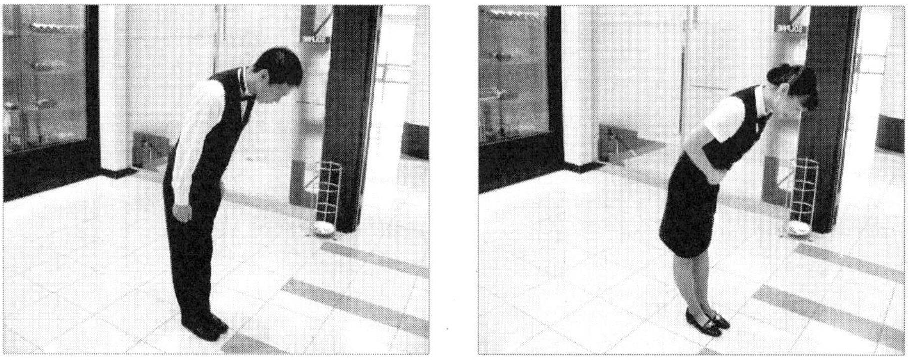

<그림 3-1> 인사하는 요령

2. 안내하기(Escorting)

자연스런 안내로 고객의 어려움을 해소하고 레스토랑의 질서를 유지하는 데 그 목적이 있다.

1) 기본순서

① 안내하기

- 지정되어 있는 좌석이 있는지 확인한다.
- 복잡하지 않은 동선을 이용한다.
- 고객을 살피고 2보 앞에서 유도한다.

- "이쪽으로 모시겠습니다. 저를 따라오십시오."
  "This way please. Follow me please."

② 착석하기

- 어린이, 노인, 여성의 착석을 돕는다.
- 편안히 착석됐는지 확인한다.
- 착석 후에 인사한다.
  - "즐거운 시간 되십시오."
- 담당 종사원이 없을 경우
  - "곧 담당 종사원이 올 겁니다. 잠깐만 기다려 주십시오."
    "The waiter will be here soon. Thank you."

2) 주의사항

- 고객의 취향을 파악하여 적합한 좌석을 안내한다.
- 좌석을 정확히 몰라 우왕좌왕하지 않도록 한다.
- 준비가 되어 있지 않은 좌석엔 안내치 말고 고객의 양해를 구하여 기다리게 한다.

좌석 안내

① 고객 도착 시 4~5보 전에 Eye Contact을 하며 밝은 표정으로 인사말과 함께 45°로 인사한다.
(고객 웨이팅 시 15° 인사한 후 안내한다).
내국인 1st : "안녕하십니까? 어서 오십시오."
Repeat 고객 : Small Talking과 함께 고객의 성함을 불러드리면서 인사한다.
외국인 : 남자는 Sir, 여자는 Madam이나 Mam하면서 인사한다.

② 예약을 확인한다.
1st : "예약하셨습니까?"(예약을 안 한 경우 흡연 여부를 여쭌 후)
"제가 안내해 드리겠습니다."
Repeat Guest : 바로 예약석에 안내

③ Eye Contact을 하며 인사말과 함께 손끝을 모으고 손바닥을 45° 위로 향하게 하여 손바닥 전체로 안내하는 곳을 가리킨다.
가까운 곳은 팔꿈치를 구부리고 먼 곳을 팔꿈치를 펴서 가리킨다.
"제가 안내해 드리겠습니다."

④ 안내 시 15° 목례하면서 고객의 2~3보 앞 좌측에서 고객과 보조를 맞추며 안내한다.

빈 좌석이 없을 때

① 고객에게 최선을 다하고 있다는 느낌을 주도록 한다.
잠시만 기다려주십시오. 제가 가능한지 확인해 보겠습니다.

② 예상 소요시간을 알려드리고 기다릴 수 있는 장소로 안내하여 드린다.
준비해 보겠습니다만, 예약이 많아서 Lounge에서 잠시만 기다려주십시오.
곧 바로 마련해 보겠습니다.

③ 기다리신 고객이 식사 테이블에 착석하면 다른 고객보다 신속하게 서브해야 한다. 타 업장을 원할 시 업장 확인 후 직접 업장까지 안내해 드린다.

Paging Service

1) 전화로 찾을 때

① 예약자 또는 모임명·성명·인상착의를 확인 후 고객에게 소요시간을 알려드리면서 Holding Button을 누른다.
"바로 확인해 보겠습니다. ○분 정도 걸릴 예정이니 잠시만 기다려주시겠습니까?" 전화받은 사람은 찾는 사람에게 정확하게 전달한다.

② 전화를 찾는 고객이 계실 경우 Holding을 푼 후 인사말과 함께 전화기를 두 손으로 드린다.
"오래 기다리셨습니다. ○ 사장님 연결해 드리겠습니다."

③ 찾는 고객이 부재 시 메모를 남길 것인가를 물어본 후 인사말과 함께 고객

보다 나중에 끊는다.
"오래 기다리셨습니다. ○ 사장님 이곳에 안 계십니다. 메모 남겨주시겠습니까? 전화 주셔서 감사합니다."

2) 내방고객이 찾을 때

① 예약자명 또는 모임명 · 성명 · 인상착의를 확인 후 대기장소로 안내하여 드린다.
"이쪽에서 잠시만 기다려주시겠습니까? 바로 확인해 드리겠습니다."

② 모임명이나 예약자명을 알 때
Room일 경우 : 서비스 담당자가 호스트의 오른쪽에서 인사말과 함께 메모양식으로 전달한다.
Hall일 경우: 대화에 방해되지 않게 메모양식에 의거, 고객 오른쪽에서 인상착의가 비슷한 분에게 확인 요청한다.
"실례합니다. 메모 있습니다."

③ 성명과 인상착의만 알고 고객이 급한 일로 원할 때 인상착의를 물어 찾아드린다.

3. 착석하기(Seating)

편안한 식사분위기를 즐길 수 있도록 노약자, 어린이, 여성 순으로 착석을 도와주는 업무를 주로 행한다.

1) 기본순서

① 노약자, 어린이, 여성 순으로 앉을 자리를 권한다.
② 주빈 의자 1보 뒤에 똑바로 서서 고객이 의자 앞에 충분히 설 수 있도록 의자를 뺀다.
③ 의자가 고객의 무릎 접히는 부분에 닿게 살짝 민다.
④ 오른쪽 무릎을 의자 등받이에 대고 가볍게 민다.
⑤ 고객이 다시 한 번 자리를 고쳐 앉을 때까지 의자를 잡고서 도와준다.

2) 주의사항

① 상황에 따라 상석을 정하고 우선 착석을 유도한다.

② 고객이 완전히 앉기 전까지는 자리를 뜨지 않는다.

③ 시선은 항상 앉히는 고객을 주시한다.

Food & Beverage Service

제4장 | 식음료 주문

제 1 절 한식당(Korean Restaurant)

1. 한식요리의 개요

우리나라 요리는 유구한 역사와 함께 이루어진 문화유산 중 하나로 지리적 여건과 기후변동 등의 영향을 받으며, 각 지방과 해변지역에 따라 생산되는 다양한 농수산물 및 사냥과 가축의 사육을 주축으로 한 향토성이 짙은 음식들이다. 더욱이 시대에 따라 전파된 종교의 영향, 외세의 침입에 따른 새로운 문물도입에 영향을 받았다. 향토음식, 궁중음식, 민간신앙음식, 관혼상제음식, 사찰음식, 계절음식, 발효음식, 떡, 과자 등 분야별로 변화의 과정을 거치면서 독특한 조리기술 개발과 상차림 및 독창적인 식기문화의 변천과 더불어 우리의 식문화가 발전되었다고 할 수 있다. 따라서 오랜 세월 동안 이루어진 독특한 형태의 다양한 음식들이 사회구조와 외래문화의 영향으로 오늘날에 와서는 전통성을 잃어버린 것도 있고, 또한 잊혀진 것들이 너무 많은 반면에, 끈질긴 민족 보수성으로 현재까지 쌀을 주식으로 김치・된장찌개, 불고기 등이 역사와 함께 유지되어 온 것이 한국요리의 특징이라 할 수 있다.

그 구체적인 요리의 특징을 살펴보면 다음과 같다.

① 주식과 부식이 뚜렷하게 구분된다.
② 부식의 가짓수가 많다.
③ 곡물의 가공조리법이 발달하였다.
④ 자극적인 강한 양념을 즐겨 썼다(고춧가루, 마늘, 파, 겨자 등).
⑤ 그릇과 밥상은 독상차림으로 발달되었다.
⑥ 음식을 담는 그릇에 중점을 두고 양을 책정했다.
⑦ 음식이 처음부터 상 위에 차려서 나온다(반상의 형식).
⑧ 종교의식을 가지고 시식을 즐겼다.
⑨ 채소류, 전 요리가 발달했다.
⑩ 식후 숭늉을 마신다.

그러나 향토성이 너무 짙은 요리는 외국인에게 자극이 심하여 접대하기 곤란하므로 유의해야 한다. 따라서 앞으로 한국요리를 상업적인 요리로 개선할 때 유의할 점을 살펴보면 다음과 같다.

① 품질이 우수하며 한국을 자랑할 수 있는 재료를 선택한다.
② 음식 담는 기물은 한국 식기를 사용한다.
③ 저렴한 각계의 최우수 상품을 선택하여 조리한다.
④ 파티(Party)종류와 접대방법, 요리명에 따라 크기와 모양을 다르게 하며, 간결하고 깨끗하게 하여 먹기 좋게 한다.
⑤ 각 요리의 맛을 살리면서 빛깔이 잘 조화될 수 있게 한다.
⑥ 화학조미료를 쓰지 않고 식품재료 자체가 지닌 자연맛을 최대한 내도록 한다.
⑦ 외국산 식품, 음료를 혼합하지 않는다.
⑧ 맵고 짜지 않게 하는 것을 명심하여 조리하고 식탁에 고춧가루와 간장을 놓아 자유롭게 조절하게 한다.
⑨ 조리실을 위생적으로 청결하게 하고 행주, 칼, 도마를 재료에 따라 다양하게 구분하여 정리정돈을 완벽하게 한다.
⑩ 식료품 모양을 잘 살리도록 하고 이것저것 두루 섞어서 맛과 색깔을 잃지 않게 한다.
⑪ 식료품의 독특한 향기를 살리고 인공적인 색채를 가하지 않는다.
⑫ 정확한 분량에 의하여 조리한다.
⑬ 요리의 품목과 양 및 색과 모양이 식기와 조화를 이루도록 정성들여 담는다.
⑭ 외국인의 식생활 습성을 이해하고 불편이 없게 순서를 정한다.
⑮ 계절에 맞는 식품과 향기를 선택하여 식단에 변화를 준다.
⑯ 계량할 때에는 가루나 낟알을 흔들거나 눌러 담지 말고 정확하게 잰다.

2. 한국요리와 조미료

우리나라 요리의 양념은 극히 다채롭고 복잡하다. 그것은 다양한 식품재료와 합리적인 조리법의 응용이나 지방별 음식 사이에서 찾아볼 수 있다.

우리가 일상적으로 쓰는 한국요리(음식)의 조미료로는 맛의 기본이 되는 소금,

장류로 간장・고추장・된장 등이 있으며, 감미료로는 설탕・꿀・조청(물엿) 등이 있고, 기름류에는 참기름・들기름・면실유(棉實油)・콩기름・낙화생 기름이 있으며, 그 밖에 식초・고추・깨소금・실백・젓국・술(酒) 등이 있다.

구체적인 조미료들을 살펴보면 다음과 같다.

① 소금

- 호렴은 입자가 굵고 검은색이 나며 깨끗하지 않으므로 고운체에 밭쳐 사용하거나, 간장, 오이지, 배추김치 등 다시 씻어서 사용하는 조리에 이용된다.
- 재렴은 고운 소금으로 빛깔이 깨끗하여 직접 간 맞추는 데 사용된다.
- 식탁염은 정제된 것으로 곱고 희고 깨끗하여, 식탁에서 훗소금으로 직접 간을 맞추는 데 사용된다.

② 간장

- 재래식 간장 : 각 가정에서 메주를 이용하여 만든 간장이며, 농도를 정확히 표시하기가 어려워 대부분 소금으로 간을 맞추도록 한다. 맑은 장국이나 검은빛을 내지 않는 요리에 사용한다.
- 진간장 : 색이 진한 간장으로 그 농도가 일정하여 정확하게 사용량을 표시할 수 있다. 검고 단맛이 있어 구이나 조림요리에 색깔을 내는 데 사용된다.

③ 고추장

찹쌀, 멥쌀, 밀, 보리 등을 원료로 메줏가루, 고춧가루, 엿기름, 소금 등을 섞어 만들며, 매운탕, 육계장, 비빔밥 등에 사용된다.

④ 된장

가공된 저장식품으로 동양인의 구미에는 맞으나 서양인에게 적합하지 않다.

⑤ 참기름

향미가 매우 우수하여 모든 요리에 거의 사용하나 외국인은 즐기지 않으므로 적게 사용한다. 기름의 향미와 산패를 막기 위해 밀봉하여 신선한 그늘에서 보관한다. 들기름은 대개 면실유를 대치해 사용한다.

⑥ 깨소금

깨를 잘 볶아 적당히 빻아서 사용한다. 공기와 접촉하면 눅눅해지고 향미가

감소하므로 밀봉하여 보관한다. 생채나 숙채는 처음부터 넣어 버무리고 익히는 요리는 거의 다 되었을 때 넣어야 제맛이 난다.

⑦ 고추

외래 관광객은 고추의 맛을 싫어하므로 적게 사용하거나, 통고추를 넣었다가 다시 꺼내는 정도로 한다.

⑧ 파, 마늘

자극성이 강하므로 곱게 다져 보이지 않게 사용하고, 그 자극성으로 식품의 냄새를 제거할 때에는 즙을 내서 사용한다. 파의 잎부분은 끈적거리는 유기물질이 있어 음식이 곱지 않으니 뿌리쪽 흰 부분만 사용한다.

⑨ 생강

매운맛과 특이한 향기를 갖고 있어 어육류의 냄새를 제거하기 위해 사용되거나 약과의 침꿀, 생강차에는 그 향미를 살려 주재료로 사용된다.

3. 메뉴해설 및 서비스 방법

한국요리의 대표적인 메뉴는 불고기 정식, 갈비찜 정식, 생선탕 정식, 궁중 전골 등을 그 예로 들 수 있다. 여기에서는 메뉴를 중심으로 살펴보고자 한다.

1) 불고기 정식(Broiled Beef)

재 료 (Specs)	안심(600g) 진장 6Tsp 배즙 6Tsp 설탕 3Tsp 깨소금 2Tsp	 참기름 1Tsp 후추 $1\frac{1}{2}$ Tsp 파 4Tsp 마늘 2Tsp
조리방법	고기를 양념에 재워두지 않고 주문이 들어오는 즉시 고기를 썰어 접시에 올려놓고 불고기 양념장을 고기 위에 뿌려서 고기를 구울 때 양념을 발라 가면서 굽는다(신선한 맛을 유지하기 위해서).	
요리내용	기본찬 : 김치, 삼색나물, 물김치, 조림류, 젓갈 주요리 : 불고기, 밥, 탕 후식 : 식혜, 과일화채	

Service방법	▪ 기본찬류를 서브한다(오른쪽). ▪ Appetizer(겨자채 또는 전유어)를 놓는다. ▪ 불고기와 채소 쌈장을 곁들여 놓는다. ▪ 오른쪽에는 탕, 왼쪽에는 밥을 서브한다. ▪ 식사가 끝나면 글라스를 남겨두고 빈 그릇을 깨끗이 치운다. ▪ 후식을 제공한다.

2) 갈비찜 정식(Stewed Beef Ribs)

재료(Specs)	갈비 900g 석이 5g 파 2T 밤 100g 미나리 50g 마늘 1T 참기름 1Tsp 후추 1/2Tsp	당근 100g 은행 10EA 간장 4½ Tsp 표고 10g 실백 1T 설탕 2Tsp 깨소금 2Tsp
조리방법	▪ 갈비를 토막 내어 끓는 물에 삶아 위에 뜬 기름을 걷어내고 칼집을 낸다. ▪ 갈비에 양념장을 만들어 버무리고 채소를 큼직하게 썰어넣어 뭉근하게 끓인다. ▪ 표고와 석이도 큼직하게 썰어 넣는다.	
요리내용 (5첩반상)	▪ 찜이 거의 다 되었으면 참기름과 설탕으로 윤을 내어 그릇에 담아 지단과 은행을 고명으로 얹는다. ▪ 기본찬 : 김치, 삼색나물, 전유어, 김구이, 조림, 생채 ▪ 주요리 : 갈비찜, 밥, 탕 ▪ 후식 : 식혜, 과일화채, 과일 ▪ 기본찬을 오른쪽부터 서브한다. ▪ 주요리는 고객의 왼쪽 앞쪽에 놓는다.	
Service방법	▪ 오른쪽에는 탕, 왼쪽에는 밥을 서브한다. ▪ 식사가 끝난 후 글라스만 남겨두고 빈그릇은 깨끗이 치운다. ▪ 후식을 제공한다.	

3) 생선탕 정식(Spicy Fish Soup)

재료(Specs)	생선류(조기, 도미, 준치, 민어) 500g 소금 1Tsp 달걀 1EA 쑥갓 50g 밀가루 2Tsp 쇠고기 100g 파, 청장 2Tsp
조리방법	▪ 부스러지기 쉬운 부분은 전을 부치고, 그렇지 않은 부분은 토막을 내어 그대로 한다. ▪ 고기 장국을 끓여 소금 또는 청장으로 간을 맞춘다. ▪ 끓는 장국에 생선전을 넣고 끓이다가 단맛이 나면 파, 쑥갓을 넣고 살짝 끓인다.
요리내용 (3첩반상)	▪ 기본찬 : 김치, 삼색나물, 전유어, 생채 ▪ 주요리 : 생선탕, 밥 ▪ 후식 : 과일, 인삼차
Service방법	▪ 기본찬을 오른쪽부터 순서대로 서브한다. ▪ 생선탕은 밥과 함께 서브한다. ▪ 식사가 끝난 후 글라스만 남겨두고 빈 그릇은 치운다. ▪ 후식은 과일과 차를 낸다.

4) 궁중전골(Stewed Pot of Meat & Vegetable)

조리방법	▪ 각종 채소류를 전골의 가장자리에 모양있게 올려놓고 가운데 등심고기를 잘게 썰어 100g 정도 넣는다.
요리내용 (3첩반상)	▪ 기본찬 : 김치, 삼색나물, 전유어, 젓갈 ▪ 주요리 : 궁중전골, 밥 ▪ 후식 : 경단과 식혜

제 2 절 양식당(Western Style Restaurant)

1. 서양요리의 개요

인간이 존재하기 시작한 것과 요리의 역사가 시작된 것은 동시에 이루어졌다고 할 수 있다. 선사시대의 요리에 관해 잘 알려져 있지는 않지만, 불을 발견한 이후에야 비로소 요리의 기술이 시작되었다고 할 수 있겠다. 이들은 나무뿌리, 나무열매, 곡식, 벌꿀, 생선 또는 동물의 젖, 알 등을 식량으로 사용하여 굽거나, 동물의 위주머니 및 가죽, 내장 등을 이용하여 익혀 먹었던 것으로 생각된다.

고대 페르시아인들은 화려한 연회나 축제를 한 것으로 유명하다. 아시리아의 왕 사르도나팔루스(Sardonapalus)는 세계 최초의 요리 경진대회를 개최하여 최우수자에게는 수천 냥의 황금을 주고, 새로운 요리를 개발한 사람에게는 많은 상금을 주었다.

그리스인들은 페르시아인들로부터 조리법과 식사법을 계승받았다. B.C. 15C 중엽까지 그리스에서는 부자와 가난한 자의 식사에 거의 차이가 없었다. 당시의 기본 음식은 보리 페이스트(Pastes), 보리죽, 보리빵이었는데 초기의 그리스인들은 하루에 네 끼 식사를 하였다고 한다. 로마인들은 그리스의 요리보다 더욱 섬세하고 맛있는 그들 자신의 요리를 개발하였다.

영국에서는 대다수가 농민과 노동자여서 요리가 간단하고 푸짐한 것이었으나, 중세에 접어들면서 연회와 축제는 많은 음식과 맥주로 사치스러워졌다. 헨리 8세(HenryⅧ)의 통치기간 중에 크리스마스가 축제일이 되었고 크리스마스 이브부터 12일간에 걸쳐 음식들이 풍성하게 차려져 축제를 즐겼으나, 엘리자베스 시대에 와서는 요리에 관해 무관심해지기 시작했고, 이것은 프랑스에서 데려온 요리장을 고용한 클럽과 호텔이 생겨난 수년 후까지 계속되었다.

프랑스 요리는 16C 초까지는 영국요리와 마찬가지로 운치가 없는 것이었다. 1533년 오를레앙(Orléans) 공작이 이탈리아 유명한 메디치가문의 캐서린 메디치(Catherine Medici)와 결혼함에 따라 그녀의 많은 유명한 이탈리아 조리장과 제빵 전문가들이 프랑스로 들어오게 되었다. 그리하여 프랑스인들은 이들로부터 조리를 배워 그들의 조리학교에서 요리를 기술적으로 발전시켰다.

식사법도 이탈리아의 영향이 컸다. 손 씻는 법, 포크 사용법, 잼 만드는 법, 여러 가지 디저트 만드는 법이 전래되었다. 프랑스 요리는 계속 성장하여 17C 말엽에 고전요리가 세계에 널리 알려졌다. 프랑스의 고전요리는 신선하고 우수한 음식재료, 재능 있는 조리사, 간단하고 예술적이며 완전한 표현양식, 미묘하고도 균형 있는 맛, 감상할 줄 아는 고객 등이 완벽하게 조화된 요리였다. 17C 말에는 차, 커피, 코코아, 아이스크림과 특히 Dom Pérignon이 샴페인을 발명하여 큰 변혁을 이루었다.

루이 14세(1638~1715) 때는 프랑스 문화가 유럽 전체에 파급되어 유럽의 각 궁전과 귀족들이 그들의 요리와 음료부문의 전권을 프랑스 요리장에게 맡길 정도였다. 이때의 요리는 세련되었지만 실제 맛보다는 눈에 보기 좋은 요리였다.

이러한 프랑스의 요리는 질 좋은 식재료와 귀족 등의 비호 속에 19C까지 세계적인 명성을 유지하였으나, 제1차 세계대전 전에 이러한 요리방법이 자취를 감추고 요리의 단순화 경향이 대두되었다. 이 단순화된 요리는 요리의 질이 떨어진 것이 아니고 음식을 담아내는 방법과 서비스를 신속히 하여 비용을 절감하는 실리적인 방법으로 조리기술의 기본을 만들었던 것이다.

20C 초 Auguste Escoffier(1847~1935)는 지금까지 프랑스 요리를 체계화시켜 현재 프랑스 요리의 기본이 되는 요리를 완성시켰다.

2. 양식당 메뉴의 구성

메뉴는 인간이 음식물을 섭취할 때 맛과 소화를 고려하면서 오랜 시일과 경험을 통해 인체에 맞도록 합리적으로 정착시킨 것이며, 다음과 같은 순서로 이루어진다.

① 전채요리(Appetizer : Hors d'Oeuvre)

② 수프(Soup : Potage)

③ 생선(Fish : Poisson)

④ 육류요리(Meat : Entrée)

⑤ 구이와 샐러드(Roast and Salad)

⑥ 후식(Dessert)

⑦ 음료(Beverage : Boisson)

1) 전채요리(Appetizer : Hors d'Oeuvre)

가장 먼저 제공되는 요리인 전채는 식욕촉진을 돋우어주는 소품요리(小品料理)를 말하며, 식욕촉진제란 뜻이다.

애피타이저란 프랑스에서는 오르되브르(Hors d'Oeuvre)라고 하며 오르되브르의 기원은 일찍이 러시아에서 연회를 하기 전에 별실에서 기다리는 고객에게 독한 술과 함께 자쿠스키(Zakuski)라는 간단한 요리를 제공한 것에서 유래되어 오늘날의 오르되브르가 되었다고 한다. 또 한 학설은 14세기 초에 이탈리아의 탐험가 마르코 폴로(Marco Polo)가 중국의 원나라에 가서 배워 온 면류 및 냉채요리가 이탈리아를 통하여 프랑스로 건너가 오늘날의 오르되브르가 되었다고 한다. 그리하여 프랑스는 오늘날 오르되브르 요리로도 세계적으로 유명하다.

프랑스의 오르되브르(Hors d'Oeuvre)는 다음과 같은 뜻을 지니고 있다.

- Hors : '… 전, … 밖에, …을 제외하고'라는 뜻
- Oeuvre : '식사'라는 뜻

전채요리에 대한 각국의 명칭

- 한 국 : 전채(前菜)
- 일 본 : 젠사이(前菜)
- 중 국 : 등반(冷盆)
- 프랑스 : 오르되브르(Hors d'Oeuvre)
- 러시아 : 자쿠스키(Zakuski)
- 이탈리아 : 안티 파스토(Anti Pasto)
- 북구(北歐) : 스모가스보드(Smorgasbord)

① 전채요리의 특징

- 본격적인 요리에 균형이 맞고 풍미가 있어야 한다.
- 한입에 먹을 수 있게 분량이 적어야 한다.

- 침의 분비를 촉진시켜 소화를 돕도록 짠맛, 신맛이 곁들여져야 한다.
- 계절감이 있고 지방색을 곁들이면 더욱 좋다.

② 내용에 의한 종류

가. Plain Hors d'Oeuvre : 재료를 원상태 그대로 내는 요리

- 셀러리(Celery)
- 햄(Ham)
- 토마토(Tomato)
- 소시지(Sausage)
- 캐비아(Caviar)
- 올리브(Olive)
- 굴(Oyster)
- 치즈(Cheese)

나. Dressed Hors d'Oeuvre : 가미된 요리

- 셀러리에 치즈를 으깨어 넣은 것
- 삶은 달걀에 여러 가지 양념을 해서 모양을 내는 것
- 앤초비(Anchovy)를 토스트에 얹어 구운 것
- 닭간을 조려낸 것

등이 있으며 접시에 담긴 전채요리의 서비스는 식탁에 놓인 Service Plate에 제공한다.

③ 가공형태별

- Barquette(바르켓) : 밀가루 반죽으로 배 모양같이 작게 만들어 생선알이나 고기를 채워 만든 것이다.
- Bouchee(부셰) : 밀가루를 얇게 반죽하여 치즈나 달걀을 넣고 주사위 같은 모양이나 만두같이 만든 것
- Canape(카나페) : Bread를 여러 가지 모양으로 얇게 잘라서 튀기거나 토스트하여 버터를 바른 다음 여러 가지 재료를 얹어서 한입에 들어갈 수 있도록 만든 것으로 Standing Cocktail Party 등에도 많이 이용된다.
- Calolines(칼로리느) : 밀가루 반죽을 술통같이 조그맣게 만들어서 여러 가지 재료를 놓은 것
- Strasbourgeoise(스트라스부르그) : 스트라스부르그식으로 거위간을 갈아서 파테(Pate)형으로 만든 것

- Greque à la(그리꾀알라) : 그리스식으로 쌀, 피망, 건포도를 기름에 튀겨서 토마토에 채워 부드럽게 만든 것
- Brochet(브로셰) : 생선이나 채소, 육류 등을 꼬치에 끼워 익혀낸 것

④ 오르되브르 서비스

디너를 겸한 칵테일 파티에서는 별실에서 식전주(Aperitif)와 함께 제공하는 것이 원칙이나 연회 시에 웨이터가 은쟁반(Silver Platter)에 담아 손님의 사이사이를 다니면서 제공하나 식탁인 경우에는 다른 요리와 같이 서브하는데 특별히 오르되브르를 위한 세팅을 한다. 식전의 와인은 셰리와인(Sherry Wine), 버무스(Vermouth), 칵테일로는 마티니(Martini)와 맨해튼(Manhattan) 등이 제공된다.

2) 수프(Soup : Potage)

본격요리를 먹기 위한 제1의 코스로서 양의 부담을 주지 않는 소량으로 영양가가 많아 건강에 좋은 요리가 되어야 한다.

종류는 일반적으로 고기(Meat), 생선(Fish) 및 닭고기를 재료로 하여 맑은 수프(Clear Soup)와 진한 수프(Thick Soup)로 나뉘며, 흔히 스톡으로부터 여러 가지 수프가 만들어진다.

수프는 다음과 같이 분류된다.

- Stock
  - Bouillon
    - Potage Clair
      - Consommé Chaud
      - Consommé Froid
    - Potage Lié
      - Purée
      - Crème
      - Velouté
  - Bouilli : 고아낸 찌꺼기 국물

① Stock의 종류

- White Stock(Fond Blanc) : 소뼈와 미르포아(Mirepoix : 파슬리 줄기, 양파, 셀러리, 당근), 후추, 월계수잎(Laurier), 향초, 소금 등을 가미하여 찬물에 넣어 3~4시간 정도 서서히 삶아서 걸러낸 국물이다.

- Brown Stock(Fond Brun) : 소뼈와 Mirepoix, 토마토 등을 기름에 갈색이 되도록 볶아서 물을 넣고 3~4시간 서서히 끓여서 소금과 후추를 가미하여 걸러낸 국물이다.
- Fish Stock(Fond de Poisson) : 생선뼈, 머리, 꼬리 등의 상품화될 수 없는 식품에 양파, 파슬리, 셀러리, 버섯, 향초, 월계수잎(당근은 제외) 등을 넣고 연한 갈색이 될 때까지 볶은 다음 물을 붓고 1~2시간 정도 더 끓인 후에 후추와 레몬껍질을 넣고 30분가량 끓인 다음 천으로 걸러낸 국물이다.
- Poultry Stock(Fond de Volaille) : 가금류나 조류의 뼈 등을 Mirepoix, 약미초다발, 월계수잎과 함께 물을 넣고 2~3시간 끓인 다음 White Wine, 후추, 소금으로 양념하여 걸러낸 국물이다.

② 부용(Bouillon)

- White Stock을 기본으로 하여 거기에 고깃덩어리를 넣고 끓인다.
- 천으로 여과시켜 위에 뜬 기름을 제거한다.
- 용기에 담아 뚜껑을 덮지 않고 보관해야 변질될 위험이 없다.
- 다시 만들었을 때에는 차가운 것과 섞지 않고 별도로 보관한다.

③ Potage Clair(Clear Soup)

- 이것은 맑은 수프, 즉 콩소메(Consommé)를 말하는 것으로 주재료는 소, 닭, 생선, 자라고기 등 어느 것이나 한 가지만을 사용한다.

④ Consommé

- 부용을 졸이는 것이 아니고 맑게 한 것이다.
- 쇠고기의 경우 부용에 허벅지나 정강이 살의 기름기를 제거하고 잘게 잘라서 넣는다.
- 달걀 흰자위를 넣고 잘 섞은 다음 당근, 양파를 얇게 썰어 함께 비등점 이하에서 1~2시간 정도 서서히 끓인다.
- White Wine이나 Sherry를 가미한다.
- 깨끗한 천으로 걸러낸다.
- 차가운 Consommé는 진한 Consommé에 Sherry와 젤라틴(Gelatin)을 가미하여 차갑게 냉각시킨 수프이다.

⑤ Potage Lié(Thick Soup)

주재료는 부용에 채소, 밀가루, 생선, 닭고기 혹은 쇠고기를 버터에 볶아 양념하여 만든 탁하고 농도가 진한 수프를 말한다.

⑥ Potage Crème(Cream Soup)

밀가루를 버터로 볶아 우유를 넣어 만드는 수프로 White Stock을 사용하거나 기타 Stock으로 만든다.

- Fish Cream Soup
- Chicken Cream Soup
- Vegetable Cream Soup

등이 있으며 이들은 모두 베샤멜 소스(Béchamel Sauce)를 기본으로 한다.

cf. Béchamel Sauce : 밀가루를 버터에 볶아서 Fresh Cream과 소금, 후추를 가미하여 만든 흰색 소스이다.

⑦ Potage Purée

채소 수프를 대표적으로 들 수 있으며, 각종 채소를 버터에 볶아서 걸러내서 진하게 만든 수프로 쇠고기, 닭, 생선, 가금류 등의 Stock으로 만들 수 있다.

⑧ Potage Velouté

부용에 밀가루를 버터에 볶아 넣은 것을 기본으로 하며 여기에 달걀과 채소를 섞어 만든 것이다.

⑨ 수프 서비스(Soup Service)

수프를 고객에게 제공할 때에는 언제나 따뜻하게 서브해야 하므로 Soup Bowl에 담아 서브하는 것보다는 Soup Tureen을 이용한다. 이는 뜨겁고 무거우므로 운반 시 Arm Towel로 밑을 받쳐서 들고 손님에게 제공 시 Soup Ladle(국자)로 떠서 서브한다.

Russian Service에서는 손님의 왼편에서, American Service에서는 오른편에서 제공한다.

3) 생선요리(Fish : Poisson)

정식이 아니면 생선코스가 생략되는 경우가 많거나, 주요리로 제공되기도 한다. 특히 가톨릭의 신자들은 금요일의 요리로 주로 생선을 먹게 되어 있어 일반 레스토랑에서는 금요일에 생선요리가 많이 준비된다.

이러한 생선요리는 다음과 같은 특징이 있다.

- 생선은 육류보다 섬유질이 연하고 열량이 적다.
- 부패하기 쉬우므로 저장 시 유의한다.
- 비타민의 함유량이 풍부하다.
- 생선은 연하므로 육류 전에 섭취하여 위를 달래고 다음에 제공되는 육류의 소화촉진을 돕는다.

① 생선의 분류

- 바다생선(Sea Food)
- 민물고기(Fresh Water Fish)
- 갑각패류(Shell Fish)
- 식용개구리(Frog's Leg)
- 달팽이(Snail : Escargot)

② 저장방법에 따른 분류

- 신선한 생선(Fresh Fish)
- 냉동 생선(Frozen Fish)
- 절인 생선(Cured Fish)
- 통조림(Canned Fish)

③ 생선의 조리방법

대부분의 생선은 육류에 비해 섬유질이 연하기 때문에 조리시간이 비교적 짧으며, 지방 함유량에 따라 적당한 조리방법을 이용한다.

- 보일드(Boil : Boiled) : 물이나 생선스톡에 식초, 소금, 향료, 백포도주 등을 넣고 약한 불로 삶아내는 조리방법으로 연어, 송어, 고등어, 새우 등의 요리에 이용된다.
- 포샤즈(Pochage : Poached) : 소금을 약간 뿌린 생선을 버터 바른 그릇에 넣

고 소량의 생선스톡과 와인을 붓고 비등점(100℃)에 가까운 온도로 삶아 내는 조리방법이다.

- 메트로트(Metelote) : 생선의 와인 조림으로 잘게 썬 양파를 버터로 조리고, 생선을 넣어 소금, 후추, 마늘, 향료를 가하여 와인을 생선이 잠길 정도로 붓고 약한 불로 약 25분간 조린다.
- 그리야드(Grillade : Grilled) : 석쇠나 팬에 굽는 방법으로 버터를 바른 뒤, 뜨겁게 달구어지면 생선을 올려놓는다. 석쇠구이를 할 경우 석쇠 자국이 생선에 뚜렷이 남도록 구워내는데, 주로 딱딱한 생선(Hard Fish)에 적합한 조리방법으로 넙치, 연어, 가자미, 고등어 등에 좋다.

<생선 종류>

국 어	영 어	불 어
멸 치	Anchovy	Anchois(앙수와)
잉 어	Carp	Carpe(까르쁘)
대 합	Clam	Meretrice(메르뜨리스)
대 구	Cod	Cabillaud(까비요)
마 른 대 구	Cod fish	Morue(모뤼)
게	Crab	Crabe(끄라브)
가 재	Craw fish	Ecrevisse(에끄르비스)
붕 어	Cruclan	Carassin(까라상)
뱀 장 어	Eel	Anguille(앙기유)
넙 치	Flat fish	Barbue(바르뷔)
가 자 미	Flounder	Carrelet(까르레)
개 구 리	Frog Legs	Grenouille Jambes(그르느이유 장브)
성 대	Gurnard	Rouget(루제)
대구의 일종	Haddock	Haddock(아독) *북대서양산
광 어	Halibut	Flétan(프레땅)
고 등 어	Mackerel	Maquerean(마끄로)
바 닷 가 재	Lobster	Langouste(랑그스뜨)

조 개	Shell	Coquille(꼬기유)
홍 합	Mussel	Moule(물)
굴	Oyster	Huitre(위뜨르)
명 태	Pollack	Merlan(메르랑)
왕 새 우	Prawn	Merlan(마끄르루)
가 오 리	Ray	Raie(레)
연 어	Salom	Saumon(소몽)
정 어 리	Sardine	Sardine(사르딘)
농 어	Seabass	Bar(빠르)
도 미	Seabream	Daured(도라드)
작 은 새 우	Shrimp	Crevette(끄레베뜨)
빙 어	Smelt	Eperlan(에벨란)
조 갯 살	Scallop	Coquilles Saint Jacque(꼬끼에 상자끄)
달 팽 이	Snail	Escargot(에스까르고)
넙 치	Sole	Sole(쏠)
송 어	Trout	Truit(뜨리에뜨)
다 랑 어	Tunna	Thon(똥)

- 뫼니에르(Meunier) : 생선에 소금과 후추를 뿌리고 밀가루에 버무려서 버터로 팬에 구워 익히는 방법인데, 레몬즙을 뿌리기도 한다. 일명 버터구이라고도 한다.
- 프리띠르(Friture : Fried) : 주로 부드러운 생선에 적합한 조리방법으로 세 가지로 구분할 수 있다. 첫째, 생선을 밀가루에 묻히고 달걀을 발라 빵가루를 묻혀 기름에 튀기는 영국식 방법이다. 둘째, 밀크를 바르고 밀가루에 버무려 노란색이 되도록 기름에 튀기는 프랑스식 방법이다. 셋째, 밀가루만 바르거나 그냥 튀겨내는 이탈리아식이 있다. 주로 연어, 새우, 굴 등의 요리에 이용된다.
- 그라탱(Gratin : Gratinated) : 그라탱 접시에 버터를 바르고 생선에 빵가루, 가루치즈 등을 뿌려 오븐에 넣어 갈색이 되도록 굽기도 하며 베샤멜 소스

(Bechamel Sauce)를 넣고 가루 치즈를 뿌려 굽기도 한다.

④ 생선요리의 소스

- 홀랜다이즈 소스(Hollandaise Sauce) : 홀랜드(네덜란드)식의 황색 소스로 Chopped Onion, Vinegar, White Wine, Egg Yolks, Pepper, Lemon 등으로 만든 소스이다.
- 뉴버그 소스(New Burg Sauce) : 뉴버그는 생선 집산지의 이름으로 생선 벨루테(Velouté) 소스에 달걀, 크림, 셰리와인을 넣어 만든 소스이다.
- 메트르도텔 소스(Maitre d'Hôtel Sauce) : 버터, 멸치젓(Anchovy), 마늘(Garlic), 다진 양파, 다진 파슬리, 레몬즙 등을 가미해 만든 소스이다.
- 본 휌 소스(Bonne Femme Sauce) : 생선 벨루테 소스에 Lemon Juice, Cream, Egg Yolks, Chopped Parsley 등을 혼합한 소스이다.
- 보르들레즈 소스(Bordelaise Sauce) : 포도주의 주산지인 프랑스 항구 보르도(Bordeaux)식의 소스란 뜻으로 Gravy에 버섯, 소골수(Marrow), 다진 양파, 레드와인(Red Wine)을 넣어 만든 소스이다.
- 타르타르 소스(Tartar Sauce) : 이 소스는 생선요리에 가장 많이 이용되는 소스로, 마요네즈 소스에 Lemon, Chopped Onion, Chopped Egg, Chopped Cucumber, Worcester Sauce, 향초 등을 넣어 만든 것이다.
- 무슬린 소스(Mousseline Sauce) : 생선 및 채소에 사용하는 소스로 홀랜다이즈 소스에 제공하기 직전에 휘핑크림(Whipping Cream)을 섞어서 제공한다.
- 콜베르 소스(Colbert Sauce) : 콜베르가의 한 요리장이 그가 좋아하는 소스에 이름을 붙여 유래된 것으로 Maitre d'Hôtel에 각종 향초와 Chicken Stock을 하여 만든 소스이다.

4) 육류요리(Main Dish : Entrée)

앙트레(Entrée)라고 부르기도 하며 영어의 Entrance의 뜻으로 정찬의 중간코스를 의미한다. 일반적으로 로스트(Roast) 전에 소량의 육류(가금류나 엽조류를 제외)를 주로 제공하였으나 요즈음에는 로스트코스가 생략된, 알맞은 양의 앙트레만을 제공하고 있다.

앙트레는 주로 육류를 들 수 있으나, 이외에도 카레(Curry Rice), 면류(Spaghetti, Macaroni), 샐러드 요리도 앙트레에 포함시킬 수 있다.

① 육류의 분류

가. 백색 육류(White Meat)

- 송아지고기
- 가금류
- 양고기
- 새끼돼지고기
- 새끼 염소고기
- 토끼고기

나. 흑색 육류(Dark Meat)

- 쇠고기
- 양고기
- 조수(鳥獸)

② 비프 스테이크(Beef Steak)

가장 대표적인 앙트레 요리로 쇠고기를 두껍게 잘라서 요리한 것이다. 비프 스테이크는 고기의 부위에 따라 명칭도 다양하게 불린다.

① Head	② Neck	③ Chuck	④ Ribs	⑤ Porterhouse
⑥ Sirloin	⑦ Tenderloin	⑧ Rump	⑨ Aitchbone	⑩ Round
⑪ Shank	⑫ Shin	⑬ Flank	⑭ Short Plate	⑮ Brisket

<그림 4-1> 쇠고기의 부위별 명칭

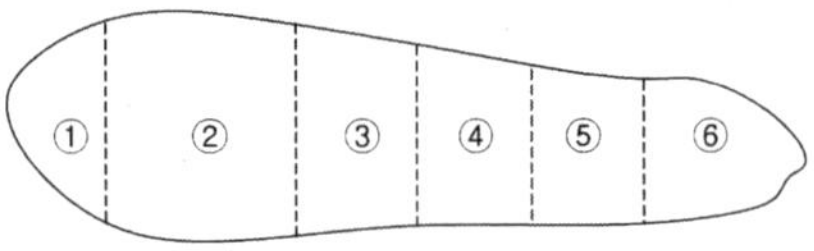

* 미국 안심분류법 6단계

① Head ② Chateaubriand ③ Filet
④ Tournedos ⑤ Filet Mignon ⑥ Filet Tip

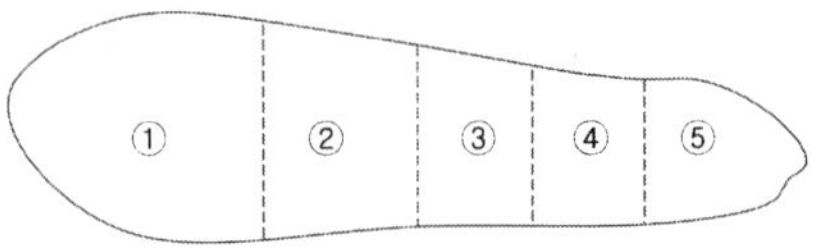

* 프랑스 안심분류법 5단계

① Chateaubriand ② Filet ③ Tournedos
④ Filet Mignon ⑤ Filet Goulash

<그림 4-2> 안심분류법

- 안심부분[Tenderloin Steak] : 육질이 가장 연하고 부드러운 것이 특징이며 소 한 마리에 평균 5~6kg 정도 나온다. 안심은 프랑스와 미국식으로 구분된다. Chatraubriand, Filet Mignon, Tournedos
- 등심부분[Sirloin Steak] : Sirloin Steak, Poter House Steak, T-bone Steak, Rib Steak, Club Steak
- 허벅지부분[round] : Round Steak, Swiss Steak, Ground Round Steak
- 궁둥이부분[rump] : Rump Steak, Roast Rump Steak
- 배부분[flank] : Flank Steak

가. 샤토브리앙(Chateaubriand)

소의 안심 머리부분을 두껍게(4~5cm) 잘라 베이컨을 감아 Broilling하거나 Grilled하여 표면이 과도하게 조리되지 않도록 오븐 속에 넣어 조리한다. 이것은 프랑스의 귀족 샤토브리앙이 즐겨 먹던 것으로 그의 주방장 몽미레이유(Montmireil)에 의해 고안된 최고급 스테이크이다.

나. 필레미뇽(Filet Mignon)

작고 예쁜 스테이크라는 의미로 안심의 뒤쪽 끝부분을 잘라서 베이컨으로 감아 그릴(Grill)하거나 윗불(Salamander)로 구워 오븐(Oven)에 넣어 요리하는 것이다.

다. 투르네도(Tournedos)

투르네도는 안심의 중앙부분을 잘라 베이컨을 말아서 Grilled하거나 Boilling 하여 오븐에서 익혀 제공하는 요리이다.

③ 기타 앙트레

- 베녜(Beignets) : 튀김요리에 가까운 것으로 생선, 새우, 닭과 같은 재료를 불에 직접 익힌 뒤 프라이팬에서 튀겨내는 것이다.
- 블랑케트(Blanquette) : White Stock에 송아지고기를 넣고 삶아 죽을 쑤어 낸 요리이다.
- 부셰(Bouchée) : 이것은 볼로방(Vol-au-Vent)과 같은 것으로 파이에다 가금류, 엽조류, 생선(새우, 조개)을 조미하여 넣은 것이다.
- 부로셰트(Brochettes) : 일명 꼬챙이구이 요리로 송아지, 새끼돼지, 새끼양 등의 연한 고기나 내장을 베이컨과 채소로 조리한 것이다.
- 코키에 : 생선, 새우, 게, 닭 등의 재료를 크림소스(Cream Sauce)에 넣고 만들어 소라껍질에 넣고 조리한다.
- 코틀레트(Côtelettes) : 영어의 커틀릿(Cutlet)을 뜻하는 것으로 고기(주로 소, 돼지)를 얇게 썰어 표면에 달걀과 빵가루를 묻혀 튀겨낸 음식이다.
- 크레피네트(Crepinettes) : 돼지고기, 날짐승 고기를 채소와 함께 돼지의 내장에 싸서 구운 것으로 우리나라의 순대요리와 비슷하다.
- 크로켓(Croquettes) : 주재료인 닭, 날짐승, 새우, 게 등을 녹말가루에 묽게 혼합, 반죽하여 원추형으로 만들어 빵가루를 묻혀 기름에 튀겨낸다. 이것 또한 앙트레의 가니시(Garnish) 역할도 한다.
- 파르망티에(Parmentier) : 모든 감자요리의 총칭이다. 감자를 수프에 넣어 주면 Parmen-tier Soup, 육류에 얹어주면 Parmentier Meat라고 한다.

④ 앙트레用 소스

- 베샤멜 소스(Bechamel Sauce) : White Stock에 Milk, Salt, Pepper, Nugmeg, Onion, Cloves(정향), Bay Leaf, Roux(밀가루와 Fat의 혼합체로 조리시간에 따라 색깔이 구분되며 각종 수프와 소스를 만드는 데 들어감)를 잘 혼합하여 끓인 후 가는 천으로 걸러낸다. 이 소스는 루이 14세의 요리장 베샤멜이 창안했다고 하여 베샤멜 소스라 한다.
- 에스파뇰 소스(Espagnol Sauce) : Brown Stock에 양파, 버섯, 셀러리, 당근을 버터로 볶아 넣고 갈색의 루(Brown Roux)를 만든 다음 토마토 퓌레(Tomato Purée)를 넣고 끓여 만든 것이다.

굽는 정도	고기온도	조리시간(분)	상 태
Rare(Saognant)	52	2~3	붉은 육즙이 서려 있을 정도로 겉만 살짝 익힌다.
Medium Rare(Saignant)	55	3~4	Rare보다 조금 더 익힌 것, 자르면 피가 보일 정도의 상태
Medium(à Point)	60	5~6	Rare와 Well done의 중간 정도 익힌 것, 약간 붉은색
Medium Well	65	8~9	약간 붉은색 상태
Well done(Bien Cuit)	70	10~12	속까지 완전히 익힌 상태

- 벨루테 소스(Velouté Sauce) : Stock에 Roux와 Mirepoix(각종 채소를 큼직하게 썰어 기름에 볶은 것), 향신료 등을 넣고 끓여낸 것으로 White Stock에 끓이면 White Velouté, Chicken Stock에 끓이면 Chicken Velouté가 된다.
- 앙트레 서비스 : 앙트레는 정확한 분량으로 조리되어야 하며 주문받을 때 조리방법을 정확히 물어보아야 한다.

5) 가금류 (Roast : Rôti)

조류는 사냥해서 얻은 꿩, 산비둘기, 산오리 등의 엽조류(Game)와 전통적으로 사육되는 닭, 오리, 칠면조, 거위 등의 가금류(Poultry)로 구분된다. 조류는 지방분의 함량이 높고 영양분이 많이 함유되어 있어, 조리할 때 영양분이 유실되지 않도록 Broiling, Roasting, Frying 등의 방법이 바람직하다. 그러나 오늘날 로스트 코스는 없어지고, 여기서 제공하던 요리를 앙트레 코스에서 제공하고 있다.

6) 채소요리 (Salad : Vegetable)

라틴어의 'Sal'(소금)에서 비롯된 말로 재료인 채소에 소금을 가미해서 만든 것이다. 저장방법에 따라 다음과 같이 구분한다.

- 생채소(Fresh Vegetable)
- 냉동채소(Frozen Vegetable)
- 통조림 채소(Canned Vegetable)
- 건채소(Dried Vegetable)

이 채소에는 비타민 A와 비타민 C의 함유량이 다른 식물보다 훨씬 많다. 특히 육류를 먹을 때 채소가 곁들여지는 것은 육류의 산성과 채소의 알칼리성이 중화작용을 하여 소화를 촉진시킴은 물론 영양 면에서의 조화도 배려한 것이다.

① 드레싱의 종류

- A La Cream : 크림과 식초, Lemon Juice를 3 : 1로 섞고, 소금, 후추를 가미한 것이다.
- Thousand Island Dressing : 마요네즈소스에 삶은 달걀, 토마토 케첩, 양파, 오이, 칠리소스를 넣어 만든 것이다.
- French Dressing : 식용유에 식초, 소금, 후추, 레몬주스, 겨자, 달걀 노른자, 다진 양파를 넣는다.
- English Dressing : 소금, 후추, 겨자, 식초, 식용유, 설탕을 가미한 것이다.
- American Dressing : 식용유, 식초, 겨자, 후추, 달걀 노른자, 설탕을 가미한 것으로 English Dressing과 거의 흡사하다.

② 대표적인 채소의 종류

국 어	불 어	영 어
완 두	Petit Pois(프티 푸아)	Green Pea
강낭콩(깍지에 든)	Haicot Vert(아리코 베르)	String Bean
시 금 치	Epinard(에피나르)	Spinach
양 배 추	Shou(슈)	Cabbage
상 추	Laitue(레티)	Lettuce
마 늘	Ail(아이)	Garlic
파 슬 리	Persil(페르시)	Parsley
아스파라거스	Aspargus(아스파라기스)	Asparagus
셀 러 리	Céleri(셀러리)	Celery
감 자	Pomme de Terre(폼드 테르)	Potato
양 파	Oignon(오뇽)	Onion
사 탕 무	Betterave(베트라브)	Beetroot
무	Navet(나베)	Carrot
꽃 양 배 추	Chou Fler(슈플레)	Cauliflower
뚱 딴 지	Artichaut(아티쇼)	Artichoke
모 란	Brocoli(브로콜리)	Broccoli
미 나 리	Cresson(크레송)	Water Cress
양 겨 자	Raifort(레포르)	Horseradish
오 이	Concombre(콩콩브르)	Cucumber
호 박	Potiron(포티롱)	Pumpkin
가 지	Abergine(오베르진)	Eggplant
토 마 토	Tomate(토마트)	Tomato
둥 근 고 추	Piment(피망)	Pimento
송 이 버 섯	Champignon(샹피뇽)	Mushroom
송 로 (버섯)	Truffe(트뤼프)	Truffle
옥 수 수	Mais(마이스)	Corn

③ 채소 자르는 방법

- 알뤼메트(Allumette) : 성냥개비 모양으로 자르는 방법
- 바토네(Bâtonnet) : 막대 모양으로 자르는 방법
- 브뤼누아즈(Brunoise) : 작은 주사위 모양으로 자르는 방법
- 샤토(Château) : 작고 둥글게 자르는 방법
- 콜레트(Collerette) : 둥근 문고리 모양으로 자르는 방법
- 도미노(Domino) : 1.5cm 정도의 장방형으로 자르는 방법
- 코르네(Cornet) : 나팔모양으로 감거나 자르는 방법
- 에맹세(Émincer) : 엷게 써는 방법
- 에맹세 롱드(Émincer ronde) : 둥글고 아주 엷게 자르는 방법
- 아슈(Haché) : 잘게 써는 방법
- 쥘리엔(Julienne) : 가늘고 길게 써는 방법
- 올리베트(Olivette) : Château보다 작은 올리브형으로 자르는 방법
- 페이잔(Paysanne) : 1~2cm 정도의 장방형으로 자르는 방법
- 람(Lame) : 리본형식으로 자르는 방법, 레몬 등을 엷게 자르는 방법
- 프랭타니에(Printaniere) : 1cm 정도의 주사위 모양으로 자르는 방법
- 트랑슈(Tranche) : 네모 반듯하게 자르는 방법
- 살피콩(Salpicon) : 한 조각으로 자르는 방법

7) 후식(Dessert : Dessert)

일반적으로 앙트레와 샐러드 다음에 제공되는 것으로 프랑스에서는 Douceur(두쇠르)라고 하여 감미로운 것을 의미한다. 디저트는 단맛과 과일류, 치즈류로 구분하고, 감미류는 찬 것과 더운 것으로 구분할 수 있다.

① 찬 후식(Douceur Friod)

- 아이스크림(Ice cream)
- 셔벗(Sherbet)
- 무스(Mousse)
- 블랑망제(Blancmanger) 이외에도 여러 가지가 있다.

② 더운 후식(Douceur Chaud)

- Crêpes Suzette
- 베녜(Beignets) 등. 이외에도 여러 가지가 있다.

③ 치즈류(Cheese)

치즈를 후식으로 할 때에는 보다 많은 영양을 섭취하는 데 그 목적이 있다.

- 치즈 수플레(Cheese Soufflé)
- 치즈(Cheese)
- 치즈 가공류 등이 있다.

④ 과일(Fruits)

신선한 것을 통째로 제공하는 것이 원칙이며 이때 Fruits Knife와 Fruits Fork 및 핑거볼(Finger-Bowl)을 함께 제공해야 한다.

껍질을 벗겨 썰어서 제공할 때에는 과일 본래의 색을 유지하기 위해 약한 소금물에 담갔다가 제공한다.

- 조림과일(Can Fruits)은 아이스크림에 곁들여 제공한다.
- 여러 가지 과일을 혼합하여 Fruits Cocktail로 제공한다.
- Appetizer로도 제공된다.

8) 음료(Coffee, Tea)

모든 식사가 끝나면 마지막 코스에 음료를 제공한다. 이때 원하는 음료를 주문받는다.

음료를 제공하는 이유는 충분히 쉬면서 대화를 나눌 수 있는 기회를 제공하기 위함이다. 마지막 코스인 찻잔, 물컵은 고객이 떠날 때까지 치우지 않는 것이 원칙이다.

① 커피(Coffee)

식후에 즐겨 마시는 기호음료로 커피를 들 수 있다. 고급 식당이나 호텔에서는 보통 Regular Coffee(커피 원두를 분쇄해서 끓인 커피)를 제공한다. 식후에 마시는 커피는 보통 컵의 1/2크기의 컵(Demitasse)으로 Black Coffee(No Cream, No Sugar)를 제공하는 것이 보통이나 고객의 기호에 따라 설탕이나 크림을 첨가하기도 한다. 커피 제공 시 온도는 80~85℃이며 마실 때의 온도는 60~65℃가 적당하다.

② 차(Tea)

차도 커피와 마찬가지로 타닌, 알칼로이드 등 카페인과 같은 흥분제가 함유되어 있어 가벼운 흥분과 상쾌함을 느끼게 하며, 권태와 졸음을 쫓아주는 작용을 한다.

차의 종류로는 녹차, 홍차, 오룡차, 인삼차 등이 있다.

제 3 절 일식당(Japanese Restaurant)

1. 일본요리의 개요

일본요리는 일본 풍토에서 독특하게 발달하여 일본인이 일상 먹는 요리의 총칭이다. 일본열도는 북동에서 남서로 길게 뻗어 있고 바다로 둘러싸였으며 지형, 기후의 변화가 많으므로 사계절에 생산되는 재료의 종류가 많고 계절에 따라 맛이 달라지며 해산물이 풍부하다. 따라서 일본요리는 쌀을 주식(主食)으로 하고 농산물, 해산물을 부식으로 하여 형성되는데 일반적으로 맛이 담백하고 색채와 모양이 아름다우며 풍미(향기, 혀끝 감촉, 씹는 맛)가 뛰어나다. 그러나 이러한 면을 존중한 나머지 때로는 식품의 영양적 효과를 고려하지 않는 경우도 있었는데, 제2차 세계대전 후로는 구미(歐美) 식생활의 영향을 받아 서양풍, 중국풍의 요리가 등장하게 되면서 영양 면을 고려하게 되었다. 또한 일상의 가정요리도 신식품(新食品)의 개발과 인스턴트 식품의 보급으로 다양하게 변화되고 있다.

2. 일본요리의 종류와 특징

일본요리는 본선요리(本膳料理), 회석요리(懷石料理), 정진요리(精進料理) 등의 3가지로 나뉘는데, 본선요리를 간소화하여 연회에 사용하는 요리를 회석요리(會席

料理)라 한다.

본선요리는 일본의 전통요리로 아시카가(1330~1543)시대부터 궁중 및 관혼상제에 사용돼 왔다. 5상(膳)으로 이뤄진 것을 최고급으로 한다. 회석(會席)요리는 보통 12개의 코스로 나오는 오늘날 일본요리의 전형적인 형태이며, 다석(茶席)에서 차와 함께 제공되는 요리이다. '회석(懷石)'이란 불교 일파인 선종의 승려들이 수양 중 좌선하면서 공복감에 오는 고통을 막기 위해 돌을 뜨겁게 달궈 헝겊에 싸서 품속에 품었던 데서 유래된 말이다. 정진요리는 일본의 가마쿠라시대에 만들어진 요리이다. 비린내 나는 것을 피하고 채소·버섯·두부 등 식물성 식품을 재료로 하여 만든, 절을 중심으로 발달한 불교식 요리이다.

요리상의 특성을 나열하면 다음과 같다.

① 어패류를 재료로 하는 요리가 발달하였다.

② 생식요리(生食料理)가 발달하였으며, 조미법에서 재료가 갖고 있는 맛을 최대로 살릴 수 있다.

③ 계절감이 뚜렷하다.

④ 요리를 담는 기물이 다양하고 예술적이다.

⑤ 요리를 담을 때 공간과 색상의 조화를 매우 중요시한다.

⑥ 비교적 요리의 양이 적으며 섬세하다.

⑦ 일본요리의 메뉴는 그 조리법에 따라 분류된다.

- 刺身(さしみ : 생선회) – 조리도(調理刀) 사용
- 燒物(やきもの : 구이요리) – 불의 이용
- 煮物(にもの : 조림요리) – 불+토기(그릇)+물

⑧ 전채(ぜんたい : 前菜)가 계절별로 다양하다.

⑨ 양식과 중식에 비해 강한 향신료의 사용은 비교적 적은 편이다.

1) 형식에 의한 구분

① 혼젠요리(本膳料理)

관혼상제(冠婚喪祭)의 경우 정식으로 차리는 의식요리(儀式料理)로 식단의 기본은 일즙삼채(一汁三菜), 이즙오채(二汁五菜), 삼즙칠채(三汁七菜) 등이 있으나 일즙오채(一汁五菜), 이즙칠채(二汁七菜), 삼즙구채(三汁九菜), 삼즙십일채(三汁十一菜) 등으로 수정된 것도 있다. 또 선(膳)의 수도 여러 가지가 있으며 본선(本膳), 이선(二膳), 삼선(三膳), 여선(與膳), 오선(五膳) 등으로 되어 있다.

② 가이세키요리(會席料理)

회석(會席)에서 차리는 회석요리(懷石料理)를 말한다.

회석요리는 에도(江戶)시대에 배해(俳諧)좌석의 식사로 발달된 것으로 懷石料理를 기본으로 해서 구성되어 가장 간단한 것은 삼채(三菜) 정도부터 시작하여 오채(五菜)가 되면 즙물(汁物)은 이즙(二汁)이 되며, 칠채(七菜), 구채(九菜), 십일채(十一菜) 등의 기수(寄數)로 증가된다.

③ 차가이세키요리(茶懷石料理)

다회석요리는 회석요리라고도 하며 다석(茶石)을 위한 요리였다. 회석(懷石)은 불교의 일파인 선종(禪宗)에서 기인된 말이다.

선종승이 시도한 회석이 이후의 다도(茶道)에서 차리는 요리의 총칭이 되었다고 한다.

즉 빈속에 차를 마시면 쓰리고 아프기 때문에 간단한 요리를 미리 조금 먹은 후에 차를 마셨다고 하여 회석요리라 불리게 된 듯하다.

④ 쇼진요리(精進料理)

정진요리는 다도(茶道)가 보급되기 전후에 서민에게 전달되었다. 불교전래에 따라 중국의 불교승이 일본에 귀화하는 경우가 많아져 대두(大豆)를 이용한 청국장, 두부튀김 등 비린 냄새가 나는 생선 또는 수조육을 전혀 사용하지 않는 불교승의 독특한 요리인 정진요리가 보급되었다. 정진요리의 뜻은 유정(有情 : 동물)을 피하며 무정(無情 : 식물)인 채소류, 곡류, 두류(豆類), 해초류만으로 조리한 것으로 미식(美食)을 피하고 조식(粗食)을 의미한다.

⑤ 후카요리(普菜料理)

보채요리는 별칭 오바쿠요리(황벽料理)라고도 하며 황벽산 만복사(萬福寺)의 법주(法主)였던 스님이 중국에서 찾아오는 선종승(禪宗僧)들을 대접할 때 정진요리를 중국식으로 조리하였던 것으로, 음식명에도 중국식 명칭이 아직도 잔존하고 있다.

⑥ 기타

항구인 나가사키(長崎)에서 외국인이나 선원에게 판매하기 위해 시작된 외국풍의 싯포쿠요리(卓袱料理), 벤토(도시락)형식의 요리, 돔부리(덮밥)형식의 요리 등이 있다.

2) 지역에 의한 구분

① 간토요리(關東料理)

관동요리는 무가(武家) 및 사회적 지위가 높은 사람들에게 제공하기 위한 의례요리(儀禮料理)로 맛이 진하며 달고 짠 것이 특징이다. 당시에는 설탕을 '아미(맛이 좋은)'라고 할 만큼 귀했었는데 이것을 많이 사용했다는 것은 관동요리가 그만큼 고급요리였다는 것을 보여준다. 또한 관동지방은 외해(外海)에 연해 있어 단단하고 살이 많은 양질의 생선이 풍부했으나, 반면에 내해(內海)에서 잡히는 생선은 극히 부족했으므로 외해에서 잡히는 생선에 맞는 요리가 성했다. 한편, 토양과 수질 등이 관서지방에 비해 거칠었기 때문에 관서요리가 부드러운 맛을 창출한 것에 비해 관동요리는 농후(濃厚)한 맛을 내게 되었다.

② 간사이요리(關西料理)

관서요리라는 말은 최근에 사용하기 시작한 말로 그 이전에는 가미카타(上方 : 교토 부근의 지방)요리라고 하였다. 관서요리는 관동요리에 비해 맛이 엷고 부드러우며 설탕을 비교적 쓰지 않고 재료 자체의 맛을 살려 조리하는 것이 특징이다. 따라서 관서요리는 재료의 색깔이 거의 유지되기 때문에 모양이 아름답다.

3) 조리방법에 의한 구분

① 생선회 : 활어회, 흰살생선, 참치회 등
② 맑은국 : 달걀 맑은국, 흰 된장국, 닭다시 맑은국
③ 절임류 : 배추절임, 단무지, 우메보시
④ 구이요리 : 소금구이, 데리야키
⑤ 조림 · 삶은 요리 : 생선, 아라다키, 쇠고기, 데리니, 채소조림
⑥ 튀김요리 : 차새우튀김, 흰살생선튀김, 채소튀김, 쇠고기 덴푸라, 닭고기튀김

⑦ 찜요리 : 생선술찜, 닭고기술찜, 전복술찜
⑧ 무침요리 : 채소 시라아에, 이가모미지아에
⑨ 초회 : 새우초회, 게초회, 문어초회
⑩ 냄비요리 : 복지리 냄비, 샤부샤부, 냄비우동, 스키야키
⑪ 면류 : 데우치우동, 기쓰네우동
⑫ 덮밥류 : 닭고기덮밥, 돈가스덮밥, 튀김덮밥
⑬ 밥 : 밤밥, 죽순밥, 굴밥, 천연송이밥

제 4 절 중식당(Chinese Restaurant)

1. 중국요리의 개요

중국요리는 중국 대륙에서 발달한 요리의 총칭으로 일명 청요리(淸料理)라고도 한다. 중국은 오랜 세월을 두고 넓은 영토와 영해에서 다양한 생산물과 풍부한 해산물을 얻을 수 있었으며, 이들 산해식품을 이용한 요리는 불로장수를 목표로 오랜 기간의 경험을 토대로 꾸준히 다듬고 연구 개발되어 현재는 세계적인 요리로까지 발전하게 되었다. 다시 말하면 폭넓은 재료의 이용, 맛의 다양성, 풍부한 영양, 손쉽고 합리적인 조리법, 풍성한 외양 등이 중국요리로 하여금 세계 어느 곳, 어느 사람에게나 적응 또는 환영받게 하였다.

한 나라의 요리가 그 나라의 역사와 전통, 기후, 풍토의 소산인 동시에 국민 슬기의 총화라 한다면 중국요리가 오늘날 세계적인 요리로 발전하게 된 것도 우연일 수 없는 것이다. 일찍이 동양문화를 이룩해 낸 중국인의 슬기가 광대한 영토에서 산출되는 다종 다양한 산물을 바탕으로 하여 수천 년 역사 속에서 문화의 한 분야로 꾸준히 다듬고 가꾸어 온 결과라 할 수 있다. 또한 넓은 영토를 지녀온 중국은 지역적으로도 풍토, 기후, 산물, 습관이 다른 만큼 지방색이 두드러진 요리를 각각 특징 있게 독특한 맛을 낼 수 있는 요리로 발전시켰다.

이처럼 독특한 개성을 지니고 발전해 온 각 지방의 요리는 예로부터 빈번하게 있어온 민족 간의 이동과 더불어 상호 교류와 보완을 통해서 오늘의 중국요리로 발전된 것이다.

2. 일반적인 특징

중국요리의 지역적인 특색과 함께 중국요리의 이해를 돕기 위해 일반적인 특징을 간략하게 정리하면 다음과 같다.

1) 재료 선택이 자유롭고 광범위하다

일반적인 식료품 거의 모두가 재료로 이용되고 있을 뿐 아니라, 제비집이나 상어지느러미 같은 특수식품도 일품요리의 재료로 이용되고 있을 만큼 재료의 종류가 다양하고 광범위하다.

2) 맛이 다양하고 광범위하다

오미(五味)를 복잡미묘하게 배합하여 창출해 내는 맛의 다양성은 세계적으로 유명하다. 오미(五味), 즉 단맛(甘味), 짠맛(鹽味), 신맛(酸味), 매운맛(辛味), 쓴맛(苦味)의 배합이 발달되어 조화가 이루어짐을 백미향(百味香)이라고도 한다.

3) 조리기구는 간단하고 사용이 용이하다

다양한 요리 종류에 비해 요리기구는 가짓수가 적고 사용법도 간단하다. 후오꿔(火鍋 : 중국냄비), 사꿔(砂鍋 : 볶음, 튀김냄비), 도우사오(그물조리), 쩡룽(燕籠 : 찜통) 외에 식칼, 뒤집개, 국자 등이 조리기구의 전부라 할 만큼 기구는 간단하다.

4) 조리법이 다양하다

기구는 간단하지만 조리법은 아주 다양하다.

5) 기름을 합리적으로 많이 사용한다

중국요리는 대부분 기름에 튀기거나, 조리거나, 볶거나, 지진 것이라 기름이 많이 사용되며 적은 재료로 많은 칼로리를 얻을 수 있어 합리적이다.

6) 조미료와 향신료의 종류가 풍부하다

중국요리의 풍부한 맛은 많은 종류의 조미료와 향신료를 적절히 이용하기 때문이라 하겠다.

7) 외양이 풍요롭고 화려하다

중국요리는 몇 인분이라는 말이 없다. 한 그릇에 요리를 전부 담아내어 덜어서 먹는다. 그러나 사람 수에 의해 요리의 양과 요리 수를 조절하는 것이 원칙이며 요리의 장식이 매우 훌륭하다.

3. 지역적 특징

중국인들은 각 지역에 따라 독특한 재료와 조리(調理) 및 조미(調味) 방법, 그 지역의 기후 및 풍토에 따라 여러 가지 특색 있는 요리를 창안해 왔는데 그중 대표적이라 할 수 있는 것은 다음의 4대 계통(系統)을 들 수 있다.

첫째, 북경요리
둘째, 사천요리
셋째, 광둥요리
넷째, 남경요리
이것은 각 지역별로 특징을 나타내고 있다.

1) 북경요리

일명 징차이(京菜)라고도 하며 베이징(北京)을 중심으로 남쪽으로 산둥성, 서쪽으로 타이완까지의 요리를 포함한다. 베이징(北京)은 오랫동안 중국의 수도로 정치, 경제, 문화의 중심지였고 고급요리가 발달하여 가장 호화스러운 요리문화를 이룩한 곳이며, 지리적으로는 한랭한 북반에 위치하여 높은 칼로리가 요구되었기 때문에 육류를 중심으로 강한 화력을 이용하여 짧은 시간에 조리하는 튀김요리와 볶음요리가 특징적이다.

북경요리의 대표적인 것은 오리통구이인 카오아쯔(烤鴨子)인데, 별칭 베이징야즈(北京鴨子)인 이 요리의 먹는 법이나 독특한 맛은 국제적으로도 높이 평가되고 있다.

또한 징기스칸 구이인 카오양로우(烤羊肉) 등 양고기를 쓰는 것도 북경요리의 한 특징이다.

베이징(北京)은 화북평야의 광대한 농경지에서 생산되는 소맥(小麥)을 비롯한 농작물, 과물(果物) 등이 풍부하며 멘(麥面), 만로우(만두), 빵(餠 : 떡) 등의 종류가 많다. 빵에는 계절의 꽃향기를 넣어 풍미를 살린 것도 있다.

2) 남경요리(南京料理)

중국 중부의 대표적인 요리로 난징(南京), 상하이(上海), 쑤조우(蘇州), 양조우(楊州) 등지의 요리를 총칭한다.

중국 내륙의 젖줄인 양쯔강(楊子江) 하구에는 오랜 옛날부터 난징(南京)을 중심으로 풍부한 해산물과 미곡을 바탕으로 한 식생활이 발달하였다. 그러나 19세기부터 밀어닥치기 시작한 서유럽의 대륙잠식은 상하이(上海)에 조계(租界)를 다투어 설치하기에 이르렀고 이러한 외세의 입김으로 결국 상하이는 중부 중심지가 되었다. 이 남경요리 중 구미풍으로 국제적인 발전을 이룩한 것을 상하이요리(上海料理)라 한다.

상하이는 따뜻한 기후와 풍부한 농산물, 갖가지 해산물의 집산지로서 다양한 요리를 낳게 했고, 특히 이 지방의 특산물인 장유(醬油)를 써서 만드는 요리는 독특한 부분이 있다.

상하이 요리는 간장이나 설탕으로 달콤하게 맛을 내며 기름기가 많고 진한 것이 특징이기도 하다.

돼지고기에 진간장을 써서 만드는 홍사오로우(紅燒肉)가 유명하고 한 마리의 생선을 가지고 머리에서 꼬리까지 요리하는 조리법과 양념을 달리해서 맛을 내는 생선요리도 일품이다. 바닷게로 만드는 푸룽칭셰(芙蓉煎蟹), 두부로 만드는 스진사궈또부(什錦砂鍋豆腐)와 꽃모양의 빵인 화쉬안(花捲) 등도 유명하다.

3) 광둥요리(廣東料理)

중국 남부의 요리를 대표하는 광둥요리는 광주(廣州)요리를 중심으로 복건(福建)요리, 조주(潮州)요리, 동강(東江)요리들의 지방요리 전체를 일컫는다.

광둥요리를 흔히 난차이(南菜)라고 하는데, 광조우(廣州)는 외국과의 교류가 빈번하여 16세기부터는 스페인, 포르투갈의 선교사와 상인들이 많이 왕래하였기 때문에 특이한 요리에다가 국제적인 요리관(料理觀)이 정착되어 독특한 특성을 이룩했다. 사람들은 일찍부터 이 매력 있는 식생활의 고장을 일러 식재광주(食在廣州)라고 칭찬했던 것이다.

남쪽의 더운 지방인 광조우의 요리는 재료가 가지고 있는 자연의 맛을 잘 살린 담백한 맛이 특징인데, 서유럽 요리의 영향을 받아 쇠고기, 서양채소, 토마토케첩, 우스터소스 등 서양요리의 재료와 조미료를 받아들인 요리도 있다.

이러한 재료는 전통요리의 맛에 변화를 가져온 것이 사실이었고 그것을 소화하고 중국화하는 데 능한 그들은 서유럽풍이 섞인 다채로운 맛의 연회요리로까지 발전시켰던 것이다.

볶음에 있어서는 재료가 지닌 자연의 맛을 살리기 위해 재료를 지나치게 익히지 않고 비교적 간을 싱겁게 하며 기름도 적게 쓴다. 또 하우유, 그(焗), 칭정(淸燕) 같은 조리법으로 담백한 맛을 내기도 한다.

대표적인 요리는 구운 돼지고기인 차사오(叉燒)와 광둥식 탕수육인 꾸라오로우(咕咾肉) 등이 있고, 뗀신(點心) 종류로는 사오마이(燒賣), 차오판(炒飯) 등이 있다.

4) 사천요리(四川料理)

중국의 서방 양쯔강(楊子江) 상류의 산악지대 요리를 대표하는 사천요리는 원난(雲南), 꾸이조우(貴州) 지방요리까지를 총칭한다.

사천(四川) 지방은 바다가 멀고 더위와 추위가 심한 지방으로 예로부터 악천후를 이겨내기 위해 향신료를 많이 쓴 요리가 발달해 왔기 때문에 매운 요리와 마늘, 파, 고추를 사용하는 요리가 많다. 또한 오지(奧地)이므로 소금절이, 건물(乾物)들의 보존식품이 발달하여 채소를 이용한 자차이(搾菜) 같은 특산물을 낳기도 했으며, 산악지대에서 나오는 암염은 소금절이의 밑받침이 되었고 신맛과 매운맛, 톡 쏘는 맛과 향기가 기본을 이루었다. 두부와 다진 고기를 이용한 마포또우포(痲婆豆腐), 회교도(回敎徒)들의 양고기요리인 양로우꿔쯔(羊肉鍋子), 새우고추장 볶음인 깐사오밍샤 등이 유명하다.

사천요리는 일명 천차이(川菜)라고도 한다.

4. 조미료와 향신료

1) 조미료

중국요리의 특징으로 조미료의 종류가 많을 뿐 아니라 중국 고유의 독특한 조미료가 많다. 그 가운데 중국의 조미료가 아니면 안 되는 독특한 몇 가지 종류를 살펴보면 다음과 같다.

① 소금

우리나라에서 사용하는 소금과 같으며 보통 정제염을 사용하나, 중국에서는 암염(岩鹽)의 산지인 사천 지방(泗川地方)의 것을 사용해서 조리한다.

② 간장(쟝유 : 醬油)

콩(大豆)을 원료로 하여 제조한다. 우리나라의 간장과 거의 같고 빛깔이 짙은 점에 있어 우리나라에서 왜간장이라 불리는 것과 비슷하다.

③ 설탕(탕 : 糖)

중국에서 단순히 당(糖)이라고 하면 백설탕을 말하며 요리에 가장 많이 쓰인다.

④ 초(추 : 醋)

중국에서는 빠이추(白醋)라는 빛깔이 엷은 초와 홍추(紅醋)라고 하여 짙은 적황색(赤黃色)을 한 초가 있다.

⑤ 술(주 : 酒)

우리나라에서는 주로 청주를 이용하는데, 중국에서는 조미료용으로 많이 쓰이는 로주(老酒)를 이용한다.

⑥ 두반장(또우반장 : 豆辨醬)

점두로 담근 된장에 향료와 빨간 고추를 곁들인 것으로 우리나라 고추장처럼 빛깔이 빨갛다. 볶음요리 등에 쓰이는데 된장의 풍미에 매운맛을 가미한 것이 특징이다.

⑦ 굴기름

굴에서 짠 기름으로 짭짤한 맛이 있고 조금만 넣어도 매우 감칠맛이 나는 조미료이다. 볶음요리 등에 사용한다.

⑧ 고추기름

상질(上質)의 참기름에 볶은 고추를 넣고 가열하여 매운맛을 기름에 가미한 것이다.

2) 향신료

조미료와 함께 향신료도 중요한 역할을 한다.

흔히 사용하는 것으로는 파, 생강, 마늘, 고추 등이 있으며 그 밖에 중국 고유의 독특한 향신료로 하쟈오편(花山椒), 후이샹 우상펀(五香粉) 등이 있다.

이것들은 재료에 따라 구별해서 쓰는데 일반적으로 고기나 생선류에는 파, 생강, 내장류(內臟類)에는 마늘, 두부, 가지요리에는 빨간 고추를 사용한다.

① 파

요리나 재료에 따라 큼직하게 썰거나 잘게 썰어 폭넓게 사용하며, 향미 채소로 빼놓을 수 없는 재료이다.

② 생강

파와 함께 널리 사용하는데, 특히 고기요리에서 빼놓을 수 없는 향신료이다. 사용할 때에는 갈아서 생강즙을 내거나 엷게 썬다.

③ 마늘

독특한 냄새가 있어서 덜 좋아하는 사람도 있으나 주재료의 냄새를 제거하는 데 빼놓을 수 없다. 1쪽을 2~3조각으로 썰거나 다져서 사용한다.

④ 붉은 고추

톡 쏘는 매운맛이 특징이다.

요리에 따라 큼직하게 썰거나 잘게 썰기도 한다.

⑤ 산초

재료의 냄새를 제거하거나 요리에 풍미(風味)를 더하기 위해 사용되는 향신료이다.

⑥ 산초가루

산초(山椒) 열매의 검은 심(心)을 떼어내고, 냄비에 볶은 것을 빻아 가루로 만든 것이다.

⑦ 회향

회향풀(茴香草)의 한 종류로 빛깔은 다갈색인데, 육류나 내장류, 생선 등의 조림이나 찜에 사용하며 재료의 냄새를 제거하고 풍미를 더해준다.

⑧ 오향분

다섯 종류의 향료를 합한 것이다.

다섯 종류란 팔각(八角), 육계(肉桂), 정향(丁香), 산초(山椒), 진피(陣皮)인데 각각 분말로 만들어 함께 섞는다.

향기가 매우 좋다.

5미(五味)와 조미(調味)

① 5미(五味)

매운맛 · 신맛 · 짠맛 · 단맛 · 쓴맛

② 조미(調味)

라숙 : 고추	라유 : 고추기름	장유 : 간장	두장 : 된장
염 : 소금	하장 : 잔새우된장	하 : 새우젓	하유 : 생새우기름

산숙유 : 참기름에 산숙의 향을 옮긴 것

장두부 : 소금과 메주를 섞은 두부장

5. 메뉴의 구성

메뉴의 구성은 Cold Dishes(appetizer用), Soup류, Main Dish로서, 魚翅類(Sharks fin), 海參類(sea cucumbers), 鮑魚, 帶子類(abalones and scallops), 龍蝦類(lobster and shrimps), 魚類(fish), 鷄類(chicken and duck), 豚肉類(pork), 牛肉類(beef), 菜類(vegetables), 豆腐類(bean curd), 雜品類(mixed food), 식사류(rice & noodles), 감채류(sweet cakes & candies), Dessert의 순으로 짜여 이용고객에게 판매되고 있다.

또한 이러한 수백 종의 다양한 일품요리는 각 나라별로 특징있게 약간씩 변화되고 있는 것이 현실이다. 우리나라의 경우 요리의 온도(Temperature), 자극의 정도(냄새, 맛), 부드러움의 강약 등을 고려하여 서비스순서를 정하는 독창적인 방법을 개발·정착시키고 있는데, 양식(洋式)의 서비스 방법 및 순서와 대동소이하다고 할 수 있으며, 특히 Russian Service방법이 애용되고 있다. 한편, 요리가 수백 종이 넘어 고객의 요리에 대한 일반적인 지식이 부족한 경우가 많아 고객의 기호도와 선호도가 높은 요리를 품목별로 발췌하여 구성한 Chef's Specialties요리가 널리 판매되어 매출기여도가 높은 것이 현실이며, 계절별로 특산되는 재료를 신선하게 요리한 계절특별요리(Seasonal Specialties)가 고객에게 함께 판매되고 있다.

1) 정탁요리(定棹料理)

정탁요리는 상요리(床料理)라고도 불리며 정해진 순서에 따라 제공되는 메뉴로 가격에 의하여 메뉴가 작성되고 보통 6~10인분을 기본으로 하고 있다.

<정탁메뉴(예)>

特製併盤	특품 냉채 特製盛り 合せ前菜 Special appetizer Assortment
紅燒珍翅	최고급 상어지느러미 요리 ふかのひわ姿煮 Braised Shark's Fin in Brown Sauce
松茸燕窩	송이, 제비집요리 松茸と燕の巣 Sauted Mushrooms and Bird's Nest
北京烤鴨	북경오리 北京ダック Peking Duck
蠔油菜心	청채, 굴소스 青菜とかきソース Chinese Green Vegetables with Oyster Sauce

海蔘鮑魚	해삼, 전복 あわびとなまこの煮込み Sliced Fresh Abalone with Sea Cucumber
乾燒龍蝦	바닷가재 칠리소스 海老のチリ-ソ-ス Braised Lobster with Chili Sauce
清蒸加魚	도미찜 鯛の蒸し Steamed Sea Bream in Soy Sauce
食事(麵・飯)	기스면이나 볶음밥 鶏タンメンまたは燒飯 Noodles or Fried Rice
拔絲元宵	찹쌀떡もちこめのだんご Fried Honey-Dipped Rice Balls
水 果	과일 生果物 Fresh Fruit

2) 일품요리(一品料理)

일품요리는 정식요리처럼 순서에 따라 먹는 것이 아니고 고객의 기호나 식성, 양을 자유로이 선택해서 먹을 수 있는 요리이다. 일품요리에는 다음과 같은 종류가 있다.

냉채류(冷盆類), 제비집과 상어지느러미류(燕窩及魚翅類), 해삼, 전복, 새우류(海蔘, 鮑魚, 蝦類), 오리고기, 닭고기류(掛爐燒鴨, 鷄類), 쇠고기, 돼지고기류(牛肉, 肉類), 채소, 두부, 잡품류(野菜, 豆腐, 雜品類), 수프류(品湯類), 식사, 면류(飯及麵類), 감채류(甛菜類) 등이 있다.

3) 특별요리(特別料理)

요리재료의 특성에 따라 특별히 구성되는 메뉴이며, 고객의 특별한 주문에 의하여 만들어지는 요리이다. 특선요리로는 곰발바닥(金絲態掌), 사슴꼬리찜(紅爐尾巴), 자라요리(紅燒甲魚) 등이 있다.

6. 요리법

중국요리는 다양한 요리의 종류에 비해 조리기구는 놀라울 정도로 수가 적고 사용법도 간단하다. 조리기구가 간단한 반면에 조리법은 아주 다양하다. 따라서 어떤 재료를 이용해도 원하는 요리를 충분히 만들 수 있다.

1) 과 정

중국요리는 70여 종의 조리법과 다채로운 조미(調味)방식을 기반으로 해서 만들어진다.

요리는 단순한 기술조직만으로 되는 것이 아니라 예술성도 있어서 좋은 요리를 만들려면 경험과 숙련이 필요한데, 우선 중국요리가 어떠한 과정으로 만들어지는가를 알고 각각의 중요점을 파악하지 않으면 안 된다.

<중국요리의 과정>

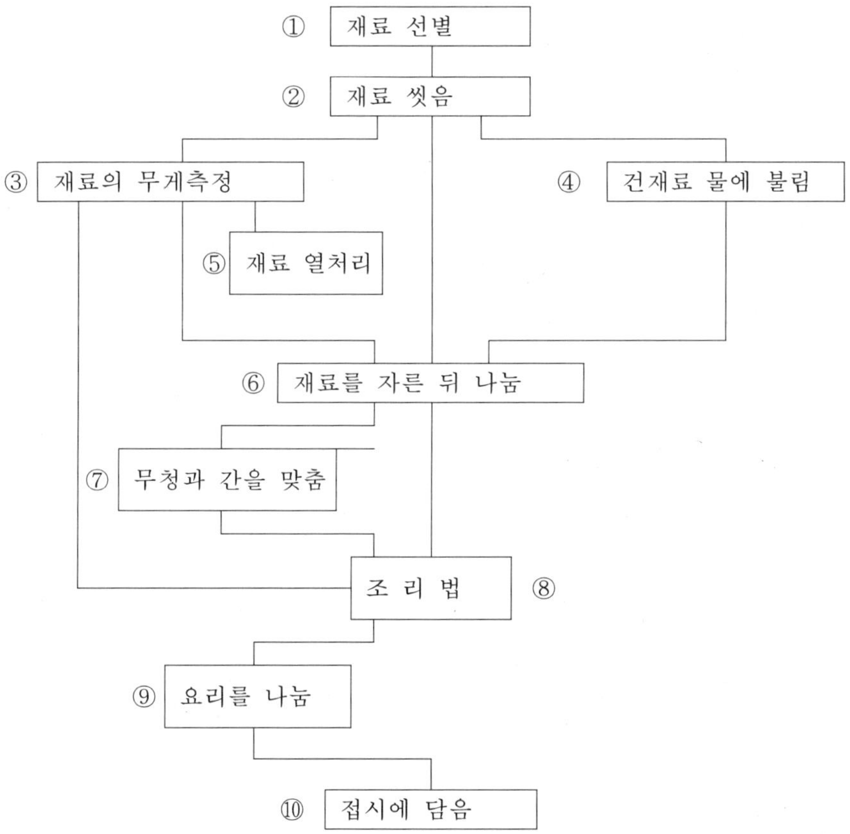

2) 분류와 요리

일반적인 분류는 다음과 같다.

① 냉분 ② 열분 ③ 증채 ④ 작채 ⑤ 소채
⑥ 문채 ⑦ 고채 ⑧ 류채 ⑨ 탕

요리의 순서와 내용은 다음과 같다.

① 냉분

양채(凉菜) 혹은 냉채(冷菜)라고도 하며, 여러 가지 재료를 병합하여 만드는 것을 냉분(冷盆) 또는 냉반(冷盤)이라 부른다.

- 해파리냉채
- 새우냉채

② 열분

전채의 하나로 더운 요리 중 가장 먼저 내는 요리이며 양, 질, 맛이 강조되는 요리이다.

- 삼선어취 : 해삼, 새우, 전복, 상어지느러미
- 전가복(全家福) : 해삼, 새우, 전복
- 해삼주스(海蔘 子) : 해삼과 삼겹살

③ 증채(蒸菜)

고온의 증기를 이용하여 익히는 방법이다.

- 닭찜요리 : 닭요리, 생강
- 삼겹살찜 : 삼겹살, 물엿, 파
- 조기찜 : 조기, 생강, 간장

④ 작채

많은 양의 기름을 Pan에 넣고 가열하여 익혀내는 방법이다.

- 닭고기튀김 : 닭, 오향분, 정종, 물엿
- 갈비튀김 : 돼지갈비, 달걀, 오향분, 밀가루

조리에 기름을 사용함으로써 더욱 맛을 돋울 수 있다. 또한 적은 양으로 칼로리를 얻을 수 있으며 단시간에 고온을 이용함으로써 비타민과 다른 성분의 손실을 막을 수 있다.

- 기름의 양이 적으면 분해가 빠르고 재료가 팬 밑에 붙어 타버린다.
- 기름의 용량을 재료 용량의 2배로 한다.
- 재료를 넣을 때에는 기름의 온도가 저하되지 않도록 양을 조절하여 튀긴다.
- 튀김기름의 온도

⑤ 소채

강한 화력을 이용하여 빠른 속도로 볶아내는 방법이다.

- 고추돼지고기볶음 : 돼지등심, 붉은 고추, 두반장
- 새우칠리소스 : 대하, 생강, 토마토 케첩

⑥ 문채

재료를 살짝 튀긴 후에 많은 육수를 넣어 오랜 시간 조리하는 방법이다.

- 마파두부(麻婆豆腐) : 연두부, 마늘, 생강, 두반장
- 홍소쌍동(紅燒雙冬) : 동구버섯, 죽순
- 홍소사자루 : 돼지고기 다진 것

⑦ 고채

재료에 양념한 뒤 불에 굽는 방법이다.

- 오리껍질요리

  오리구이통에 넣고 180℃의 온도로 1시간 30분 정도 굽는다.
- 껍질만 떠서 사용한다.
- 파를 채로 썰어놓고 짜장과 춘빙(春餠)을 곁들여 낸다.
- 새우튀김 : 새우, 토마토 케첩
- 차고향육 : 훈제 돼지고기, 오향분

⑧ 류채

익힌 재료를 여러 가지 조미료가 혼합한 소스에 넣어 만든 방법이다.

- 류산스(留三絲) : 해삼, 쇠고기, 죽순, 동고버섯, 새우
- 탕수생선(糖溜魚片) : 광어, 목이버섯, 생강, 전분

⑨ 탕

- 주탕 : 한식의 육수, 양식의 수프, 스톡(Stock) 등과 같이 국물요리, 볶음요리, 조림요리, 찜요리 등에 많이 사용되며, 중화요리의 기초가 된다.
- 상탕 : 맑고 짙은 맛의 국물로 국요리(湯菜), 볶음요리, 조림요리, 찜요리(蒸菜) 등

에 이용된다.

- 청탕 : 맑은장국을 말하며 중국요리에서 가장 널리 이용된다. 청탕에는 맑은 육수를 이용해야 하고 간은 반드시 소금을 사용해야 하며 재료는 미리 그릇에 담아 놓고 뜨거운 육수를 붓는다.
- 청탕부용(淸湯芙蓉) : 달걀지단과 쪄서 만든 달걀을 재료로 한 탕이다.
- 청탕연고 : 남양의 해변에 사는 제비집을 건조시킨 것으로 해초와 새털을 뭉친 것으로 우윳빛이 나고 광택이 있는 중화요리의 최고급요리이다.
- 청탕어편(淸湯魚片) : 흰살생선에 소금, 정종, 달걀 흰자, 녹말가루를 넣어 버무려 끓는 물에서 데쳐낸다. 채소를 데쳐, 그릇에 곁들여 담아 뜨거운 육수를 붓는다.

3) 용어(用語)

중국은 국토가 방대하기 때문에 각 지방마다 조리법이 다양하고 요리도 특색이 있지만 모든 요리는 다음의 기본조리법을 기초로 한다.

① 전(煎)

프라이팬(鍋)에 기름을 조금 넣어 가열한 후, 재료를 넣고 중간불에서 천천히 익혀가는 조리법이다.

이때 화력이 너무 강하면 속은 익지 않고 표면이 쉽게 타며, 화력이 약하면 조리시간이 길어져 영양소가 파괴되고 신선한 맛이 저하되므로 불의 강·약에 유의해야 한다.

② 증(蒸)

고온의 증기를 이용하는 조리법으로 재료를 넣을 때에는 물이 끓는가를 먼저 확인해야 한다.

또 재료를 빨리 익히고 맛을 보존하기 위해서는 반드시 뚜껑을 닫고 조리해야 하며, 조리 중에는 뚜껑을 자주 열지 않도록 한다.

재료에 따라 불의 강·약을 조절하여 육류, 생선, 만두 등은 강한 화력을 사용하고 달걀 등 부드러운 것은 약한 화력을 사용한다.

③ 짜아(炸)

프라이팬(鍋)에 기름을 많이 넣고 가열한 후, 재료를 넣어 튀기는 조리법으로 열량이 높아지고 독특한 향이 난다.

재료에 따라 불의 강·약을 조절하도록 하며, 짜아(炸)에는 다음과 같은 방법이 있다.

- 칭짜아(清炸)

  재료에 간을 하지 않고 전분을 묻히지 않은 채로 튀기는 방법

- 깐자아(乾炸)

  재료에 전분을 묻혀서 튀김옷을 입혀 튀기는 방법

- 꺼어리(高麗)

  흰색으로 가볍게 튀기는 방법

달걀 흰자의 거품을 일군 후 전분을 각각 섞어 입혀 튀기는 것으로 탁한 색이 되지 않도록 주의한다.

④ 차오(炒)

프라이팬(鍋)에 기름을 조금 넣고 강한 불에서 빠른 속도로 볶아내는 조리법으로 영양소의 파괴가 적어 가장 많이 사용된다.

조리할 때 재료를 많이 넣고 볶으면 재료가 골고루 익지 않으며 맛도 고르지 않으므로 한꺼번에 많은 양의 재료를 볶지 않도록 한다.

차오(炒)에는 다음과 같은 방법이 있다.

- 칭차오(清炒)

  재료에 아무것도 묻히지 않고 볶는 방법

- 깐차오(乾炒)

  재료에 튀김옷을 입혀 튀긴 다음 다른 재료와 같이 볶는 방법

- 찡차오(京炒)

  녹말 이외에 달걀 흰자를 재료에 바르고 녹말가루를 묻혀 튀긴 다음 다른 재료와 함께 볶는 방법

⑤ 문

재료를 살짝 튀긴 후에 육수를 많이 넣고 약한 불에서 천천히 오랫동안 조리하는 방법으로 조리할 때에는 반드시 뚜껑을 덮어야 한다.

이때 대부분의 영양소가 육수에 혼합되므로 음식을 만들 때에는 반드시 육수와 재료를 혼합해야 한다.

⑥ 돈

증과 문을 혼합한 조리법으로, 프라이팬(鍋)에 재료를 넣고 적당한 육수와 향신료, 조미료 등을 첨가한 후 뚜껑을 덮고 끓이는 방법이다.

⑦ 루

물에 각종 향신료와 조미료를 넣은 후 재료를 넣고 삶아내는 조리법으로 재료는 잠길 정도로 넣는 것이 가장 적당하다.

⑧ 카오

재료에 양념을 하여 불에 직접 굽는 조리법으로 다음 두 가지 방법이 있다.

- 밍루(名爐)

  재래적 방법으로 시간이 많이 걸리고 한번에 많은 양을 조리할 수 없으나 뛰어난 맛과 향을 낸다.

- 문루

  현대적인 설비를 이용한 방법으로 한번에 많은 양을 구워낼 수 있다. 또한 재료에 함유되어 있는 지방이 제거되기 때문에 담백한 맛이 나지만 맛과 향은 밍루(名爐)보다 떨어진다.

⑨ 쉰

양념한 생(生) 재료나 익힌 재료를 연기로 훈제하여 색과 향을 내는 조리법이다.

이때 주로 톱밥, 엽차, 겨, 설탕, 감초, 회향가루 등을 숯불에 뿌려 연기를 내서 사용한다.

⑩ 류

전(煎) 또는 짜아(炸)의 방법으로 조리하거나 혹은 물에 살짝 익힌 재료를 여러 가지 조미료가 혼합된 소스에 넣어서 빠른 속도로 섞어내는 조리법이다. 그 소스의 종류에 따라 팽(烹) 또는 회(燴)라고 구별하여 부른다.

⑪ 빠이차오(白杓)

끓는 물에 익힌 재료를 접시에 건져 놓고 소스를 덮어주는 조리법으로, 재료를 익힐 때 물이 너무 많으면 맛이 저하되므로 물의 양에 유의한다.

⑫ 탕(湯)

육수나 즙에 재료를 넣어 만드는 것으로 수프 또는 국이라고 한다.

⑬ 기타의 조리법

서양요리의 젤리(Jelly)와 같이 응고시켜 만드는 방법으로 동(凍)이 있으며, 죽처럼 만드는 죽(粥) 방법이 있다.

또 약한 불에서 서서히 연하게 익혀내는 홍숙(간장을 넣어 색을 내는 것)과 백숙이 있다.

4) 주문받는 방법

- 중국요리는 1인분의 주문방법이 아니고 접시의 양에 따라 보통 대(大), 중(中), 소(小)로 나뉘어 받는다. 이것은 손님 수에 알맞은 분량을 적당하게 해서 요리를 남지 않게 하기 위한 것이다.
  보통 대(大)는 7~8인분이고, 중(中)은 4~5인분, 소(小)는 2~3인분을 기준으로 한다.
- 조리법이 같은 요리는 중복되지 않게 주문받도록 한다. 이것은 중국요리의 정수라고도 하는데 닭튀김과 쇠고기튀김을 같이 주문받지 않고, 팔보채(八寶菜)와 전가복(全家福)을 같이 주문을 받지 아니한다.
- 술을 즐기는 고객에게는 튀김요리, 구운 요리, 절임요리 등을 추천한다.
- 탕류, 찜류 등의 시간이 오래 걸리는 요리는 사전에 고객에게 알려야 하며, 조리시간이 오래 걸리는 요리를 한꺼번에 많이 주문받지 않도록 한다.
- 요리의 양이 인원 수에 비하여 너무 많지 않도록 주의해야 한다. 특히 중국요리를 많이 접하지 못한 고객은 양식같이 생각하는 경우가 있으므로 많은 양의 요리를 주문할 경우에는 고객에게 양이 많다는 것을 확인시키고 주문을 받도록 한다.
- 술 다음의 식사를 주문받을 경우에는 기름진 것을 피하고 산뜻한 죽 종류나 면종류 등을 권한다.

제 5 절 커피숍(Coffee Shop)

1. 커피숍의 개요

호텔 레스토랑 중 가장 기본적인 영업장으로 그 기능이 다양하다. 아침식사, 점심식사, 그리고 저녁식사를 제공하는 경양식 레스토랑의 기능과 각 식사시간 사이에는 커피를 포함한 각종 음료수와 간단한 스낵류 그리고 디저트류가 준비되어 있어 좋은 만남의 장소로서 티룸(tea room)의 기능을 복합적으로 지니고 있다. 호텔 내에 이탈리안 레스토랑이나 한식당이 따로 없을 경우 커피숍에서 그 기능들을 대신한다. 영업시간 중 쉬는 시간(break time) 없이 이른 아침부터 밤늦게까지 영업하며 24시간 계속하는 곳도 있다.

2. 커피숍의 메뉴

1) 아침식사

(1) 미국식 아침식사(American Breakfast)

주스, 빵, 달걀요리 그리고 커피나 홍차로 구성되며 달걀요리엔 햄, 베이컨, 소시지 중에서 한 가지와 감자튀김이 곁들여지며, 영국식 아침식사에는 생선구이(Sole, Halibut)가 추가된다.

- A Choice of Juices
- Basket of Rolls & Toast
- Two Eggs any Style with Ham, Bacon, Sausage
- Coffee of Tea

(2) 콘티넨탈 아침식사(Continental Breakfast)

대륙식 아침식사로 주스, 빵, 커피나 홍차로 구성되는 간단한 아침식사이다.

- A Choice of Juices
- Basket of Rolls and Toast
- Coffee or Tea

(3) 건강식 아침식사(Healthy Breakfast)

사람들의 건강에 대한 관심이 높아짐에 따라 영양식보다는 건강식으로 특별히 만들어진 메뉴이다. 비만과 각종 성인병을 염려하는 고객을 위해 저(低)콜레스테롤, 고단백, 풍부한 비타민과 무기질로 구성된 생과일주스, 요구르트, 과일과 빵, 커피로 구성된다.

- Fresh Squeezed Juices
- Plain Yogurt
- Fresh Fruit Platter
- Basket of Rolls and Toast
- Coffee or Tea

2) 빵(Bread)

(1) 빵의 분류

- Bread : 225g 이상의 빵으로 식빵(Plain Bread), Rye Bread, French Bread 등이 있다.
- Buns류 : 60~225g으로 Hamburg, 샌드위치용, Hotdog Buns, Hamburg Buns 등이 있다.
- Roll : 60g 이하이고 Hard Roll, Soft Roll, Breakfast Roll 등이 있다.

(2) 커피숍에서 사용되는 빵

- 토스트용 식빵(Toasted Bread)
- 호밀빵(Rye Bread)
- 프렌치 빵(French Bread)
- 크루아상(Croissant)

- 데니시 패스트리(Danish Pastry)
- 도넛(Doughnut)
- 잉글리시 머핀(English Muffin)
- 블루베리 머핀(Blueberry Muffin)
- 베이글(Bagel)
- 브렉퍼스트롤(Breakfast Roll)
- 저먼 하드롤(German Hard Roll)
- 핫 비스킷(Hot Biscuit)
- 팬케이크(Pancake)

3) 주스(Juice)

(1) Fresh Juice

(2) Can Juice

4) 달걀요리(Eggs)

(1) 프라이드 에그(Fride Eggs)

- Sunny Side up : 달걀을 한 면만 익힌 다음 샐러맨더(Salamander)에 잠시 넣어서 윗면을 데운 달걀요리
- Turned over
  ① Over Easy Light : 달걀의 양면을 굽되 흰자만 약간 익힌 것
  ② Over Medium : 흰자는 완전히 익히고 노른자는 약간 익힌 것
  ③ Over Hard(Well-done) : 흰자와 노른자를 모두 익힌 것

(2) 스크램블드 에그(Scrambled Egg)

달걀 두 개에 한 스푼 정도의 우유 또는 생크림을 넣고 잘 저어 프라이팬에 넣고 빨리 휘저어서 익힌다. 앤초비, 치즈, 감자, 버섯, 새우 등을 넣어 만들기도 한다.

(3) 보일드 에그(Boiled Egg)

- Soft Boiled Egg(미숙) : 3분 정도 삶는다.
- Medium Boiled Egg(반숙) : 5~6분간 삶는다.
- Hard Boiled Egg(완숙) : 10~12분간 삶는다.

(4) 포치드 에그(Poached Egg)

소금 조금과 식초를 약간 넣어 약 93℃의 끓는 물에 달걀 껍질을 제거하고 삶는다.

- Soft Poached Egg(미숙) : 3분 정도 삶는다.
- Medium Poached Egg(반숙) : 5~6분간 삶는다.
- Hard Poached Egg(완숙) : 8~9분간 삶는다.

(5) 오믈렛(Omelet)

보기 좋은 크기와 모양을 만들기 위해 달걀 세 개를 잘 풀어 프라이팬에 말아서 익히는 요리이다. 첨가물 없이 만든 것을 Plain Omelet이라 하고, Ham, Cheese, Bacon, Mushroom, Onion 등을 넣어서 만들기도 한다.

(6) Corned Beef Hash with Two Eggs any Style

소고기의 질긴 부분을 소금에 절인 후 삶아서 잘게 다진 후 감자, 양파, 셀러리를 넣고 요리하거나 셀러리를 페이스트에 넣어서 요리하는 방법도 있다.

(7) Two Poached Eggs Benedictine

English Muffin 위에 Ham과 Chicken Meat를 얹고 그 위에 Poached Egg를 놓은 다음 Hallandise Sauce를 얹어서 낸다.

5) 시리얼(Cereal)

(1) Hot Cereal

Oat Meal(귀리죽), Cream of Wheat(밀죽), Cream Beef(쇠고기죽)

(2) Cold Cereal

Corn Flakes(옥수수 낟알을 얇게 으깬 것), Raisin Bran(건포도와 밀기울을 섞은 것), Rice Crispies(쌀을 바삭바삭하게 튀긴 것), Shredded Wheat(밀을 조각낸 것)

6) 과일(Fruit)

(1) 신선한 과일(Fresh Fruit)

(2) 통조림 과일(Can Fruit)

7) 아침음료

(1) 커피

식사 주문 전에 먼저 제공하며, 식사 도중 더 원하면 제공한다.

(2) 홍차

작은 접시에 Tea bag 두 개와 레몬 두 조각을 Sword Pick에 끼워서 제공한다.

(3) Hot Chocolate

뜨거운 우유에 초콜릿 가루를 풀어서 쓴다.

(4) 인삼차

뜨거운 물이 든 Pot와 접시에 인삼차 2봉지와 꿀 2개를 담아 따로 제공한다.

(5) 우유

(6) 설록차

(7) 율무차

제 6 절 룸 서비스(Room Service)

1. 룸 서비스의 개요

호텔에서의 룸 서비스라 하면 고객이 객실에서 식음료를 주문하면 주문한 음식을 신속 정확하게 객실까지 배달하여 제공하는 서비스를 말한다. 음료로는 소프트 드링크(Soft Drink)류의 주문이 많고, 식사는 주로 아침식사와 간식이 주류를 이룬다. 룸 서비스는 엘리베이터나 주방 가까운 곳에 위치하여 운영된다.

한편, 룸 서비스의 일반적인 특징은 다음과 같다.

① 영업대상이 투숙객이므로 24시간 영업한다.

② 고객이 주문 시 직접 객실까지 서브한다.

③ 룸 서비스의 주문은 대부분이 오더 테이커(Order Taker)가 전화를 통하여 주문을 받는다.

④ 룸 서비스 메뉴는 한식, 양식, 일식, 이탈리아식으로 구성되어 있다. 단 주문은 시간의 제약을 받는다.

⑤ 조식(일식, 양식) 및 야외도시락(Luncheon Box)은 룸 서비스에서 제공될 수 있는 품목으로 예약이 가능하다. 단 야외도시락은 24시간 전에 주문 예약이 이루어져야 한다.

⑥ 비즈니스 목적의 F.I.T. 고객을 위한 Executive Salon을 운영할 수 있다.

⑦ 외부로부터 과일, 케이크, 음료 등을 주문받아 객실에 투입할 수 있다.

⑧ 객실에서 칵테일 파티 시 Bar-Set up이 가능하다.

⑨ 룸 서비스의 서비스 형태는 Cart, Tray, VIP Service 등으로 구분할 수 있다.

2. 주문 접수(Order Taking)

1) 전화 주문 시

① 전화벨이 울리면 먼저 객실번호를 확인 기록한다.

② 미확인 시 계속 통화를 하되 눈으로 전화를 바라보고 있다가 4~5초 후 전화상에 시간, 국적, 이름, 객실번호가 다시 나타나면 반드시 객실번호를 먼저 기록한다.
③ 주문이 끝나면 반드시 반복하여 확인하고 조리시간을 알려주어야 한다.
④ 통화가 끝나면 수화기를 손님께서 먼저 놓은 다음 오더 테이커는 다시 한 번 객실번호를 확인한 뒤 수화기를 놓는다.
⑤ House Phone으로 손님께서 주문할 때에는 정중하게 Dial 몇( )번 ① Room Service로 안내한다.
⑥ 객실로부터의 전화는 반드시 정확하게 기록 유지한다.
⑦ 바쁜 시간대에 오더테이커는 적절하게 시간을 조절하여 서브할 수 있는 시간의 여유를 준다.
cf. 객실손님 → Order Taker → Billing(Posting) → Cashier
→ Room으로 입력 → Set up → Serve

2) Door Knob Menu에 의한 주문 시

객실에 비치된 Door Knob Menu를 이용하여 손님께서 원하는 날짜, 시간, 품목을 표기하여 당일 02:00까지 Door Knob에 걸어 놓으면 이를 Room Service 직원이 수거하여 Order Taker가 시간별로 분류하여 Bill을 작성한다. 조식예약 주문서를 Door에서 수거 시 종종 누락되는 경우가 있으므로 이를 최소한으로 방지하기 위해 아래와 같은 방법으로 수거하도록 한다.

① 조식예약 주문서(Door Knob Menu)의 수거 시 복도 양쪽에 위치한 문을 살피면서 느린 걸음으로 진행하며, 수거 즉시 객실번호를 잘못 기록하였거나 누락 여부를 확인하고 이상 발견 시 정정 기록한다.
② 수거한 주문서는 시간대별로 분류하면서 같은 시간대의 가까운 층별로 분류한다.
③ 이와 같이 분류한 주문서는 조식예약 대장에 시간대별, 가까운 층별로 기록하고 조식 담당 접객원을 배정한다.
④ 식탁차 위에 시간대별, 층별로 분류하여 객실별로 간단한 기본 제공 기물 및

양념 등을 주문내용과 확인하면서 Set-up한다.

⑤ 준비가 완료된 후 계산서를 발행하고 주문서와의 일치 여부를 확인한다.

⑥ 접객조장은 이를 확인점검하여 이상유무를 가려 조치한다.

⑦ 담당 접객원은 고객이 요구하는 시간 내에 예약된 식음료가 배달되도록 유의하며 정확한 시간을 엄수한다.

⑧ Door Knob Menu 수거는 03:00시부터 진행하며, 시간미정 및 기타 문제 발생 시 Order Taker에게 인수인계하고 당일 07:00경에 전화하여 원하는 시간에 Serve한다.

cf. Guest Room → Door Knob Menu 수거 → 시간별로 분류 → Billing(Posting) → Cashier → Room으로 입력 → Set-up → Serve

3. 룸 서비스 웨이터의 주의사항

① 깨끗한 유니폼으로 단장하고 머리 손질 및 외모가 정결해야 한다. 룸 서비스 오더 테이커로부터 주문서를 인계받는다.

② 리넨, 냅킨, 식탁기물, 슈거볼 등 필요한 기물로 트레이, 트롤리(룸 서비스 카트)를 셋업한다.

③ 커피포트에 커피를 담기 전에 포트가 뜨거워지도록 뜨거운 물로 헹구어낸다. 뜨거운 음료는 뜨겁게 서브되어야 한다.

④ 토스트(toast)는 따뜻하게 보온되도록 청결한 냅킨으로 감싸서 서브한다.

⑤ 객실 문 앞에 도달하면 전표의 객실번호와 동일한지 확인하고, 입실 전에 반드시 노크를 하며, "룸 서비스입니다." "Room Service."라고 명확한 소리로 알린다.

⑥ 입실하면 명랑하게 적절한 인사를 한다. "Good Morning." "Good Afternoon." "Good Evening."

⑦ 배달된 음식을 어느 곳에 놓으면 좋을지 고객에게 묻는다.

⑧ 음식은 마치 식당 홀에서 서브되는 것과 같이 정확한 방법으로 배열한다.

⑨ 전표(bill)를 제공하고 고객의 서명 날인(Signature)을 받되, 성명은 정자(Printing Name)로 쓰도록 요구한다.

⑩ 고객이 더 주문할 것이 없는지 물어본 다음, 없을 경우에는 방을 나서기 전에 감사하다는 말을 한다.

⑪ 고객에게 항상 친절해야 하지만 너무 친밀한 관계가 되어서도 안 된다.

⑫ 도어 놉 메뉴(Door Knob Menu)를 수거할 때 메뉴 위에 쓰인 방번호와 객실번호가 일치하는지 반드시 확인해야 한다.

⑬ 각 층별로 일정한 시간적 간격을 두어 순회하면서 복도에 나와 있는 트레이와 트롤리를 수거하여 스튜어드(Steward)로 보낸다.

⑭ 아침에 사용할 트레이나 트롤리들은 밤중 한가한 시간에 준비(Set up)하여 놓는다.

⑮ 고객의 물건에 손을 대면 절대 안 된다.

4. 룸 서비스를 위한 준비 요령(Mise-en-Place for Room Service)

① 룸 서비스 트롤리들이 정상적인 상태인지 체크한다. 사용이 불가능하거나 수리를 요하는 것은 영선부로 보내 수리하도록 조치한다.

② 트롤리를 항상 깨끗하게 닦아 놓아야 한다.

- 트롤리 상단부분
- 바퀴, 다리, 금속프레임 등
- 푸드, 워머, 박스(Food, Warmer, Box)

③ 푸드, 워머, 박스 속에 있는 램프를 체크하고, 깨끗이 청소한 다음 알코올(고체연료)을 채워놓는다.

④ 트레이들은 깨끗이 닦아서 필요시 즉시 사용할 수 있도록 선반 위에 쌓아 놓는다.

⑤ 테이블 클로스, 냅킨, 트레이 클로스, 키친 클로스, 글라스 클로스 등 리넨류를 체크하고 지정된 선반 위에 정리하여 놓는다.

⑥ 플레이트류, 컵종류, 컵 밑받침류, 글라스류 등이 사용하기에 완전한 상태에 있는지 점검한다.

⑦ 소금·후추 셰이커, 머스터드, 포트 등을 깨끗이 닦고, 다시 채워 넣는다. 필요시 소금을 셰이커에 넣기 전에 따뜻하게 말려서 다시 채워 넣는다.

⑧ 모든 소스 병들의 뚜껑을 열어보고 주둥이를 깨끗이 닦아서 다시 닫아 놓는다. 만약 반 정도 쓴 병이 있을 경우 다른 병에 채워 넣는다. 보충해야 할 것이 있으면 미리 보급청구를 한다.

⑨ 모든 기물(Cutlery)들은 뜨거운 물에 담갔다가 깨끗이 닦은 다음 보관장소에 정리한다.

⑩ 냅킨은 즉시 사용할 수 있도록 미리 접어놓는다.

⑪ 밤 동안 아침에 사용할 트레이들을 콘티넨탈 브렉퍼스트(Continental Breakfast)와 아메리칸 브렉퍼스트로 구분하여 셋업하여 놓는다.

룸 서비스용 엘리베이터는 최고의 컨디션을 유지해야 한다.

그 작동기능이 좋지 않을 때에는 즉시 기계실로 연락하여 처리되도록 한다.

5. 룸 서비스 일반수칙

① 트레이를 운반할 때 왼손 손바닥을 펴서 받쳐 들어야 한다(손가락 끝으로 받치면 안 된다).

② 셋업하기 전에 트레이 클로스를 깔아야 한다. 대부분의 고객들은 트레이에 놓은 채 직접 식사하기 때문이다.

③ 뜨거운 포트나 음식은 트레이 외곽(가녘)으로 놓되, 물이 나오는 주둥이(Nozzle)를 바깥쪽을 향하게 놓는다. 이것은 트레이 클로스가 더러워지지 않도록 하기 위해서다. 또한 만약의 경우 뜨거운 액체가 흘러 웨이터의 몸에 화상을 입지 않도록 하기 위함이다.

④ 무거운 품목은 트레이의 중앙부에 놓아야 한다.

⑤ 두 사람 혹은 그 이상일 때에는 객실 테이블에 놓아드려야 한다.

⑥ 한 사람 이상일 때는 트롤리를 사용하도록 한다.

⑦ 트레이에 뜨거운 요리가 제공될 때에는 접시에 커버(Food Cover)를 씌워 운반한다.

⑧ 룸 서비스 트롤리에 제공할 때 찬 음식은 트롤리 위에 놓고, 뜨거운 음식은 푸드 워머 박스(Food Warmer Box or Hot Food Container)에 넣으며 그 박스 내부가 따뜻하도록 알코올 램프를 켠다. 박스 안의 열로 음식이 말라버리

거나 타지 않도록 주의한다.

⑨ 캐셔로부터 전표를 받아 룸 서비스를 출발하기 직전에 트롤리나 트레이에 있는 음식과 전표상의 음식품목이 일치하는지 재차 점검(Double Check)한다.

⑩ 서비스 조장인 캡틴은 시간이 허락하는 한 웨이터들이 객실로 출발하기 전에 모든 주문사항과 준비상태를 체크하여 준다. 어떤 음식이나 기물이 하나라도 빠졌을 경우에는 고객에게 불편함을 줄 뿐만 아니라 서비스의 상당한 지연을 초래하기 때문이다.

⑪ 웨이터는 문을 노크하고 고객의 허락에 따라 입실한다(문은 약간 열어 놓은 채).

⑫ 트레이를 테이블 위에 놓을 때에는 주식 접시가 의자를 향하도록 놓아드린다.

⑬ 트롤리의 양 날개를 펴 올리고, 서브하여도 좋을지 의향을 물어본다. 원하지 않을 경우 객실을 나오기 전에 반드시 알코올 램프를 꺼야 한다(화재의 위험성 때문).

⑭ 병에 들어 있는 음료를 서브할 경우에는 병마개를 열어드려야 한다.

⑮ 전표에 사인을 받은 후에 테이블 수거를 위한 안내카드(Table Removal Tent Card) 사용요령을 설명하여 드리고 객실을 나온다.

⑯ 식사시간은 약 한 시간 정도 소요된다. 트레이와 트롤리는 웨이터와 버스 보이에 의하여 수거되며, 이때 조직적인 수거작업을 위하여 클리어링 차트(Clearing Chart)를 이용한다. 수거된 방은 'Off' 표시를 하여 수거되지 않은 방이 어느 방인지 한눈에 볼 수 있도록 한다. 트레이나 트롤리, 기타 룸 서비스용 기물을 수거하는 작업은 객실부서(House Keeping)의 업무가 아니라는 것을 명심해야 한다.

⑰ 서명 날인된 전표는 룸 서비스 도착 즉시 캐셔에게 전하고 비정상적인 사항은 어떤 것이든 접객조장에게 즉시 보고한다.

제 7 절 뷔페식당(Buffet Restaurant)

1. 뷔페식당의 개요

뷔페식당은 진열해 놓은 요리에 균일한 요금을 지급하고 자기 양껏 뜻대로 선택해 먹을 수 있는 셀프서비스 식당이다. 일명 스모가스보드(Smorgasbord)라고도 하는데, 이것은 북유럽풍의 요리를 가리키는 말로서 Smor는 버터를 뜻하고, Gas는 영어의 Goose라는 말로 거위를 뜻하며, Bord는 영어의 Board로 식탁을 의미한다. 즉 육류를 비롯한 여러 가지 음식을 진열해 놓고 먹고 싶은 것을 마음대로 먹을 수 있는 향연을 베푼다는 의미이다.

한편, 일본에서는 바이킹 레스토랑(Viking Restaurant)이라 하는데, 이것은 일본에서만 쓰는 독특한 명칭이다. 바이킹이란 12C경 북유럽의 노르웨이를 중심으로 활동했던 해적을 말하는데, 이 말은 식사와는 아무런 관계가 없으나 이 뷔페를 최초로 시작한 곳이 제국호텔의 바이킹 레스토랑이었기 때문에 그 레스토랑의 이름을 따서 불리게 되었다는 설과, 바이킹의 식사가 대식사(大食事), 즉 식욕식(食慾食)이었으며, 그들이 상륙하면 큰 연회를 베풀어 여러 가지 요리를 즐겼다고 하는데, 이러한 바이킹의 식사에서 유래되었다는 설이 있다.

뷔페식당의 종류는 크게 Open Buffet와 Closed Buffet로 구분된다.

1) Open Buffet

불특정 다수를 대상으로 일정한 요금을 지급하면 자기 양껏 먹을 수 있는 일반적인 뷔페식당의 형식을 말한다.

2) Closed Buffet

일정한 손님의 수에 따라 정해진 양의 음식이 제공되는 것으로 연회행사 때 행하여지는 형식이다.

뷔페를 찬 뷔페(Cold Buffet)와 더운 뷔페(Hot Buffet)로 나누기도 한다.

각 식당별로 특징이 따로 있듯이 뷔페식당의 일반적인 특징을 살펴보면 다음과 같다.

- 신속한 식사를 할 수 있어 시간이 절약된다.
- 적은 인원으로 많은 수의 고객을 맞이할 수 있다.
- 가격이 비교적 저렴하다.
- 위생적인 식사를 할 수 있다.
- 기호에 맞는 음식을 선택해서 먹을 수 있다.
- 고객의 불편이 비교적 적다.
- 요리를 보관하기가 어려우므로 원가가 높다.
- 회전이 빨라 매상이 증진된다.
- 타 업장에서 남는 재료를 이용하여 음식을 만들 수 있기 때문에 재고가 적어질 수 있다.
- 고객의 취향에 맞는 음식을 선택할 수 있다.

제 8 절 음료판매 및 주문(Beverage Sale & Taking Order)

1. 음료판매

식사와 함께 고객의 취향에 맞는 음료를 권하여 판매하기 위한 전문지식과 효과적인 판매기법의 개발은 레스토랑 수입의 보이지 않는 일익을 담당하고 있기 때문에 세심한 주의가 필요하다.

1) 기본순서

① 음료에 대한 지식을 갖춘다.

- 제공되는 모든 음료의 제조방법, 맛, 사용방법 등을 숙지한다.
- 서브방법과 가격을 숙지한다.

② 고객의 취향을 잘 파악하여 적당한 종류를 권고 판매한다.

③ 판매기법을 익힌다.

"식사 전에 식욕촉진용 음료 한 잔 하시겠습니까?
셰리, 칵테일, 캄파리 등이 있습니다."
"주문하신 식사와 잘 어울리는 와인이 있습니다.
제가 추천해 드려도 될까요?"
"이 디저트는 한 잔의 코냑과 잘 어울립니다."

2) 주의사항

① 맛과 성분, 제공방법을 잘 숙지해야 한다.

② 고객의 취향을 우선으로 제공해야 한다.

③ 추가 권고 시 타이밍을 잘 잡아야 한다.

2. 음료주문

고객의 취향에 완전히 응할 수 있도록 제품을 확보하고 주문받은 제품을 고객에게 정확히 서브해야만 매출증진에 기여하게 된다.

1) 기본순서

① 제품의 종류를 숙지한다.

② 음료의 제공방법과 확보상태를 숙지한다.

③ 음료의 주문표시방법(약어)을 숙지한다.

④ 주문을 받는다.

- Host 또는 연장자부터 시작하여 시계방향으로 주문을 받는다.
  "Would you like some drinks before your meal, Sir/Madam?"
- 주문받은 품목을 복창한다.
- 특별 요구사항이 있는지 확인한다.

⑤ 주문에 대한 감사인사를 한다.

Order Taking

① 메뉴상태를 확인한 후 Eye Contact을 하며 밝은 표정으로 인사말과 함께 메뉴를 왼손에 끼고 오른손으로 고객의 우측에서 업장로고가 보이도록 드린다. 메뉴가 한 장일 때 두 손으로 드린다.
- "안녕하십니까? 메뉴 드리겠습니다."

② 메뉴 제공 후 메뉴를 테이블 위에 접어두고 있거나 3분 이내에 호스트의 의향을 확인하고 상석부터 다가가 Eye Contact을 하며 인사말과 함께 주문을 받는다.
- "주문을 하시겠습니까?"
- "제가 주문을 받아도 되겠습니까?"

③ 당일 스페셜 메뉴를 설명드리며 메인 음식을 맞게 추천하여 주문을 받는다. 주문 시 Meat의 익히는 정도나 코스 조절 등을 여쭌 다음 조리소요시간을 말씀드린다.
고객이 외국인인 경우는 Bill 분류방법을 확인한다.

④ 주문받은 음식내용을 재확인하고 인사말과 함께 가벼운 목례를 하며 물러 나온다.
- "식사를 준비해 드리겠습니다. 감사합니다."

⑤ Special Menu 중 일부 Item 교체를 의뢰할 때 Cost가 동일한 수준의 요리 의뢰 시엔 즉시 교체해 드리고 추가 Cost가 드는 요리 의뢰 시엔 추가비용을 설명해 드리며 고객의 의향을 확인한 후 교체해 드린다.

⑥ 고객이 메뉴에 없는 요리를 주문할 때 주방에 확인하여 준비가 불가능한 경우 상황 설명과 함께 고객이 주문한 음식과 유사한 요리를 추천한다.
- "주방에 재료가 준비되지 않아 원하시는 음식을 만들어드리지 못해 죄송합니다."

2) 주의사항

① 적은 인원의 주문이라도 메모하면서 주문받는 습관을 갖도록 하며 늦지 않게 제공해야 한다.

② 판매 추천은 매출액 증대를 목적으로 함을 잊지 않아야 한다.

3. 와인판매(Taking Wine Order)

식사와 함께 와인은 고객에게 즐거움을 안겨주고 판매를 증진시킬 수 있는 절호의 기회다.

제품의 기준을 충분히 익히고 제공방법을 기준화시켜 자신있게 추천할 수 있어야 한다.

1) 기본순서

① 보유한 와인의 특성, 생산방법, 제공방법을 충분히 숙지한다.

② Wine List를 고객에게 제공한다(품절 품목이 3개 이하여야 한다).

③ 주문한 음식과 어울리는 와인을 추천한다.

"드실 와인을 결정하셨습니까? 제가 몇 가지 추천해 드려도 되겠습니까?"

④ 언제 서브할지를 확인한다.

- French Red Wine의 경우 드시기 최소 한 시간 전에 따 놓아야 하는 경우도 있다. 공기와의 접촉과정을 거치면서 향을 더욱 낼 수 있기 때문이다.

2) 주의사항

① 와인 용어 및 이름의 발음을 잘 연습하여 부드럽게 말한다.

② 고객이 사용한 이름을 정정하지 않는다.

③ 서브방법을 고객이 원하는 방향으로 한다.

④ 추가 주문의 경우를 생각해서 몇 병이 있는지 알고 있어야 한다.

4. Menu Study and Taking Food Order(메뉴연구 및 음식주문)

1) 메뉴연구

판매될 모든 메뉴를 잘 이해하여 고객에게 만족스러운 서비스를 제공하는 데 그 목적이 있다. 모든 종사원은 고객의 주문을 정확하게 접수 처리하여 고객의 불안감을 해소하기 위해 노력해야 한다.

(1) 기본순서

① 레스토랑의 메뉴를 확보한다.
② 메뉴 내용과 제공되는 품목을 확인한다.
③ 이름을 익히고 제조방법, 제조시간을 숙지한다.
④ 서브방법(Method of Service)을 익힌다.
⑤ 함께 제공되는 소스(Sauce)를 숙지한다.
⑥ 특별 주문의 경우 등을 예상하여 숙지한다.
⑦ 어떤 품목이 전략적 상품인지, 원가개념에서 유리한지, 주방장의 추천품목인지 숙지하여 추천 판매한다.
⑧ 품목의 영양적 특성(칼로리, 콜레스테롤, 지방 등)을 숙지한다.
⑨ 메뉴에 없으면서 제공 가능한 품목, 품절된 품목을 숙지한다.
⑩ Set Menu의 코스와 구성을 익힌다.
⑪ 음료, 와인 등과 잘 어울리는 관계를 숙지한다.

(2) 주의사항

① 고객에게 설명 시 정확한 표현이 되도록 노력하고 설명과 실제 품목이 일치되어야 한다.
② 판매 증진에 대비한 연구를 해야 한다.

2) 음식주문

원하는 품목을 정확히 주문받고 망설이는 고객에게 적절히 추천하여 상품판매량을 증가시키는 데 그 목적이 있다.

그 목적을 달성하기 위해서는 모든 메뉴를 잘 이해하여 어떤 경우에도 처리할 수 있도록 전문화해야 한다.

(1) 기본순서

① 메뉴를 제공한다.
② 주문할 준비가 되도록 약간의 시간이 지난 뒤에 다가간다.

"주문하시겠습니까? 제가 몇 가지 특별메뉴를 추천해도 괜찮겠습니까?"

③ Main Course를 먼저 결정토록 유도한 뒤 Appetizer, Soup, 샐러드, 와인 등을 자연스럽게 결정하여 메모한다.

④ 특별 요청이 있는지 확인하고 같이 제공되는 품목과 소스, 요리시간을 설명한다.

⑤ 주문내용을 반복한다.

⑥ 디저트의 주문은 Main Course가 종료된 후 다시 메뉴를 제공하고 주문한다.

⑦ 주문은 Host부터 시작하여 시계방향으로 하고 Host가 정확하지 않은 경우 Senior Lady부터 한다.

⑧ 더 필요한 것이 있는지 확인한다.

(2) 주의사항

① 추천판매 시 제품설명은 간결하면서도 고객이 쉽게 이해할 수 있도록 표현한다.

② 메모를 하면서 정확히 주문받고 반복하여 주문내용이 확실한지를 확인한다.

③ 약속된 약어 표시를 정확히 한다.

④ 주문 시 많은 Magic Word를 사용한다.

추천요령

① 상품 추천을 하기 전에 가능한 한 고객의 유형을 신속히 파악하여 고객으로 하여금 구매의욕을 최대한 유발할 수 있도록 자신의 능력을 최대한 발휘해야 한다.

② 고객의 주문 여하에 따라 그날의 매상이 결정된다는 생각으로 사전에 추천하기로 결정한 상품을 집중적이고 효과적으로 설명하여 이윤증대에 기여해야 한다.

③ 고객에게 고가품을 강매하는 인상을 주어서는 안 되므로, 항상 고객의 입장과 식당의 매상을 유념하여 합리적인 주문이 이루어지도록 추천해야 한다.

④ 추천상품은 주로 그날의 특별요리, 새로 입하된 식자재, 수익성이 높고 재고가

풍부한 상품, 특별행사 메뉴 등이 주종을 이루며 이런 상품들이 수익증대에 크게 기여한다.

⑤ 단골고객인 경우 사전에 기호를 암기하여 고객의 기호에 맞는 추천으로 고정고객과의 호의적인 관계 유지를 돈독히 한다. 또한 고객관리 자료카드를 기록 유지하여 고객 이용 시 항상 만족한 서비스가 이루어지도록 한다.

⑥ 음료 주문과 추가 주문은 매출증진에 많은 비중을 차지하므로 적극적인 자세로 추천 판매하도록 한다.

메뉴 드릴 때의 자세

메뉴 설명 시 손의 모양

주문받을 때의 자세

<그림 4-3> 메뉴 주문받는 요령

5. 주방에 음식 주문하기

주방에 주문한 음식은 고객의 요청에 따르되 서비스 제공자는 기본 절차에 따라 주방에 음식을 주문해야 한다.

1) 기본순서

- 고객의 식사가 신속히 서브될 수 있도록 주문시간을 잘 지킨다.
- 주방 Lay Out 및 주방에서의 음식 주문절차를 알아야 한다.
- 음식 주문을 구두 혹은 문서로 한다(혹은 Computer 자동시스템).

(1) 문서로 된 주문

- 정확한 약어를 사용한다.
- 가능하면 같은 음식을 동시에 주문한다.

- 글씨는 알아볼 수 있게 쓴다.
- 음식을 가져갈 때 문서화된 주문을 가져간다.

(2) 구두주문

- 주방장에게 직접 말한다. 주방장이 들을 수 있도록 '주문'이라고 말한다.
- 주문을 확실히 받았는지 확인한다.
- 주문을 한 사람씩 준다.
- 정확하게 주문한다. 육류 굽는 상태, 특별한 요청사항, Á la Carte 및 Table D'hôte 그리고 제공시간 등을 구체적으로 말한다.

2) 주의사항

① 서비스 제공자는 절대로 주방 근처에서 어슬렁거리면서 음식을 기다리고 있으면 안 된다.

② 음식이 나오는 대로 가져간다.

③ 요리사가 당신의 주문에 대해 잘 알고 있는지 확인한다. 멀리서 소리를 크게 지르거나 주방장 등을 보고 주문을 말해선 안 된다.

④ 주문받은 모든 음식은 Check에 기록돼야 한다.

⑤ 주방에 주문할 때에는 은어 사용을 피하도록 한다.

Food & Beverage Service

제5장 | 음료 서비스

제 1 절 음료의 개념과 분류

1. 음료의 개념

모든 생물체는 물로부터 발생되며 인간의 육체를 구성하는 물질의 약 75%가 수분이며, 인간은 누구나 갈증을 느끼게 되면 마실 것을 찾게 된다. 사람마다 개인차는 있으나 어른의 경우 1일 필요한 물의 양은 약 2.35~2.82리터라고 한다. 이것은 어른의 1일 배출량 약 1.9리터와 그 외에 호흡이나 땀으로 배출하는 양을 합하여 얻어진 수치로, 인간은 하루에 필요한 수분을 음료수로 약 47%를 보충하고 각종 재료로 조리한 식품에서 약 39%를 섭취하며 나머지 14%는 인체의 생화학작용인 세포호흡의 부산물로 체내에서 생성된다.

따라서 인간이 생명을 유지하고 생활을 영위하는 데 있어 음식과 더불어 음료는 꼭 필요한 것이며 물은 모든 음료의 기본이 되고 있다. 음료라고 하면 주로 비알코올성 음료를 뜻하는 것으로 알코올성 음료는 술이라고 분간해서 생각하는 것이 보편적이다. 그러나 서양에서는 음료(Beverage)에 대한 개념이 알코올성과 비알코올성으로 구분하지만 마시는 것을 통칭 음료라고 하는데 알코올성 음료 쪽의 색채가 더 짙다. 그러나 우리 한국인들은 음료라고 하면 비알코올성 음료만을 뜻하며 알코올성 음료는 술로 구분한다.

레스토랑에서 실제로 공헌이익을 따질 때 음료가 차지하는 비율은 상당히 높게 인식하고 있다. Food는 일정량을 판매하면 더 이상 판매하기가 어려운 반면, Beverage는 경우에 따라서는 무한정 판매할 수 있으며, 상대적으로 Food(30~35%)에 비해 Cost가 낮기 때문에 레스토랑에서는 음료(15~25%)매출 증대에 노력을 기하고 있다. 따라서 경영적인 측면에서 레스토랑 성패는 음료의 판매 여부에 달려 있다고 해도 과언은 아닐 것이다.

2. 음료의 분류

일반적으로 음료는 크게 알코올성 음료(Alcoholic Beverage)와 비알코올성 음료

(Non-Alcoholic Beverage)로 분류한다. 알코올성 음료는 술을 만드는 방법에 따라 즉 효모를 발효시켜 만드는 양조주(Fermented), 양조주를 다시 증류시켜 만드는 증류주(Distilled, Spirits), 증류주에다 향료, 과즙, 당분, 약초를 혼합하여 만든 혼성주(Compounded, Liqueur), 그리고 두 가지 음료를 섞은 조주, 물과 식용알코올을 혼합한 희석주로 나누어진다. 비알코올성 음료는 청량음료, 즙음료, 유성음료, 기호음료로 나누어진다.

음료를 분류하면 <그림 5-1>과 같다.

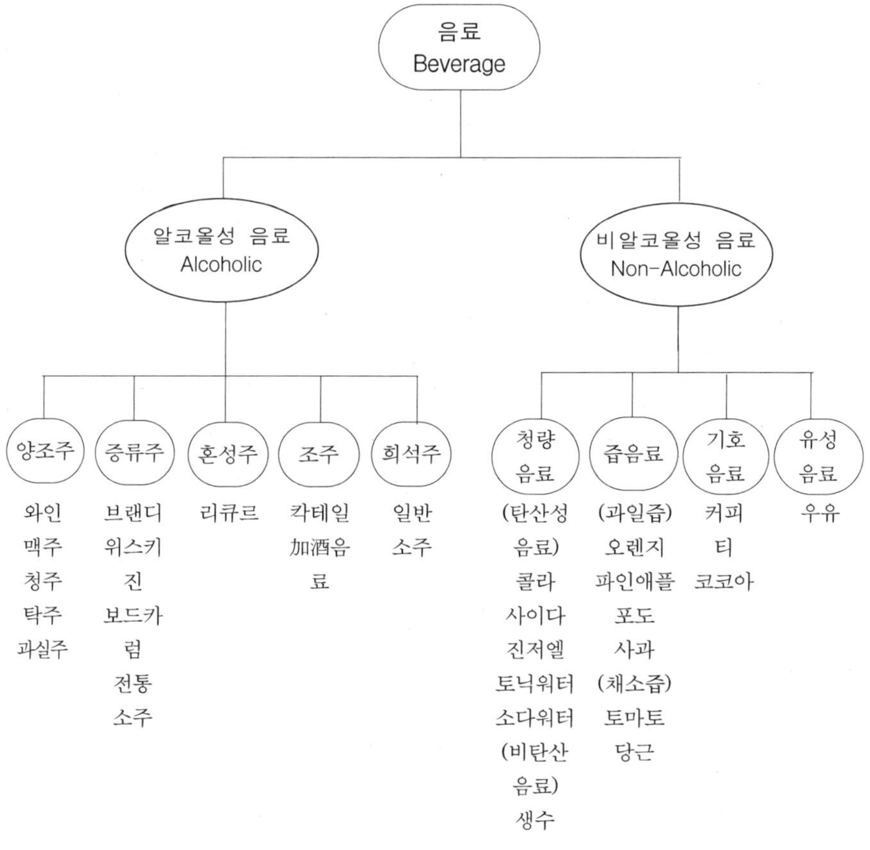

<그림 5-1> 음료(Beverage)의 분류

제 2 절 양조주(Fermented Liquor)

양조주는 가장 오래전부터 인간이 마셔온 술로서 당분이 함유된 원료, 즉 곡물류(Grain)와 과실(Fruit) 등을 효모균(Yeast)에 의해 발효시켜 얻어지는 포도주(Wine)와 사과주가 있다. 또 전분(Starch)을 원료로 하여 그 전분을 당화시켜 발효공정을 거쳐 얻어지는 맥주(Beer)와 청주, 탁주(막걸리)가 있다. 양조주는 알코올 함유량이 3~18%이나 21%까지 강화시켜 제조하기도 한다.

<그림 5-2> 와인 셀러

1. 와인(Wine)

1) 와인의 역사

최고로 오래된 와인에 관한 기록으로는, 신·구약성서의 노아(Noa)시대에 포도를 가꾸고 포도를 마셨다는 기록이 있으나, 기원전 3500년 전 메소포타미아에서 포도를 재배하고 발효시켜 와인을 만들어 마신 것으로 알려져 있으며, 이 지역에서 유래된 와인은 고대 그리스와 로마를 거쳐 유럽에 전파되었다. 18세기에 이르러 병과 코르크 마개 사용이 보편화되면서 일반 소비자에게 유통되기 시작하였으며, 포도 재배업자와 전문 상인들도 등장하였다. 이러한 와인은 서양의 식문화에서 없어서는 안 될 술이 되었고, 우수한 포도밭과 좋은 기후를 가진 프랑스 등 유럽의 몇몇 국가에서 대량생산하게 되었다.

지금은 와인이 식욕을 돋우고, 소화작용을 돕는 알칼리성 술로서 건강을 위한 음료일 뿐만 아니라, 아름다운 색깔과 조화된 맛과 향기를 지닌 예술품으로서 미적 가치와 함께 격조 높은 술로 사랑받고 있다.

2) 와인의 제조과정

와인의 제조과정은 포도나무를 심어서 가꾸는 재배(Planting), 늦가을에 나무의 발육촉진, 병해예방을 위해 가지를 잘라주는 전지(Pruning), 봄에 너무 많은 결실을 방지하기 위해서 제거하는 솎기(Thinning), 늦은 여름에 시기와 기후조건이 적당하다고 판단됐을 때 수확(Harvesting), 마지막으로 기계에 의한 포도와 줄기를 분리시키는 줄기제거(Stemming) 등의 작업이 이루어진다.

와인은 잘 익은 포도의 껍질과 씨를 분리시켜 압축한 다음 포도 자체에 함유되어 있는 이스트 세포가 포도즙의 당분과 작용하여 자연발효된 것을 여과시키고, 오크(Oak)통에 넣어 숙성시키거나(White Wine) 발효를 먼저 시키고 압축 - 여과 - 숙성을 거쳐(Red, Rose Wine) 만든다. 15℃ 정도의 저온장소가 적당하며 연중 온도차이가 적은 곳이어야 한다. 저장기간은 Red Wine은 8~23년이 절정이고 50년 이상 저장하기도 한다. White Wine은 2년 후에는 마실 수 있고 10년 후면 맛이 절정에 이르며, 경우에 따라 30년 동안 맛이 유지된다. 병포도주는 옆으로 눕혀서 10~15℃의 습기가 적은 방에서 서서히 숙성시킨다.

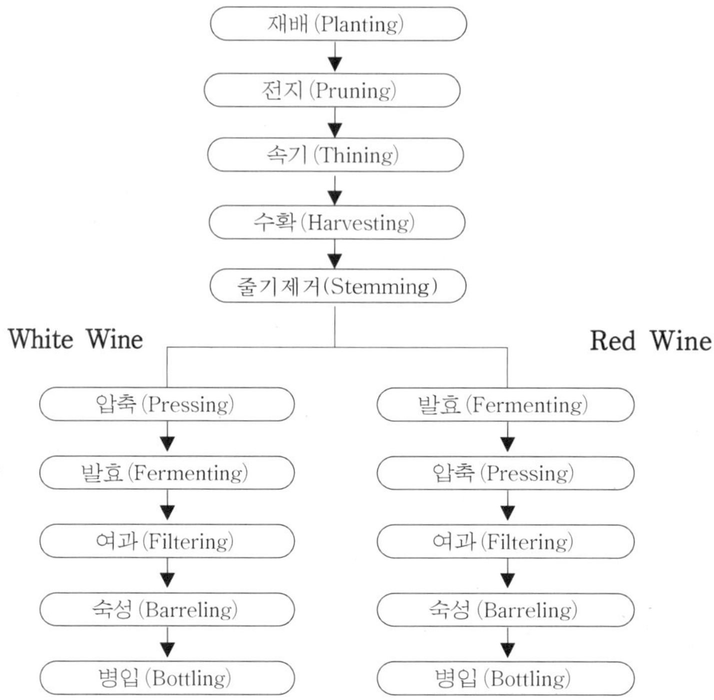

<그림 5-3> 와인 제조과정

<그림 5-4> 화이트와인

<그림 5-5> 레드와인

3) 와인의 분류

(1) 발포성 유무에 의한 분류

① 비발포성 와인(Still Wine)

거품이 없는 와인을 레귤러 와인(Regular Wine)이라 한다. 미국에서는 테이블 와인(Table Wine)이라 하며 화이트(White), 레드(Red), 로제(Rose) 와인이 있다. 일반적으로 알코올 함유량이 14% 이내이다.

② 발포성 와인(Sparkling Wine)

포도 속의 당분이 분해할 때 생기는 탄산가스를 제거하지 않고 그대로 둔 것으로 샴페인(Champagne)이 대표적인 와인이다. 식전이나 식후, 특별한 행사 축하연에 사용된다.

③ 주정강화 와인(Fortified Wine)

와인을 발효시키는 도중에 브랜디 등의 알코올을 첨가한 것으로 포르투갈의 포트와인(Port Wine) 스페인의 셰리(Sherry)와인 등이 식후에 주는 대표적인 와인이다.

④ 혼성와인(Aromatic Wine)

화이트와인에 향료, 당분 등을 넣어 만든 와인으로 칵테일에 자주 사용되는 버무스(Vermouth)가 대표적인 와인이다.

(2) 색에 의한 분류

① 레드와인(Red Wine)

적색, 자색, 흑색의 포도를 사용하여 발효시킨 후 원하는 색이 나오면, 씨나 껍질 등의 찌꺼기를 제거하여 오크통이나 스테인리스 탱크에 숙성시킨다. 대부분의 레드와인은 수년간 숙성시키는 것이 일반적이고, 그 맛은 풍부하고 윤택하며, 육류에 곁들이면 좋다.

② 화이트와인(White Wine)

화이트와인은 청포도를 먼저 압축한 다음 그 과정에서 생긴 과즙을 발효시켜 만드는데, 숙성기간이 짧고 2~5년간 묵히는 것이 적당하며 생선요리에 곁들이면 좋다.

③ 로제와인(Rose Wine)

레드와 화이트의 중간색인 분홍빛깔이 나는 와인인데 흑포도와 청포도를 섞어서 만드는 방법과 완성된 화이트와인에 흑포도 껍질을 담그는 방법이 있다. 숙성시간은 2~3년 정도가 적당하다.

(3) 식사 용도에 의한 분류

① 식전 와인(Aperitif Wine)
식사 전 입맛을 돋우기 위한 와인으로 쌉쌀한 맛이 나는데 셰리와인(Sherry Wine)이 대표적이다.

② 식사 중 와인(Table Wine)
식사 중에 마시는 와인으로서 붉은살의 육류는 레드와인과, 생선 및 흰살고기는 화이트와인을 곁들여 마신다.

③ 디저트 와인(Dessert Wine)
식사 후에 마시는 와인으로 달콤한 맛(Sweet)이 나고 알코올 도수가 비교적 높은 포트와인(Port Wine)과 크림셰리(Cream Sherry Wine)와인이 대표적이다.

(4) 알코올 첨가 유무에 의한 분류

① Fortified Wine
주정도수를 높이기 위하여 발효과정이나 발효 후 알코올 농도가 높은 증류주를 배합한 와인으로 Sherry Wine, Port Wine이 있다.

② Unfortified Wine
다른 주정을 첨가하지 않은 일반와인

(5) 저장기간에 의한 분류

① Young Wine
오래 숙성하지 않는 1~2년 된 와인

② Aged Wine(Old Wine)
장기간 숙성시킨 5~15년 된 와인

③ Great Wine
15년 이상 오래 숙성시켜 질이 매우 좋은 와인

(6) 수확연도 표시에 따른 분류

① Vintage Wine

② None Vintage Wine

국가	지역	구분	1999	1998	1997	1996	1995	1994	1993	1992	1991	1990	1989	1988	1987	1986	1985
프랑스	보르도 (Bordeaux)	생쥘리앵/포이약/생테스테프 (St-Julien/Pauillac/St-Estephe)	87E	85T	87E	84T	93T	87T	85T	79E	75R	87T	90E	87T	82R	94T	90R
		마고 (Margaux)	89E	86T	86E	88T	88E	86T	85T	75E	74R	90E	86E	85E	76R	90T	86R
		그라브 (Grave)	89E	87T	87E	86E	89E	88E	86T	75E	74R	90R	89E	89E	84R	89E	90R
		포므롤 (Pomerol)	89E	95T	88R	85E	92T	89T	87T	82R	58C	95E	93R	89T	85C	87T	88R
		생테밀리옹 (St-Emillion)	89E	89T	87R	87T	88E	86T	84C	75R	59C	98T	88E	88E	74C	88E	87R
		바작/소테른 (Barsac/Sauternes)	88E	87E	89E	87E	85E	78E	70C	70C	70C	96T	90E	98T	70R	94T	85R
	부르고뉴 (Bourgogne)	코트 드 뉘(Red) (Cort de Nuits)	?	87E	88R	92T	90T	84E	87T	78R	86T	92R	87R	86E	86R	74C	87R
		코트 드 본(Red) (Cort de Beaune)	?	85E	88E	92T	89T	84E	87T	82R	72E	90R	88R	86R	79C	72C	87R
		화이트 버건디 (White Burgundy)	90E	86R	89R	92E	91E	87R	72C	90R	70C	87R	92R	82R	79R	90R	88R
		보졸레 (Beaujolais)	89R	84R	87R	82C	87C	85C	80C	77C	88C	86C	92C	86C	85C	84C	87C
	론 (Rhone)	북부 론, 코트 로티 (Northern Rhone, Cote Rotie)	95T	90T	90E	86T	90T	88E	58C	78E	92E	92T	96E	92E	86E	84T	90R
		남부 론, 샤토 뇌프 뒤 파프 (Southern Rhone, Ch'neuf du Pape)	90E	96E	82R	82R	92T	86T	85T	78R	65C	95E	94T	86R	80C	78C	88R
	알자스 (Alsace)	알자스 (Alsace)	?	90E	87E	86R	89R	90R	87R	85R	75R	93R	93R	86R	83C	82R	88R
	루아르 (Loire)	루아르 밸리 스위트 화이트 (Loire Valley Sweet White)	84E	84E	82R	91E	88R	87R	86R	80R	75R	90R	92R	88R	82R	87R	88R
	샹파뉴 (Champagne)	샴페인 (Champagne)	?	86C	86R	91E	87E	NV	88E	NV	NV	96E	90R	88E	NV	89R	95R
이탈리아	피에몬테 (Piemonte)	피에몬테 (Piemonte)	90T	89E	96E	95T	87C	77C	86E	74C	76E	96E	96E	90T	85E	78R	90R
	투스카니 (Tuscany)	투스카니 (Tuscany)	88T	80C	95E	78R	88T	85C	86T	72C	85T	90E	72C	89T	73R	84R	93R
독일	독일 (Germony)	독일 (Germany)	?	85E	88E	93T	87R	90R	87R	90R	85E	92E	90E	89R	82R	80R	88R
포르투갈	포트 (Port)	빈티지 포토 (Vintage Port)	NV	NV	89E	NV	NV	92T	NV	95E	90E	NV	NV	NV	NV	NV	95E
스페인	리오하 (Rioja)	리오하 (Rioja)	86E	82C	86R	85E	90E	90E	87E	85E	76E	87E	90E	87E	82E	82E	82R
	페네데스 (Penedes)	페네데스 (Penedes)	86E	78C	86R	82E	89E	90E	87E	82E	74E	87E	86E	87E	88E	77R	85R
오스트레일리아	웨일스/빅토리아	남부 웨일스/빅토리아 (New Southern Wales/Victoria)	88E	95E	88R	90E	87E	90E	87R	87R	89E	88E	88E	85E	87E	90E	86R
미국	캘리포니아 (California)	카베르네 (Cabernet)	88T	82R	94E	90T	94T	95E	93T	93E	94T	94E	84E	75E	90E	90R	90T
		샤르도네 (Chardonnay)	89E	87R	92R	87R	92R	88R	90C	90C	85C	90C	76C	89C	75C	90C	84C
		진판델 (Zinfandel)	90E	86C	85E	89E	87R	92R	90R	90R	91R	91R	83C	82C	90C	87C	88C
		피노 누아 (Pinot Noir)	90E	87R	90E	88R	88R	92R	88R	88R	86R	86R	85C	87C	86C	84C	86C
	오리건 (Oregon)	피노 누아 (Pinot Noir)	90E	92E	87C	86C	76C	92R	89R	88R	87C	90C	86C	88C	72C	85C	87C
	워싱턴 (Washington)	카베르네 (Cabernet)	?	90C	88T	88T	86E	90E	87E	89E	85C	87R	92R	86R	90R	78R	88T

<표 5-1> Vintage Chart

4) 와인 테이스팅

와인 테이스팅은 단순히 와인을 한 모금 마시는 것으로 과소평가되어서는 안 된다. 와인 테이스팅(Tasting)의 목적은 와인에 대하여 이상이 있는지를 알아보기 위한 것이다. 특히 와인은 색깔별 또는 와인의 향과 맛은 미묘한 차이가 있다. 따라서 테이스팅할 때는 시각(색), 후각(향), 미각(맛) 순으로 테이스팅한다.

① 색을 본다.

색상은 와인의 나이를 가늠하는 척도라고 할 수 있다. 레드와인의 경우 3~4년 정도는 적색, 말기에는 적갈색으로 변화된다. 화이트와인의 경우 초록빛에서 황금색, 황갈색으로 변한다.

② 향을 맡는다.

와인향은 두 가지로 구분하는데 그 첫 번째가 발효 때 생기는 과일향의 아로마(Aroma)와 두 번째는 숙성되면서 생기는 부케(Bouquet)향이 있다. 은은하고 향기로운 냄새가 나는 와인일수록 양질이다. 테이스팅 방법은 1차로 잔을 흔들지 말고 코에 갖다 대고 향을 맡는다. 2차에서는 잔을 흔들어 후각에 미치는 영향을 크게 하여 향의 강도 및 휘발성의 강약을 재확인한다. 와인의 비정상적인 향은 아래와 같이 구분할 수 있다.

첫째, 공기순환이 안 되면 고무냄새가 난다.

둘째, 햇빛에 오랫동안 노출되면 썩은 달걀냄새가 난다.

셋째, 코르크 자체에 문제가 있을 경우 코르크 냄새와 곰팡이 냄새 등이 난다.

③ 맛을 음미한다.

맛을 테이스트할 때는 와인을 한 모금 머금어 입 속에서 돌린다. 그리고 혀끝으로 맛을 본다. 와인에 단맛, 신맛, 쓴맛이 있는지를 맛보는 것이다. 또한 알코올, 산도, 농도, 타닌의 4개 요소가 조화와 균형을 이루었을 때 좋은 와인에 속한다. 와인을 삼키고 난 후에 얼마 동안 그 여운이 남았을 때 양질의 와인이라 볼 수 있다.

① 색을 본다　② 향을 맡는다　③ 맛을 음미한다

<그림 5-6> 와인 테이스팅

5) 와인 디캔팅 (Wine Decanting & Sedimentation)

Red Wine은 장기간 숙성하므로 잘 숙성된 Red Wine일수록 침전물(Sediment)이 많이 생긴다. Wine Decanting은 숙성이 아주 오래된 레드와인을 여과시키는 절차로서, 주로 와인과 침전물을 분리시키는 데 있다. 이러한 과정을 '와인의 정화'라고 한다. 디캔팅(Decanting) 과정에는 여러 단계가 있는데, 각 단계마다 세심한 주의가 요구된다.

① 크리스털 디캔터, 테이스팅 글라스, 손잡이 달린 초와 재떨이, 성냥, 종이 혹은 냅킨, 2개의 받침접시, 와인바스켓 등의 도구를 게리동 위에 준비한다.

② 와인병을 고객에게 보여주며, 와인을 설명하되 바스켓에서 와인을 빼면 안 된다.

③ 캡슐을 잘라서 접시 위에 놓는다.

④ 클로스 냅킨 또는 종이냅킨으로 와인병목을 깨끗이 닦는다.

⑤ 코르크 스크루를 코르크 중앙에 삽입하여 시계방향으로 돌린다.

⑥ 이상 여부의 확인을 위하여 뺀 코르크 냄새를 맡고 두 번째 접시에 놓는다.

⑦ 냅킨으로 와인병목의 안팎을 깨끗이 닦는다.

⑧ 와인을 바스켓에서 빼지 않은 상태에서 디캔터 안으로 약간 부어 넣는다.

⑨ 와인을 테이스팅 글라스에 따르고 신속하게 향을 음미한다. 문제가 있으면 교체하고 고객에게 그 이유를 설명한다.

⑩ 와인을 개봉하기 전에 먼저 성냥을 켜고 유황냄새가 사라지도록 양초에 불을 붙인다.

⑪ 조심스럽게 와인 바스켓으로부터 와인을 꺼낸다. 기울어진 위치 그대로 유지시킨다.

⑫ 오른손으로 와인병의 밑부분을 잡고 그대로 와인병을 양초 위에 대고 침전물을 확인한다. 와인을 디캔터에 천천히 따른다. 병목 주위까지 침전물이 올라왔을 경우 디캔터 안으로 침전물이 들어가지 않도록 즉시 멈춘다.

⑬ 디캔터를 양초 위에 대고 와인침전물의 유무상태를 확인한다.

⑭ 와인을 주문한 고객에게 약간의 와인을 따르고 테이스팅하도록 한다. 고객이 좋다는 승인을 하면 다른 고객에게 서비스하고 마지막 테이스팅한 고객에게 와인글라스를 마무리한다.

⑮ 양초를 끌 때 입으로 불면 안 된다. 그리고 사용한 도구를 게리동 위에 정리한다.

⑯ 와인병의 코르크는 고객 테이블 접시에 놓여야 한다.

6) 국가별 와인

(1) 프랑스 와인

가. 프랑스 와인의 대표적 생산지

프랑스 와인은 세계 최고의 품질을 자랑하고 있으며 알맞은 토양, 적당량의 햇볕, 적절한 강우량, 바람을 막고 햇볕을 충분히 받을 수 있는 능선 등 모든 조건들이 잘 갖추어져 현재 세계에서 가장 인정받고 있다. 프랑스 와인의 대표적인 산지는 크게 서쪽의 보르도(Bordeaux) 지방, 동쪽의 부르고뉴(Bourgogne) 지방, 북쪽의 샹파뉴(Champagne) 지방 등이 대표적인 생산지역으로 구분되며 이는 <그림 5-7>과 같다.

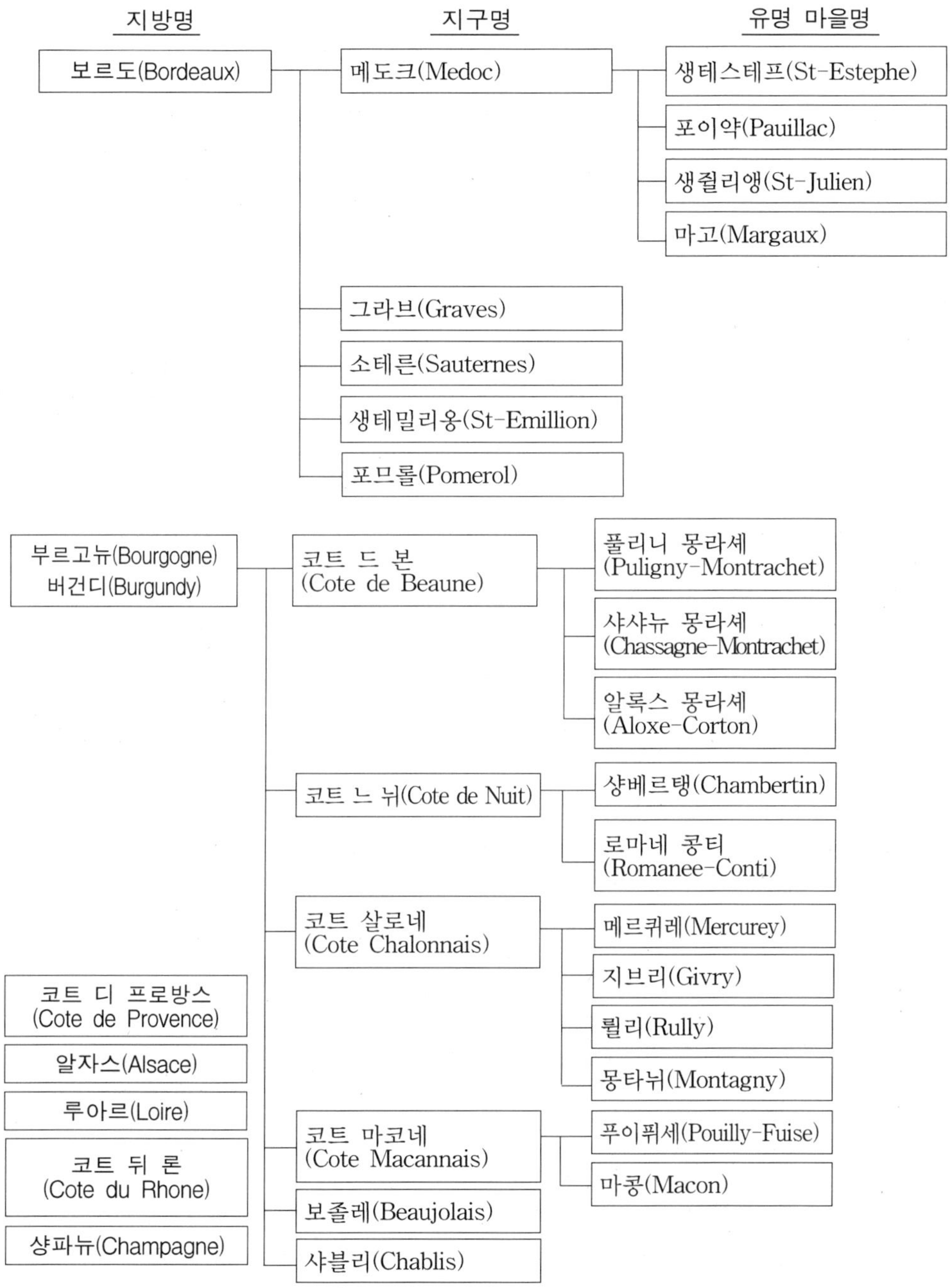

<그림 5-7> 프랑스 와인의 산지에 의한 분류

나. 프랑스 와인의 등급

프랑스 와인은 법의 규정에 따라 4개의 등급으로 품질이 분류되며, 상표에 그 등급을 표기하도록 되어 있다. 또한 프랑스 와인의 상표에는 법적 등급표시 외에 포도원(Chateau : 샤토), 판매업자(Negociant : 네고시앙), 생산연도(Vintage : 빈티지) 등이 표시된다.

빈티지(Vintage)란 특정 해의 잘된 포도로 담근 와인을 말하며, 병에 그 연도를 표시한다. 빈티지는 연도별, 지역별로 나누어 품질에 따라 0점에서 100점까지 평가하는 가이드 표에 의하여 질을 구분할 수 있다.

- 아펠라시옹 도리진 콩트롤레(Appellation d'Origine Controlee : A.O.C) : 우량와인

  ○○○지역에서 원산지 통제한 것으로 최우수품질의 와인임을 증명한다. 즉 와인의 생산지역, 포도품종, 와인제조방법, 최저 알코올 함유량, 심는 방법 및 원료포도 재배방법, 면적당 포도 수확량(생산량 제한), 각 포도재배지역의 정확한 한계, 숙성조건 등 엄격한 규제를 통하여 우량와인으로 결정된다. 알코올 도수는 최소 11% 이상 함유해야 한다.
- 뱅 델리미테 드 칼리테 쉬페리외(Vin Delimite de Qualite Superieur : V.D.Q.S) : 지정와인

  A.O.C급 다음 급에 속하는 우수한 품질의 와인으로 지정된 와인 상품이다. 즉 와인의 생산지역, 포도품종, 와인제조방법, 재배방법, 양조법, 최저 알코올 함유량 등의 규제를 통하여 지정와인으로 결정된다.
- 뱅 드 페이(Vin de Pays) : 보통와인

  덜 유명한 지역에서 생산되는 와인을 규제한 것으로 대부분 지역 토산인 지주와인이라 한다. 즉 포도품종, 알코올 함유량, 양조법을 규제하고 있다. 알코올 도수는 8.5% 이상 유지하며 전체 생산량의 13%를 차지하고 있다.
- 뱅 드 타블(Vin de Table) : 테이블 와인

  일상적으로 마시는 와인으로서 오래 저장하지 않고 상표에 원산지나 품질을 자세히 기록하지 않으며 대부분 프랑스 자국 내에서 소비한다. 알코올 도수는 9.5% 이상 유지하며 전체 생산량의 44.7%를 차지하고 있다.

다. 프랑스 와인의 라벨

■ 샤토 루텐 메도크(메도크)

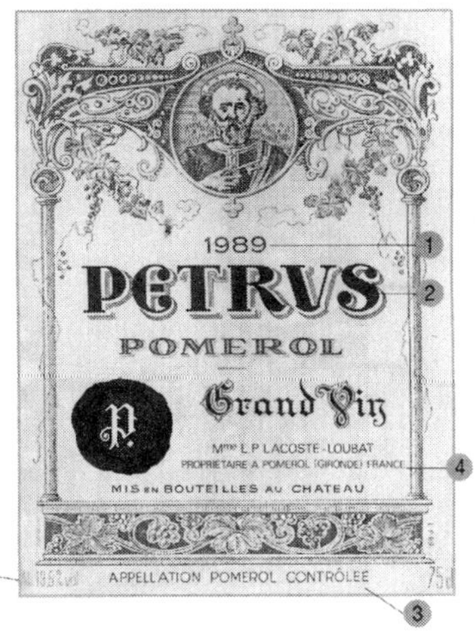

■ 샤토 페트뤼스(포므롤)

① 빈티지(Vintage : 포도수확 연도) : 1993년임
② 상표명이나 생사자명
③ 메도크 지방에서 생산되는 A. O. C급 와인임을 증명함
④ 소유주 및 회사주소
⑤ 알코올 도수 12% 및 용량 750ml

루주(Rouge) : 레드와인　　　　블랑(Blanc) : 화이트와인
퀴베(Cuvee) : 블렌딩된 와인　　　　섹(Sec) : 약간 단맛이 나는
데미 섹(Demi Sec) : 단맛이 나는　　　　브뤼(Brut) : 씁쓸한 맛이 나는
네고시앙(Negociant) : 자체 포도원 없이 다른 와인 공장에서 와인을 구입하여 병에 담아서 파는 회사

cf. 당도를 나타내는 표현

Doux	Demi Sec	Sec	Brut
단맛	중간 단맛	약간 단맛	단맛이 없는

(2) 이탈리아 와인(Italian Wine)

이탈리아 와인의 역사는 기원전 800년경으로 프랑스보다 오래되었으며, 북서부

지역(피에몬테 Piemonte 지역)은 주로 강한 맛의 레드와인들이 생산된다. 반면에 동쪽으로 가면 롬바르디아(Lombardia)에서는 아주 가벼운 맛의 와인들을 생산하고 있다.

이탈리아는 전 세계 와인생산의 약 19%를 차지하는 세계 제일의 최대 와인 생산국이자 소비국이며, 수출량 역시 세계 1위를 지키고 있다.

가. 이탈리아의 각 지역별 와인

- 피에몬테(Piemonte)

  피에몬테(Piemonte) 지역은 무엇보다도 바롤로(Barolo)와 바르바레스코(Barbaresco) 레드와인으로 유명하다. 특히 토리노 지방에서 생산되는 버무스(Vermouth)는 식전주 또는 칵테일에 사용되는 세계적인 와인이다.

- 토스카나(Toscana/Tuscany) 지역

  키안티(Chianti)는 여전히 토스카나 지역 포도주 제조에 있어 우세한 힘을 가지고 있으며 이탈리아 최고 와인으로 평가되고 있다. 이 와인은 가장 많은 수량으로 생산되며 아주 넓은 지역에서 팔리고 있다.

- 베네토(Veneto) 지역

  이탈리아 북동쪽에 위치한 지역으로 발폴리첼라, 바르돌리노, 소아베 등 3개의 지역으로 나뉘어 있다. 영화 로미오와 줄리엣의 배경 도시인 베로나 주변에서 와인을 대량 생산한다.

나. 이탈리아 와인의 등급 및 용어해설

(가) 이탈리아 와인의 등급

① D.O.C.G(Denominazione di Origine Controllata e Garantita) : 데노미나치오네 디 오리지네 콘트롤라타 에 가란티타

이탈리아에서 최고의 품질로 인정하는 와인이다. 많은 상품에 제한을 주는 등 심사기준이 까다로운 편인데 부분적으로 독자적인 우수한 와인들은(즉 "Super Vini di Tavola"라고 하는 와인들) 모두 D.O.C.G 품질등급을 받을 수 있다. D.O.C.G의 인증을 받은 지역은 바롤로(Barolo), 바르바레스코(Barbaresco), 브루넬로 디 몬탈치노(Brunello di Montalcino), 비노 노빌레 디 몬테풀차노(Vino Nobile di Montepulciano), 키안티 클라시코(Chianti Classico), 알바나 디 로마냐(Albana di

Romagna) 등이다.

② D.O.C(Denominazione di Origine Controllata) : 데노미나치오네 디 오리지네 콘트롤라타

법률에 의하여 산지, 포도품종, 수확연도, 숙성기간, 향, 알코올 등을 엄격히 규정하여 그 원산지 내에서 생산된 와인으로 와인의 품질에 따라 D.O.C.G등급으로 상향 조정될 수도 있다.

③ 비노 티피코(Tino Tipico)

원산지를 나타낼 수 있는 공식적인 프랑스의 뱅 드 페이(Vin de Pay)에 해당하는 보통급의 와인

④ 비노 다 타볼라(Vino da Tavola)

가장 기본적인 등급으로 생산지가 표기되지 않는 와인

(나) 이탈리아 와인의 용어해설

① 리제르바(Riserva) : 법정기간 3년을 숙성시킨 와인

② 클라시코(Classico) : 그 지역의 가장 좋은 곳에서 생산됨

③ 임보틸리아토 넬 오리지네(Imbottigliato Nel' Origine) : 포도원에서 병입함

④ 피아스코(Fiasco) : 보리로 만든 짚

⑤ 비앙코(Bianco) : 화이트

⑥ 로소(Rosso) : 레드

⑦ 로사토(Rosato) : 로제(핑크)

⑧ 세코(Secco) : 매우 드라이한 맛

⑨ 아보카토(Abboccato) : 약간 드라이한 맛

⑩ 아마빌레(Amabile) : 약간 단맛

⑪ 돌체(Dolce) : 매우 단맛

⑫ 스푸만테(Spumante) : 발포성

⑬ 안나타(Annata) : 수확연도

⑭ 칸티나(Cantina) : 와인 만드는 곳

다. 이탈리아 와인의 라벨

■ 카스텔로 디 베라차노(토스카나)

① 와인명(카스텔로 디 베라차노)
② 포도재배 지역명(키안티 클라시코)
③ 품질등급 중 DOCG급임을 나타냄
④ 포도의 수확연도 즉 빈티지(Vintage)가 1993년
⑤ 회사명(베라차노)

비앙코(Vianco) : 화이트와인　　로사토(Rosato) : 로제와인
로소(Rosso) : 레드와인　　세코(Secco) : 단맛이 없는
돌체(Dolce) : 단맛이 매우 많은　　스푸만테(Spumante) : 스파클링 와인

(3) 독일 와인(German Wine)

1803년 교회 소유였던 포도원들은 나폴레옹이 라인 지역을 정복할 때 개인 소유주들과 각 주의 소유로 팔리면서 나뉘었는데, 현재까지도 이러한 포도원들과 와인들은 지속적인 발전과 명성을 지니고 있다.

독일에서 생산된 와인들은 계열의 유사성을 가지고 있으면서도 아주 다양하다. 라인 지역 와인에서 모젤 지역 와인까지의 미묘한 차이가 있으며, 라인지구의 와인은 맛이 강하고 품질이 우수한 White Wine이 유명하며, 모젤지구의 와인은 주정 함유량이 적고 산미가 더 많다.

가. 독일의 각 지역별 와인

▪ 아르(Ahr)

아르(Ahr)는 슈페트부르군더(피노 누아)와 포르투기저(Portugieser)로 잘 알려져 있다. 이 둘은 레드와인 포도품종으로 가벼우면서 우아한 신선함을 준다. 독일 전체 와인 생산량 중 5%를 차지하며, 레드와인이 70%로 화이트와인 30%보다 많이 생산되고 있다.

현재 이 지역에서 생산되는 와인들은 거의 이 지방에서 소비되지만 다른 지역에서 종종 높은 가격으로 판매되기도 한다.

▪ 모젤-자르-루버(Mosel-Saar-Ruwer)

모젤과 그 주변에 있는 루버의 와인들은 풍부한 향, 옅은 색에서 짙은 황금색, 가벼운 바디와 함께 생동감과 신선함이 있는 과일 맛이 특징이다. 점토질 토양은 섬세한 과일 맛에서 완고한 맛까지 뚜렷한 맛의 차이들로 구분된다.

▪ 라인가우(Rheingau)

독일의 가장 중심적인 와인 생산지역이고 전 세계적으로 가장 오랜 전통을 가지고 와인을 생산하는 가족단위의 생산자들이 많다. 라인가우 와인은 가장 향기로우면서 타닌산의 독특한 떫은 맛을 잃지 않는 개성이 있다.

▪ 나에(Nahe)

독일에서 가장 경치가 좋은 곳으로 훌륭한 와인 품질을 자랑한다. 다양한 토양을 함유하고 있어 생기 있는 과일 맛과 잘 결합된 약간 매운 듯한 복잡 미묘함은 이 나라 어디에서도 발견할 수 없는 독특함을 가지고 있다. 독일 와인 생산량의 4.5%를 점유하고 있다.

▪ 라인헤센(Rheinhessen)

나에강과 라인강을 경계로 하여 언덕으로 조용히 둘러싸인 깊은 계곡 안에 놓여 있는 라인헤센 지역은 독일에서 가장 큰 규모로 포도가 재배되는 지역이고 생산량은 두 번째로 많다.

라인헤센(Rheinhessen)은 세계 수출시장에서 1위를 차지하고 있으며 영국과 미국에서 인기 있는 와인이다.

- 뷔르템베르크(Württemberg)

  뷔르템베르크(Württemberg)는 독일에서 가장 큰 레드와인 생산지역이고 이 지역의 거의 반 정도에서 레드와인 포도품종들이 재배되고 있다. 자신들의 와인들을 외부로 나누어주기보다는 대부분을 자신들을 위해 소비해 왔다. 독일 와인 생산량의 9.5%를 점유하고 있다.

- 바덴(Baden)

  '검은 숲'으로 유명한 바덴 지역은 독일에서 3번째로 큰 와인 생산지역이고 인기 있는 로제와인 슈페트부르군더 바이스헤르프스트(Spätburgunder Weissherbst)의 본고장이기도 하다. 독일에서 1인당 1년 와인 소비량은 평균 32병 정도인데, 바덴 지역 주민들은 1년에 평균 53병 정도를 마신다고 한다. 독일 와인 생산량의 15%를 점유하고 있다.

나. 독일 와인의 등급

① 타펠바인(Tafelwein)

보통 포도주로 독일 내에서 생산되어 소비되고 알코올 함유량은 최소 8.5% 정도 된다.

② 크발리테츠바인 베슈팀터 안바우게비테 QbA(Qualitätswein bestimmter Anbaugebiete)

중급와인으로 과실 향미가 화사하게 풍기는 가벼운 맛의 와인이다. 13개 생산지역 중 상호 혼용 없이 소속된 지역의 포도만으로 생산하며 비교적 성숙시간이 짧은 시기에 마실 수 있는 지역의 전통적인 맛이 나는 와인들이다. 알코올 함유량은 최소 8.5%가 된다.

③ 크발리테츠바인 미트 프레디카트 QmP(Qualitätswein mit Prädikat)

특별 품질 표기의 고급와인(Qualitätswein mit Prädikat)으로 독일 와인 중 최고의 품질을 엄선하여 표기된다. 우아하며 고상하고 지속적인 맛을 주는데, 라벨에 이러한 성숙도와 품질에 따라 6가지 등급으로 나뉜다. 알코올 함유량은 최소 11%가 된다.

- 카비네트(Kabinett)

  충분히 익은 포도에서 생산되는 우아한 와인이다. 세상에서 가장 경쾌한 와인이다. 알코올 함량이 낮다.

■ 슈페트레제(Spätlese)

문자 그대로는 늦은 추수를 뜻하며 정상시기보다 일주일 정도 늦게 수확된다. 충분히 성숙한 포도의 강도를 가진 균형있고 잘 성숙된 와인이다.

■ 아우스레제(Auslese)

완숙한 송이만을 수확하여 별도로 즙을 내어 만든 와인이다. 기품이 있고 아름다운 향기가 풍부한 와인이며 달지는 않다.

■ 베렌아우스레제(Beerenauslese)

초과 숙성한 포도알만을 골라서 포도주를 만드는 것이다. 완숙한 과실맛이 나고 때로는 꿀맛과 같은 포도주이다. 이것이 소위 말하는 귀부 포도주이며 보트리티스(Botrytis)균의 작용으로 생성되는 고귀한 포도주이다. 식후와인으로 사용된다.

■ 트로켄베렌아우스레제(Trockenbeerenauslese-TBA)

건포도가 될 정도로 마른 상태의 포도송이만을 골라서 만든 것으로 최고급의 맛과 향기가 풍부하고 진한 맛의 최고급 와인이다.

■ 아이스바인(Eiswein)

베렌아우스레제급의 포도를 동결된 상태에서 수확하여 만든 와인이다. 과실의 산미와 고귀한 감미가 농축된 최고급 와인이다.

다. 독일 와인의 라벨

■ 에르데너 트렙헨 리슬링 아우스레제(모젤-자르-루버)

① 와인 생산지역이 모젤-자르-루버라는 것을 뜻함
② 빈티지(Vintage : 포도수확연도)가 1990년임
③ Erden이라는 마을이름에 -er을 붙이고 트렙헨이라는 포도밭 이름을 합친 생산지 이름
④ Q. M. P급의 와인이라는 표시
⑤ 포도품종은 리슬링이며 Q. M. P급 중 아우스레제임을 표시
⑥ 정부의 품질 검사번호

트로켄(Trocken) : 단맛이 없는
할프트로켄(Halbtrocken) : 단맛이 약간 있는
밀트(Mild) : 단맛이 많은
쥐스(Süss) : 단맛이 많은
리블리히(Lieblich) : 단맛이 많은
바이스(Weiss) : 화이트와인
로트(Rot) : 레드와인
바인구트(Weingut) : 자체 농장이 있는 와인공장
바인켈러라이(Weinkellerei) : 자체 농장이 없이 다른 와인공장에서 와인을 구하여 팔거나 병입하여 파는 회사
젝트(Sekt) : 스파클링 와인

(4) 스페인 와인(Spanish Wine)

1950년대 후반 스페인의 가장 유명한 테이블 와인 산지인 리오하(Rioja)를 중심으로 품질을 향상시키려는 노력이 시작되어 72년부터는 정부에서 지정한 자체적인 와인 등급기준을 가지게 되었고 그 결과 스페인 와인은 값싸고 평범하고 부담없이 마시는 레드와인이란 인식에서 벗어나 이제는 세계 어디에 내놓아도 손색없는 와인을 내놓고 있다.

실제 와인 생산량은 이탈리아와 프랑스의 절반 정도로 세계 3위를 차지하고 있다. 벌크 와인(Bulk Wine : 병에 담기지 않은 와인원료로 수입되고, 병에 담긴 제품과 구별된다)을 많이 수출하고 있으며 연간 1인당 40리터 정도를 마시고 있다. 세계적으로 알려진 와인은 Sherry Wine이다.

가. 스페인의 각 지역별 와인

- 리오하(Rioja)

 리오하 와인은 지역에 따라 특성이 전혀 다르다. 리오하 바하(Rioja Baja) 지역은 알코올 함량이 높고 맛이 밋밋하고, 리오하 알라베사(Rioja Alavesa) 지역의 와인은 숙성기간이 짧아 금방 마실 수 있으며 과일맛이 풍부하고, 리오하 알타(Rioja Alta) 지역은 고급와인 생산의 중심이다. 리오하에서 생산되는 와인의 75% 정도가 레드와인이고 15%가 '로사도(Rosado)'라 부르는 로제와인이며 약 10% 정도가 화이트와인이다.

- 헤레스(Jerez)

 스페인을 대표하는 와인인 셰리(Sherry)의 고장으로 유명하다. '셰리(Sherry)'는 사실 헤레스의 영어식 발음이다. 에르-레스(Her-rehz), 헤레스(Jerres), 셰리스(Sherries)를 거쳐 마침내 '셰리(Sherry)'라는 이름이 탄생하게 되었다. 헤레스(Jerez) 지방에서 만들어지는 셰리는 와인을 증류하여 만든 브랜디를 첨가하여 알코올 도수를 18~20% 정도로 높이고 산화시켜서 만든 강화와인이다. 이렇게 만들어진 셰리는 주로 식전주와 디저트 와인으로 음용되며, 포르투갈의 포트와인과 함께 디저트 와인으로 세계적인 명성을 가지고 있다.

- 페네데스(Penedes)

 카탈로니아(Catalonia) 지방의 중심지인 바르셀로나에서 멀지 않으며 북으로 피레네 산맥이 둘러싸고 있고 동남쪽으로는 지중해 쪽에 면한 페네데스 지역은 스파클링 와인 카바(Cava)로 유명하다. 2/3 이상이 화이트와인이며 화이트와인의 대부분은 발포성 와인이다. 고급테이블 와인으로는 카베르네 소비뇽으로 만든 검은색 라벨의 Gran Coronas(그란 코로나스)가 있다.

- 리베라 델 두에로(Rivera del Duero)

 특히 신화적 와인 생산자인 베가 시실리아(Vega Sicilia)가 만든 우니코(Unico)가 유명하다. 우니코는 주로 템프라니요 포도와 20%의 카베르네 소비뇽 포도로 만드는데, 농도가 진하고 수명이 오래가므로 오크통 속에서만 10년 이상 숙성하는 등 오랜 기간 숙성해야 하는 아주 값비싼 와인이다.

나. 스페인 와인의 등급 및 용어해설

(가) 스페인 와인의 등급

① 데노미나시온 데 오리헨 칼리피카다(Denominacion de Origen Calificada : D.O.C)
스페인 와인 중 최상급 와인으로서 프랑스의 A.O.C급에 해당되며, 현재 리오하 지역만이 유일하게 D.O.C 등급을 받고 있다.

② 데노미나시온 데 오리헨(Denominacion de Origen : D.O)
원산지 지정 지역에서 생산된 포도품종으로 만든 와인

③ 비노 델 라 티에라(Vino de la Tierra)
프랑스의 뱅 드 페이(Vin de Pay)에 해당하는 보통급의 와인

④ 비노 코마르칼(Vino Comarcal)
프랑스 뱅 드 타블(Vin de Table)에 해당하는 저급의 와인

(나) 스페인 와인의 용어해설

① 둘코(Dulco) : Sweet
② 아노(Ano) : 숙성연도
③ 벤디미아(Vendimia) : 빈티지
④ 비노(Vino) : 와인
⑤ 블랑코(Blanco) : White
⑥ 틴토(Tinto) : Red
⑦ 로사도(Rosado) : Rose
⑧ 세코(Seco) : Dry
⑨ 에스푸모소(Espumoso) : 발포성
⑩ 둘세(Dulce) : Sweet
⑪ 보데가스(Bodegas) : 와인, 저장장소

다. Sherry의 종류

- Fino : 색은 연하고 드라이하다. Aperitif로 많이 애용한다.
- Vino de Fasto : 색은 약간 짙고 드라이하며 차게 해서 마신다.
- Oloroso, Amoroso : 건조한 포도로 사용되며 드라이와 스위트의 중간 맛이다.

■ Golden, Cream Sherry : 단맛이 강하다. 골든 색이며 하급품 Sherry이다.

라. 스페인 와인의 라벨

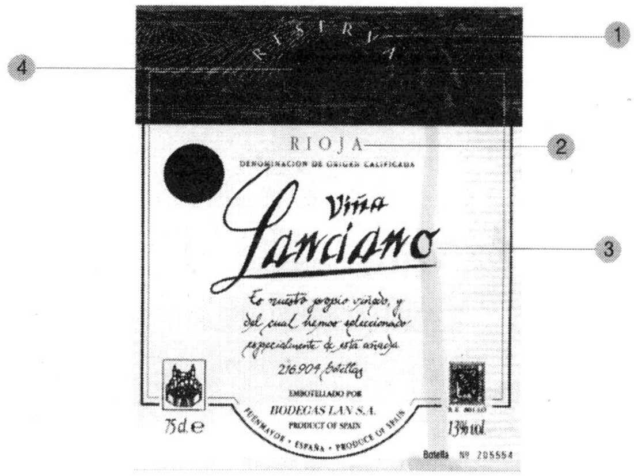

■ 비냐 란치아노

① 숙성기간
레제르바(Reserva) : 레드와인은 총 숙성기간 36개월 이상
그중에서 12개월은 오크통에서 숙성시킨 것
② 포도 생산지역인 리오하(Rioja), DOC 명칭
③ 브랜드 이름(비냐 란치아노)
④ 빈티지(Vintage : 포도 수확연도)가 1998년임

(5) 미국 와인(American Wine)

미국 와인의 대부분은 캘리포니아에서 생산되는데, 이곳은 이상적인 기후조건에 풍부한 자본과 우수한 기술을 적용하여 세계적인 품질의 와인을 생산하고 있다.

캘리포니아에서는 미국에서 생산되는 와인의 약 90%가 생산되며 그중에 약 80%는 중부 내륙의 샌와킨 밸리 지역에서 생산된다. 나파 밸리와 소노마 카운티의 비중은 약 10%에 불과하지만, 고급와인은 대부분 이곳에서 생산된다.

현재 캘리포니아(California) 와인 덕분에 미국은 이탈리아, 프랑스, 스페인에 이어 세계에서 네 번째로 큰 와인 생산국가가 되어 이후 호주, 칠레, 남아프리카공화국 등 소위 신세계 와인산업 성장의 견인차 역할을 하게 되었다. 미국의 캘리포니아 이외의 와인 생산지로는 뉴욕, 워싱턴, 오리건과 텍사스주가 있다.

가. 미국 각 지역별 와인

▪ 나파 밸리(Napa Valley)

이 지역의 규모는 명성에 비해 대단히 작은 편으로 나파에서 생산하는 포도량은 캘리포니아 전체의 5% 정도밖에 안 된다. 이 지역이 미국 최고의 와인을 생산하는 데는 지리적 영향이 크다. 프랑스와 같이 좋은 레드와인이 생산되고, 또 프랑스에서 재배되는 품종의 화이트와인도 생산된다.

▪ 소노마(Sonoma)

소노마는 태평양 해안에 가까운데 대단히 쌀쌀한 해안지대를 제외하고는 나파의 기후와 비슷하여 포도재배에 적합하다. 소노마에서는 샤르도네, 카베르네 소비뇽, 메를로를 많이 생산하고 있지만, 제각각의 기후를 갖고 있는 지역 안에 소지역들이 많아서 질이 좋은 피노 누아, 진판델, 소비뇽 블랑이 생산되기도 한다.

▪ 멘도치노(Mendocino)와 레이크(Lake)군

멘도치노에 위치한 선선한 기후의 앤더슨 계곡은 샤르도네, 피노 누아, 게뷔르츠트라미너, 리슬링, 그리고 스파클링 와인을 생산하기에 이상적이며 특히 켄달잭슨(Kendall-Jackson) 등이 있다.

▪ 샌와킨 밸리(San Joaquin Valley)

미국에서 와인을 가장 많이 생산하는 지역으로 캘리포니아 와인의 80%를 생산한다.

이곳의 와인은 주로 큰 병에 담은 저그와인(Jug Wine)이 많고, 매일 쉽게 마시는 등급의 와인을 주로 많이 생산하고 있다.

▪ 샌프란시스코 만 지역

이곳의 3대 주요 포도는 샤르도네, 카베르네 소비뇽, 메를로이다. 주요 생산자로는 캘린 셀러(Kalin Cellars), J. 로르(Lohr) 등이 있다.

▪ 산타바바라

피노 누아와 샤르도네가 주요 산지로 특히 피노 누아가 유명하다. 미국에서 와인을 가장 많이 생산하는 지역으로 캘리포니아 와인의 80%를 생산한다.

주요 와인 생산자로 바이런(Byron), 코튼우드캐니언(Cottonwood Canyon), 샌퍼드(Sanford) 등이 있다.

나. 미국 와인의 라벨

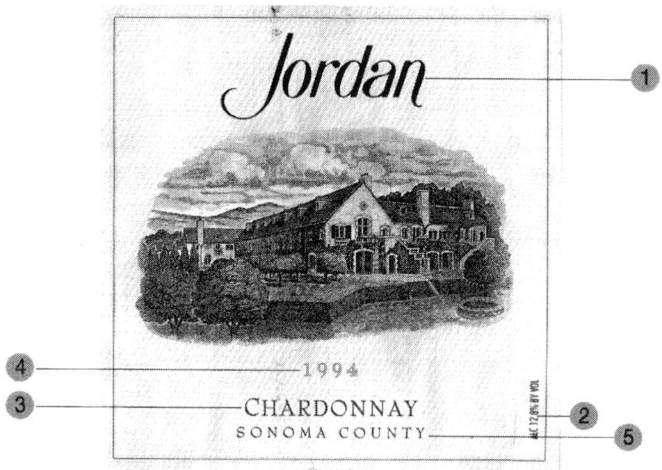

■ 샤르도네 조단(소노마)

① 생산자(브랜드)명으로 Jordan을 나타냄
② 알코올 도수
③ 포도품종인 샤르도네(Chardonnay)임을 표시함
④ 빈티지(Vintage : 포도수확연도)가 1994년임
⑤ 포도가 재배된 산지명인 Sonoma County 지방이라는 것을 표시함

(6) 포르투갈 와인(Portuguese Wine)

포르투갈은 이탈리아, 스페인과 마찬가지로 레드와인을 많이 생산하며 나라는 작지만 1인당 와인 소비량은 프랑스, 이탈리아 등과 비슷한 70~80병 수준의 강대국이다.

특히 식후 와인의 포트와인(Port Wine), 마테우스 로제 와인(Mateus Rose Wine), 마데이라 와인(Madeira Wine)은 포르투갈 3대 와인으로 유명하다.

가. 포르투갈의 각 지역별 와인

■ 비뉴 베르드(Vinho Verde/Green or Youth)

북서부 해안지방으로 가볍고 신선한 여름용 와인을 생산한다. 레드와인, 로

제, 화이트와인 모두 생산하지만 화이트와인이 유명하다.

- 도우루(Douro)

포트는 세계적으로 유명한 디저트 와인이며 주로 포르투갈 북부에 위치한 도우루(Douro) 계곡에서 생산된다. 최근에는 다른 나라에서도 포트(Port Wine)와인이 많이 생산되므로 혼동을 피하기 위해 오포르투(Oporto)라고 명시하기도 한다.

- 마데이라(Madeira)

마데이라는 대서양에 있는 섬이며 이곳에서 생산되는 와인의 이름이기도하다. 셰리, 포트와 더불어 세계 3대 강화와인 중 하나이다. 보통 95% 알코올(브랜디)을 첨가하여 와인의 알코올을 14~18%로 맞춘다.

- 다웅(Dao)

포도단지는 대개 200~500m의 고지대에 위치하고 있으며 약 70~80%가 적포도주이다. 일부 백포도주도 생산되나 질이 낮으며 최근에는 최대 생산지인 Sogrape가 적/백포도주를 고품격화하기 위해 많은 투자를 하고 있다.

나. 포르투갈 와인의 등급 및 용어해설

(가) 포르투갈 와인의 등급

① 데노미나사웅 데 오리젱 콘트롤라다(Denominacao de Origen Controlada : D.O.C) 포르투갈 와인 중 최상급 와인으로 프랑스의 A.O.C급에 해당되며, 현재 13개 지역에만 부여되어 있다.

② 인디카사웅 데 오리젱 콘트롤라다(Indicacao de Origen Controlada)
D.O.C보다 한 단계 낮은 와인으로 원산지 지정 지역에서 생산된 포도품종으로 만든 와인. 현재 32개 지역에만 부여되어 있다.

③ 비뉴 데 메자(Vinho de Mesa)
프랑스의 뱅 드 페이(Vin de Pay)에 해당하는 보통급의 와인

(나) 포르투갈 와인의 용어해설

- 블랑쿠(Blanco) : 화이트/틴투(Tinto) - 레드
- 호자두(Rosado) : 로제/세쿠(Seco) - 드라이

■ 도스(doce) : 스위트/에스푸만테(Espumante) - 발포성 와인

다. Port Wine의 종류

① Vintage Port : 좋은 포도를 Blend하지 않고 일찍 병에 담아 15~40년간 저장한 최고급품이다.

② Custed Port : Vintage Port와 비슷하나 통 속에서 숙성한 뒤에 병에 담는다.

③ Tawny Port : 오크통 속에서 약 5년간 숙성되는 동안 황갈색으로 착색된 와인이다.

④ Ruby Port : 짙은 색과 거친 맛으로 하급품이다.

⑤ White Port : 백포도주로 만든 와인으로 연한 황색을 띠며 고급품에 속한다.

(7) 칠레 와인(Chilean Wine)

칠레는 16세기 중반 스페인 사람들에 의해 최초로 포도농장이 들어선 이후 수세기 동안 파이스(Pais) 포도를 이용하여 전통적인 가정용 와인을 만들면서 번영을 유지해 왔다.

그러나 1990년대 민주정부가 들어오면서 프랑스, 미국, 스페인의 자본이 유입되어 급속하게 세계시장으로 퍼졌으며, 비교적 고급으로 인식되었다. 그러나 와인 숙성과정에서 화이트와인은 오크통에서 너무 오래 숙성하여 색깔이 짙고 나무 냄새가 강하며, 레드와인은 프랑스산 오크통에서 잘 숙성되어 좋기 때문에 국제적 수준으로 인정받고 있다.

2004년 한국과 칠레의 FTA(Free Trade Agrement : 자유무역협정) 체결로 국내에 진출한 칠레산 와인의 세계시장 점유율은 10위권이며 한국시장에서는 프랑스에 이어 2위를 지키고 있다.

가. 칠레의 각 지역별 와인

■ 아타카마(Atacama), 코킴보(Coquimbo)

알코올 함유량이 높으며, 대부분 스위트한 알코올 강화와인 생산

■ 아콩카과(Aconcagua)

산티아고 북부, 고급와인을 만드는 곳 중에서 가장 덥다.

- 마이포(Maipo)
  주요 양조장들이 많은 작은 지방
- 라펠(Rapel)
  마이포 지방보다 기후가 선선함. 일부 지역에서는 파이스 포도를 재배함
- 마울레(Maule), 비오-비오(Bio-Bio)
  벌크와인 생산지
- 운두라가(Undurraga)
  마이포 밸리에 위치. 오랜 시간에 걸쳐 칠레 와인의 전통을 다져온 회사

나. 칠레 와인의 등급

① 레제르바 에스파샬(Reserva Especial) : 최소 2년 이상 숙성된 와인에 표기
② 레제르바(Reserva) : 최소 4년 이상 숙성된 와인에 표기
　그란 비노(Gran Vino) : 최소 6년 이상 숙성된 와인에 표기
③ 돈(Don) : 아주 오래된 와이너리에서 생산된 고급와인에 'Don'을 표시한다.
④ 피나스(Finas) : 정부 인정하의 포도품종에 근거한 와인

다. 칠레 와인의 라벨

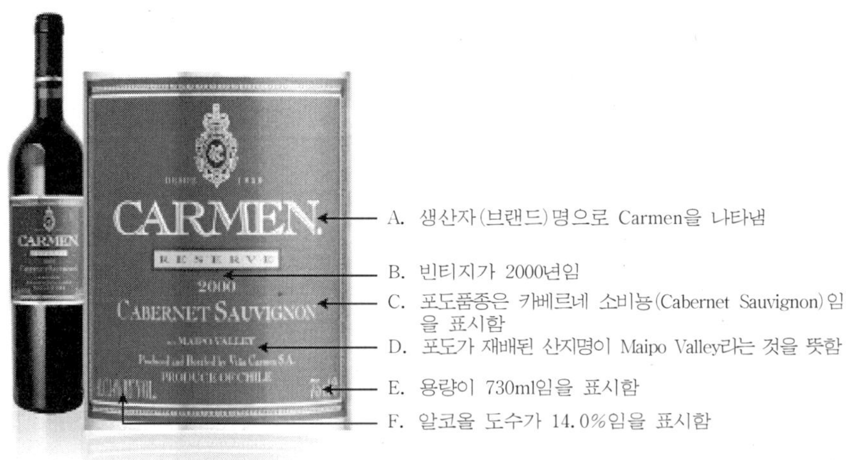

(8) 호주 와인(Australian Wine)

호주는 좋은 품질의 와인을 생산하는 국가로 빠르게 발전하고 있으며 기후는 미국 캘리포니아와 비슷하다. 시라즈와 카베르네 소비뇽과 같은 포도품종으로 훌륭한 레드와인들을 만들고 세미용과 샤르도네와 같은 탁월한 화이트와인들 그리고 무스캇과 다른 포도품종으로 달콤한 디저트 와인들을 주로 생산하고 있다. 특히 남부 호주는 전 지역에 걸쳐 가장 중요한 레드와인의 생산지이며 호주를 통틀어 와인의 60%가 생산되고 있다.

가. 호주의 각 지역별 와인

- 사우스 오스트레일리아주(South Australia)

  호주 전체 와인의 58%를 생산하고 있으며 세계 100대 와인 중 하나인 그랑주 에르미타주(Grange Hermitage)가 생산되는 곳이다.
- 애들레이드 힐스(Adelaide Hills)

  애들레이드의 바깥쪽으로 약간 벗어나 해발 400m 위에 위치한 이곳은 화이트와인과 스파클링 와인으로 유명한 곳이다.
- 쿠나와라(Coonawarra)

  1890년에 최초로 재배가 시작되고 그 이후로 계속 fortified wine에서부터 table wine, premium wine을 생산하고 있다.
- 빅토리아(Victoria)

  호주 다른 주들의 포도재배 가능지역이 한정되어 있는 것에 비해, 빅토리아주는 주의 한쪽 끝부터 다른 한쪽 끝까지, 그리고 그 사이사이에도 포도재배가 가능하며 레드, 화이트, 발포성, 포트와인 등 호주 와인의 15%를 생산하고 있다.

나. 호주 와인의 라벨

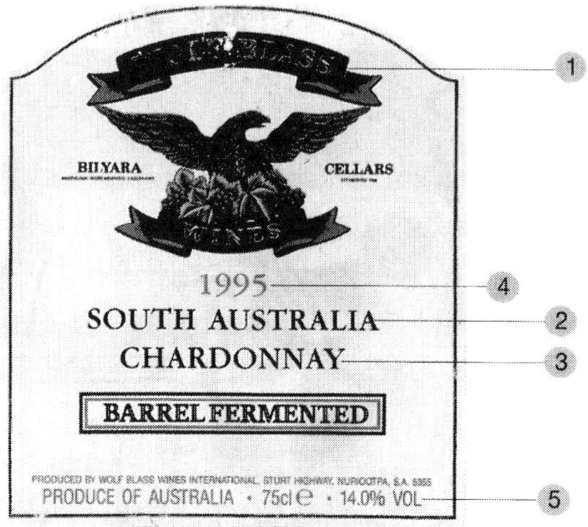

■ 샤르도네 울프 블라스

① 생산자명으로 Wolf Blass를 나타냄
② 포도 생산지역이 South Australia임을 뜻함
③ 포도품종인 샤르도네
④ 빈티지(Vintage : 포도수확연도)가 1995년임
⑤ 알코올 도수 14.0% 및 용량 750ml
※ 호주 와인은 주로 포도품종을 상표명으로 사용하고 있다.

2. 맥주(Beer)

1) 맥주의 역사

맥주는 BC 7000년경 인류가 농업을 시작함과 동시에 시작되었다고 한다. 13C경에는 북 독일의 아이베크 거리에서 홉(Hop)를 사용한 Bock Beer라고 하는 독하고도 진한 맛의 맥주가 만들어져 현재의 Lager Beer의 기초가 되었다.

맥주의 본고장은 독일이며, 독일 최초의 맥주회사는 1516년 Herzog Wilhelm IV(헤어초크 빌헬름 4세)가 설립하였다. 영국에서는 원주민인 켈트족이 BC 300년경부터 소맥을 발효하여 마신 기록이 있으며, 미국은 16세기 후반부터 이민 온 사람들이 홉을 재배하여 만들기 시작해서 오늘날에는 세계 제일의 맥주 생산국이 되었다.

맥주는 대맥아를 발효시켜 쓴맛을 내는 홉(Hop)과 물(Water), 그리고 효모(Yeast)를 섞어서 저장하여 만든 탄산가스가 함유된 알코올성 음료이다.

2) 맥주의 원료

(1) Barley(보리)

보리를 싹 틔워 맥아로 만든 것이 맥주의 주원료가 된다. 맥주용 보리는 곡립이 고르고 녹말질이 많고 단백질이 적으며 곡피(穀皮)가 얇고 발아력이 균일해야 하며 담황색으로 윤기 있는 광택을 가져야 한다. 맥주용으로는 알맹이가 크고 고르며 곡피가 얇아 맥주양조에 알맞은 두줄보리를 독일·일본·한국 등에서 주로 사용하나, 미국에서는 여섯줄보리를 많이 사용한다.

(2) Hop(홉)

맥주 특유의 향기와 쓴맛을 내며 맥주가 부패되는 것을 막아 오래 저장해 줄 수 있는 효과가 있다. 독일 남부 바이에른 지방에서 나는 홉이 가장 유명하며 이 덩굴풀의 꽃을 8월 중순에 딴 뒤 0℃ 이하에서 보관했다가 맥아즙을 만든 뒤 맥주 원료에 첨가한다. 우리나라에서는 강수량이 적고 일조량이 많은 강원도 평창과 횡성, 속사와 대관령 일대의 고지대에서 재배되고 있다.

(3) Yeast(효모)

맥주보리의 맥아당을 분해해 알코올과 탄산가스로 변화시키며 향기와 비타민, 아미노산 등의 영양소를 만들어 알코올 도수와 맛을 결정하는 결정적인 역할을 한다. 유통과 보관을 위한 화학처리를 하지 않은 소규모 맥주 양조장의 맥주가 자연식 건강음료가 될 수 있는 것도 맥주 효모에 양질의 단백질이 50% 이상 함유되어 있기 때문이다.

(4) Water(물)

세계 유명 맥주의 경우 센물(경수)이나 단물(연수)을 이용해 특색에 맞는 맥주를 생산하고 있다. 맥주의 본고장인 독일 뮌헨 지방은 상당히 센물을 사용해 상대적으로 맛이 순한 뮌헨 비어를 생산하고, 체코 필센 지방은 염류함량이 적은 단물을 사용해 자극성이 강한 담색 맥주인 필스 비어를 만든다. 하지만 요즘은 물의 가공기술이 발달해서 맥주의 종류에 따라 물의 경도를 조절하는 용수 전처리과정을 거친다.

3) 맥주의 제조과정

맥주 제조는 먼저 보리를 싹 틔워 맥아를 만든 후 맥아와 녹말질을 부재료로 맥아즙을 만들고 홉을 첨가하여 끓인 후 냉각시킨다. 이 냉각된 맥아즙에 맥주효모를 넣어 발효시키고 일정기간 저장·숙성한 후 여과하여 바로 제품화하는데, 그 공정은 다음과 같다.

(1) 맥아 제조

맥주 제조과정의 시작은 보리를 맥아로 만드는 과정이다. 보리가 부풀어 작은 싹이 나기 시작할 때까지 물에 담가두는데 이를 통하여 녹말이 당분으로 변화하기 시작한다. 그런 다음 보리에 열을 가하여 건조시키면 추가적인 발아를 막으면서 맥아(malt)가 만들어진다.

(2) 당화

잘게 부순 맥아에 전분 등의 부원료를 더하여 따뜻한 물과 섞는다. 적당한 시간과 온도를 유지하면 맥아 속에 있는 효소의 작용에 의해 전분질은 효모가 이용 가능한 당분으로 바뀐다. 이것을 여과하여 홉을 넣고 끓인다. 홉은 맥주 특유의 쌉쌀한 맛과 향을 만들어내며 맥즙 속에 포함된 단백질을 응고시켜 맥즙을 맑게 하는 중요한 작용을 한다.

(3) 발효

뜨거운 맥즙을 냉각시킨 후 여기에 효모를 첨가하여 발효탱크에 넣는다. 7~12일간 효모의 작용에 의해 맥즙 속의 당분은 알코올과 탄산가스로 분해된다. 이 과정에서 만들어진 맥주는 미숙성 맥주(Young Beer)로, 아직 맥주 본래의 맛과 향은 충분하지 않다.

(4) 숙성

발효가 끝난 미숙성 맥주는 후발효탱크에 옮겨져 0℃ 이하의 저온에서 1~3개월간 서서히 숙성되며, 이제 맥주의 맛과 향이 조화를 이루게 된다.

(5) 여과

저장탱크에서 속성이 끝난 맥주는 여과를 거쳐 맑고 투명한 황금색의 맥주가 된다.

(6) 제품

여과된 맥주는 병이나 통에 넣어져 시장으로 내보내진다. 병이나 캔에 넣어진 맥주는 효모를 불활성화시키기 위해 저온살균 후 출하한다. 한편, 저온살균하지 않고 미세한 여과기를 통하여 맥주에 남아 있는 효모를 걸러내는 경우도 있는데, 이것이 생맥주를 만드는 방법이다.

4) 맥주의 종류

(1) 효모발효법에 의한 분류

가. 하면발효맥주(독일식)

저온발효(5~10℃)라고 하는데, 낮은 온도에서 발효가 진행되며 효모가 밑에 가라앉기 시작한다. 순하고 산뜻한 향미의 맥주가 만들어지며 세계 맥주 생산량의 약 3/4 정도를 차지하고 있다.

- 라거비어(Lager Beer) : 낮은 온도(2~10℃)에서 몇 개월간 발효, 이런 발효

과정을 라거링과정이라 하며 보통 병맥주(4℃)

- 생맥주(Draft Beer) : 발효균이 살균되지 않은 보통 마시는 생맥주
- 도르트문트(Dortmund) : 산뜻한 향미의 쓴맛이 적은 담색 맥주
- 필센(Pilzen) : 체코의 필센산으로 산뜻하고 쓴맛의 황금색 맥주
- 뮌헨(München) : 맥아 향기가 짙고 감미로운 흑맥주
- 보크비어(Bock Beer) : 독일 생산으로 원액즙 농도가 16% 이상이며 향기가 짙고 강한 맥주

나. 상면발효맥주(영국식)

고온(10~20℃)에서 발효시켜 만든 맥주이다. 발효가 진행됨에 따라 효모가 윗면으로 떠올라온다. 액상분이나 알코올분이 높아 독특한 향기가 있는 것이 많다.

- 에일(Ale) : 에일 맥주는 실내온도(18~21℃)에서 발효되는 것이며 홉을 많이 넣어 쓴맛이 강한 맥주
- 포터(Porter) : 영국의 대표적인 맥주로 맥아즙 농도, 발효도, 홉 사용량이 높으며 강하고 진한 흑맥주이다. 대표적인 종류로 스타우트(흑맥주)가 있다.
- 스타우트(Stout) : 알코올 도수가 8~11℃로 색깔이 검고 강한 맥아향을 내는 맥주
- 램빅(Lambics) : 벨기에의 브뤼셀에서 양조되는 자연효모, 젖산균 등을 넣어 자연발효시킨 맥주

(2) 맥아 색에 의한 분류

① 담색 맥주

보통의 담색 맥아를 사용하여 향이 약하며 대부분 오늘날의 맥주

② 농색 맥주

보통의 맥아에 흑맥아, 뮌헨맥아 등 짙은 색 맥아를 섞어 향미와 색을 부여한 것. 이 짙은 색 맥아의 양에 따라 농색 맥주가 된다.

(3) 살균처리에 의한 분류

① 라거 비어(Lager Beer) 살균처리하여 저장 가능한 일반적인 병맥주
② 드래프트 비어(Draft & Draught Beer) : 맛과 향은 병맥주보다 우수하나 장기저장이 어렵다. 즉 살균처리하지 않은 맥주

5) 맥주의 취급방법 및 서비스

(1) 맥주 취급방법

맥주는 양조장에서 생산된 제품의 맛과 향을 유지하여 상하지 않도록 잘 취급해야 한다. 따라서 저장방법에 있어서는 5~20℃의 실내온도에서 통풍이 잘되고 직사광선을 피하여 어두운 지하실의 건조한 장소가 좋다. 또한 맥주를 운반할 때에는 가급적 충격을 피해야 한다. 충격을 주게 되면 맥주 안의 단백질이 응고하는 혼탁현상을 일으켜 맛과 향을 잃어 맥주의 제맛을 느낄 수 없기 때문이다.

(2) 맥주 서비스

맥주의 독특한 맛을 느낄 수 있는 적정온도는 여름철 5~8℃ 정도이고, 겨울철에는 10~12℃ 정도가 가장 좋다. 맥주병을 오픈하였을 때 맥주가 넘쳐 나올 경우 너무 오래되었거나 운반 시 너무 많이 흔들렸다고 볼 수 있다. 반면에 미지근한 맥주는 거품이 너무 많고 쓴맛이 나며, 너무 차가우면 거품이 잘 일지 않아 맥주 특유의 향을 느낄 수 없게 된다.

가. 생맥주 서비스

- 생맥주는 머그(Mug)잔에 제공한다.
- 맥주는 8부, 거품은 2부 정도가 적당하다.
- 거품이 잘 일지 않을 때는 탄산가스가 충분한지, 컵에 기름기가 있는지, 맥주가 너무 차거나 오래되었는지를 체크한다.
- 생맥주의 저장은 2~3℃, 서비스 온도는 3~4℃가 적당하다.

나. 병맥주 서비스

- 병맥주의 마개는 고객 앞에서 오픈한다.
- 병을 글라스에서 약 4~5cm 정도 들고 따른다.
- 맥주와 거품은 8:2가 되도록 따른다.
- 따르고 난 뒤에는 병을 트위스트하여 방울이 주변에 떨어지지 않도록 한다.
- 병을 테이블에 놓을 때는 상표가 고객에게 보이도록 살짝 놓는다.
- 병맥주의 저장은 3~4℃, 서비스 온도는 5℃가 적당하다.

제 3 절 증류주(Distilled Liquor)

<그림 5-8> 증류주의 종류

1. 브랜디(Brandy)

1) 브랜디의 개요

브랜디(Brandy)는 대부분 포도로 만든 와인을 증류한 알코올 도수가 높은 술이다. 1909년 프랑스 국내법에 의하면 자국의 코냐크 지방에서 생산되는 브랜디만을 '코냑(Cognac)'이라 명명할 수 있으며, 아르마냐크 지방에서 생산되는 브랜디만을 '아르마냑(Armagnac)'이라 부를 수 있도록 제도화하였다. 포도 이외의 과실류로 만든 브랜디도 있는데, 노르망디 지방의 사과(Apple)브랜디인 칼바도스(Calvados)와 알자스 지방의 체리브랜디인 키르슈(Kirsch) 등이 있다.

브랜디는 향이 좋고 뒷맛이 감미로워 식후주로 사랑받고 있으며, 저장 햇수가 오래된 것일수록 좋다.

2) 브랜디의 종류

(1) 코냑(Cognac)

가. Cognac의 제조과정

① St-Emillion(생테밀리옹) 포도를 양조하여 Wine을 만든다.

② 1차 증류(Brouillis; 브루이)를 해서 25℃ 정도의 증류주로 만든다.

③ 2차 증류를 통해 65℃ 정도의 무색의 설익은 상태인 Cognac을 만든다.

④ Limousin Oak(리무진 오크)를 통해 3~50년 정도 숙성시키면 오크통의 색과 향이 배면서 알코올 도수가 낮아진다.

⑤ 숙성이 끝난 Cognac은 서로 다른 통의 술을 각 회사의 독특한 맛을 유지시키면서 Blend(블렌드)시켜 다시 오크통에 넣어 몇 달 동안 숙성시킨 다음 병입시키며 1병의 코냑을 만들기 위해 약 7kg의 와인이 소요된다.

<표 5-2> 코냑의 숙성연도

표 시	숙 성 기 간	
	법률규정 숙성(추정)기간	제조회사의 주장
☆☆☆	5년(법률규정)	7~10년
☆☆☆☆☆		10년 이상
V.O		12~15년
V.S.O		15~25년
V.S.O.P	10년 이상으로 추정	25~30년
Napoleon	15년 이상으로 추정	30~40년
X.O	20년 이상으로 추정	40년 이상

V=Very S=Superior O=Old P=Pale X.O=Extra Old

나. Cognac의 숙성기간

Cognac의 숙성연도 표시는 프랑스의 법에 의하여 ☆☆☆(Three Star)만이 5년 이상 숙성된 코냑으로 규정되었고 그 외에 나머지 숙성연도 표시는 각 회사마다 오크통 속에서 숙성기간을 기준으로 관습에 따라 표시하고 있어 같은 표기일지라도 회사에 따라 숙성기간이 다른 경우도 있으며, 일반적인 등급과 표기방법은 다음의 표와 같다.

다. 코냑의 주요 상표

- 헤네시(Hennessy)
- 카뮈(Camus)
- 레미 마르탱(Remy Martin)
- 마르텔(Martell)
- 오타르(Otard)
- 비스키(Bisquit)
- 샤토 폴레(Chateau Paulet)

(2) 아르마냑(Armagnac)

Armagnac은 프랑스의 코냐크 지방에서 80마일 떨어진 아르마냐크 지방에서 생산되는 Brandy로서, 단식증류방법으로 강한 향기를 생성시키고, 아르마냐크 지방 특유의 향이 강한 Black Oak나무로 만든 통을 써서 숙성시켜 만들어 알코올 도수가 낮고 향기가 강한 개성을 가진 Brandy이다.

〈아르마냑의 주요 상표〉

- 샤보(Chabot)
- 자노(Janneau)
- 말리악(Malliac)
- 그랑 아르마냐(Grand Armagnac)

(3) 칼바도스(Calvados)

Calvados는 프랑스 남부 노르망디 근처의 지역 이름으로 포도가 생산되지 않는

이 지역에서 사과로 만든 사이다를 증류시켜 만든 유명한 Apple Brandy이며 알코올 도수 40~45°의 매우 드라이한 사과향기의 Brandy이다. 대표적인 브랜디로는 Boulard가 있다.

3) Brandy 마시는 방법 및 서비스 방법

Brandy Glass는 술의 향기를 최대로 보존시키기 위해 윗부분은 좁고 아랫부분은 넓은 항아리형으로 만들어졌다. 마실 때에는 둘째손가락과 셋째손가락 사이에 잔을 끼고 손바닥으로 감싸서 체온으로 술을 데우고 잔을 돌려서 술을 파도치게 만들어 코와 혀로 향을 최대한 즐기고 색을 음미하면서 마신다. 또한 서비스할 때에는 워머를 사용하여 잔을 데워서 Brandy를 서비스하여 고객에게 Brandy의 진수를 즐길 수 있도록 해야 한다.

2. 위스키(Whisky)

1) 위스키의 개요

위스키(Whisky)는 아일랜드 어스퀴보(Usquebaugh), 즉 생명의 물이란 뜻에서 유래되었으며 1494년 스코틀랜드 대장성 기록에 이어 1609년 스코틀랜드 의회법에서 최초로 언급되었고 이후 밀주로 이어지다가 19세기 중엽부터 영국에 널리 알려지기 시작했다.

위스키는 보리, 호밀, 옥수수, 귀리 등의 곡물을 발효·증류시킨 다음 참나무로 만든 오크(Oak)통 속에 숙성시켜 만든 술로서 알코올 도수는 43% 정도이다. 현재 세계 각국에서 생산되는 수많은 위스키는 원료의 증류법, 숙성법 등의 차이로 맛이 각각 독특한 특징들을 가지고 있다.

2) Whisky의 제조방법

① 맥아제조(Malting)
② 제분 및 혼합(Mashing)
③ 발효(Fermentation)

④ 블렌딩(Blending)
⑤ 숙성(Maturating)
⑥ 증류(Distillation)

3) 산지별 Whisky의 종류

산지별 위스키는 Scotch Whisky, Irish Whisky, Canadian Whisky, American Whisky(Bourbon), Tennessee Whisky로 구분되며 특히 아일랜드에서는 자기들이 최초로 Whisky를 만들었다고 주장하면서 'e'자를 추가하여 Whiskey라고 쓰면서 자부심을 나타내고 있다. 미국 또한 Whiskey로 쓰고 있다. 나머지 국가들은 Whisky로 사용 및 표기되고 있다.

(1) Scotch Whisky(스카치 위스키)

Scotch Whisky란 영국의 스코틀랜드에서 생산되는 Whisky의 총칭으로 영국의 Scotch Whisky에 관한 법률규정은 아래와 같다.

① Scotch Whisky란 스코틀랜드에서 증류되고 숙성된 위스키를 뜻한다.
② 곡물을 갈아서 발효시키고 증류시킨 Whisky
③ 이스트(Yeast)의 작용으로 발효된 것
④ 증류된 술의 알코올 강도는 94.4% 이내이고 3년 이상 숙성시킨 것으로 규정되어 있으며 Scotch Whisky는 맥아를 써서 단식증류시킨 'Malt Whisky(몰트위스키)'와 맥아와 옥수수를 섞어서 연속증류시킨 'Grain Whisky(그레인 위스키)'로 구분한다.
⑤ Scotch Whisky는 고급(Premium)과 보통(Standard)으로 구분하고 있다.

Premium Scotch Whisky는 Grain Whisky 30%, Malt Whisky 70%의 비율로 Blending한 고급 스카치 위스키이다.

가. 프리미엄(Premium)급

Ballantine 30 years old, Ballantine 17 years old, Ballantine 12 years old, Royal Salute 21 years old, Chivas Regal, Johnnie Walker Black Label, Johnnie Walker Blue Label, Swing, Bell's Specially Selected, Dimple Haig, Swing

Standard Scotch Whisky는 Grain Whisky 70%, Malt Whisky 30%의 비율로 Blending한 보통 스카치위스키이다.

나. 스탠다드(Standard)급

Johnnie Walker Red Label, Cutty sark, J&B, Vat 69, Ballantine, White Horse, black&White, Grants, Bell's, Cutty Sark, Old Parr, Grenfiddich,

(2) Irish Whiskey(아이리시 위스키)

Irish Whiskey란 영국의 아일랜드에서 생산되는 Whisky의 총칭이며 3회에 걸쳐 증류하여 불순물을 완전히 제거한 후 셰리 오크통에서 평균 7년 이상 숙성하므로 원료에서 오는 경쾌한 향과 부드러운 풍미가 특징이 있다. 그리고 성분은 Malt만 아니라 호밀, 귀리 등 아일랜드에서 생산되는 모든 곡물을 재료로 한 구식 증류기를 사용해서 만든 알코올 도수 43°의 짙고 중후한 맛의 증류주이다.

〈위스키 유명상표〉

- Jameson
- Old Bushmills

(3) Canadian Whisky(캐나디안 위스키)

Canadian Whisky는 캐나다에서 옥수수, 귀리, 호밀 등의 재료로 만든 Whisky로서 미국의 금주법(禁酒法)이 시행되던 1920년대에 국경을 넘어 미국으로 대량 밀반출하면서 급속히 발전되고 유명해진 부드러운 맛을 지닌 특징이 있다. 특히 4년 이상의 저장기간을 규제하며, 수출품은 보통 6년 정도 저장되며 알코올 도수 43°의 증류주이다.

〈위스키 유명상표〉

- Canadian Club
- Seagram's V.O
- Seagram's 7 Crown

(4) American Whiskey

미국산 위스키는 옥수수를 주원료(Corn Whiskey)로 하여 만든 버번(Bourbon Whiskey) 위스키와 버번 위스키를 단풍나무 숯으로 한번 더 여과시킨 테네시 위스키(Tennessee Whiskey)로 구분된다.

가. Bourbon Whiskey(버번 위스키)

옥수수가 51% 이상 포함되어 있는 곡물로 나누어 Oak통에 4년간 숙성시킨 것으로, 버번의 원산지인 켄터키주에서 증류 생산된 것을 Kentucky Straight Bourbon Whisky라고 하며, 켄터키주가 아닌 다른 곳에서 생산된 버번 위스키는 Straight Bourbon Whisky라고 한다.

〈위스키 유명상표〉

- Jimbeam
- I.W Harper
- Old Grand Dad
- Wild Turkey

나. Tennessee Whiskey(테네시 위스키)

테네시주에서 생산되는 위스키로 특수한 여과방법을 사용하여 생산된 위스키로 특이한 향과 풍미가 있어 고급주로 구분된다.

Tennessee Whiskey는 미국의 Tennessee주에서 생산되는 Whiskey로서 Bourbon을 만드는 제조과정보다 한 과정 더 추가하여 테네시주의 단풍나무 숯으로 한번 더 여과시켜 만든 부드럽고 독특한 향을 내는 Whiskey이다.

〈위스키 유명상표〉

- Jack Daniel
- George Dickel
- Corn Whiskey

3. 진(Gin)

Gin은 네덜란드의 약학교수가 의약용으로 개발하여 Jenever라 불리다가 17세기에 영국으로 건너가 Gin으로 불리게 되었다.

진은 맥아와 호밀맥을 원료로 하여 발효시킨 다음 주정을 증류하고 여기에 주니퍼 베리(Juniper Berry)라는 열매의 향료를 착향하여 만든다. 주정과 물을 섞어 40° 정도로 희석시켜 여과하여 병입시킨, 전혀 숙성을 시키지 않고도 마실 수 있는 향긋하고 상쾌한 향이 특징이다. 진은 칵테일 기주로도 많이 쓰이는데 진에 버무스(Vermouth)를 믹스하여 올리브와 레몬을 곁들인 마티니(Martini)가 세계적인 칵테일로 유명하다.

1) Gin(진)의 종류

(1) England Gin

① London Dry Gin
② Old Tom Gin
③ Plymouth Gin
④ Holland Gin
⑤ Flavored Gin
⑥ Dry Gin
⑦ German Gin

(2) American Gin

(3) German Gin

4. 보드카(Vodka)

보드카는 곡류와 감자를 원료로 하여 발효한 연속증류기로서 95% 정도의 주정을 얻어낸 후 자작나무의 활성탄과 양질의 모래로 20~30회 정도 반복 여과하여 만든 러시아의 국민주(國民酒)이다. 특징으로는 무색(Colorless), 무미(Tastless), 무취(Odourless)의 술로 40~60%의 알코올을 함유하고 있다.

〈보드카의 유명상표〉

- Stolichnaya(스톨리치나야)
- Moskovskaya(모스코프스카야)
- Smirnoff(스미르노프)
- Fleischmann's(플레이시만스)
- Zubrowka(주브로브카)

5. 럼(Rum)

럼주는 독특하고 강렬한 향이 있고 남국적인 야성미를 갖추고 있으며 해적의 술이라고 한다. 사탕수수 줄기를 으깨서 즙을 만들어 농축시켜 95%는 시럽으로 추출하여 설탕을 제조하는 데 쓰고, 나머지 5%의 침전물, 즉 Molasses(당밀)를 발효시켜 증류해서 만든 맑고 순수하며 건강에 좋은 술이다.

Rum은 엷은 향의 Light Rum(White Rum)과 진한 향의 Heavy Rum(Dark Rum) 그리고 Medium Rum(Gold Rum)으로 분류하며 Light Rum은 미국 쪽에서 인기가 좋고 Heavy Rum은 유럽 쪽에서 추운 겨울에 즐겨 마신다.

〈럼의 유명상표〉

- Ronrico
- Bacardi
- Myers's Rum
- Old Oal Trinidad
- Barban Court
- Mount Gay

6. 테킬라(Tequila)

멕시코를 대표하는 술로 용설란과인 Agave의 수액을 발효시켜 만든 증류주이다. 테킬라의 품종은 법적으로 규제하여 3가지 품종으로 한정하고 있는데, Agave Americana, Agave Atrovirens, Agave Tequilana이다. 테킬라를 만들려면 특정품종인 아가베 테킬라나를 재배해야 하는데, 10년 정도 자란 용설란의 잎을 잘라내고 줄기를 반으로 잘라 증기솥에 넣어 열을 가하면 줄기 속의 다당류가 당화되고 이 당화액을 발효하면 멕시코 원주민이들이 즐겨 마시는 발효주 풀케(Pulque)가 된다.

풀케주를 단식 증류법으로 2번 증류하고 2년 이상 저장하여 숙성시킨 것이 Gold Tequila 또는 아네호(Anejo)라 한다. 테킬라는 1968년 올림픽을 계기로 세계적으로 유명해졌다.

7. 아쿠아비트(Aquavit)

라틴어의 아쿠아 비태(Aqua Vitae), 즉 생명의 물에서 유래되어 노르웨이와 독일에서는 Aquavit, 덴마크에서는 Akvavit라고 부른다. 아쿠아비트는 감자를 당화시켜 연속식 증류법으로 증류하여 고농도의 알코올을 얻은 다음 물로 희석하여 각종 향신료를 첨가한 후 다시 증류하여 만드는 것이다. 주로 스트레이트로 차게 해서 식전주로 마신다.

제 4 절 혼성주(Compounded Liqueur)

<그림 5-9> 혼성주의 종류

1. 혼성주의 개요

혼성주란 증류주 또는 양조주에 초·근·목·피 등 향미성분을 배합하고 감미료, 착색료를 가미시켜 만든 감미롭고 향기가 강한 술로서 통상 Liqueur(리큐르)라고 한다. 영국과 미국에서는 코디얼(Cordial)이라 하며 주로 칵테일의 기주로 사용하기도 하며 식후에 애용되는 식후주이기도 하다.

2. 혼성주의 제조기법

1) 증류법(Distilled Process)

증류주에 원료를 배합하여 단식 증류법으로 증류하는 방법이다. 즉 향료나 재료가 되는 식물의 씨, 잎, 뿌리, 껍질 등을 일정기간 동안 담가서 부드럽게 한 후 배합물질을 증류하는 것이다. 이렇게 얻은 주정에 설탕 또는 시럽을 첨가하여 감미와 색을 낸다.

2) 에센스법(Essence Process)

주정에 천연 또는 합성의 향료를 배합하여 여과한 후 사카린(Saccharine)을 첨가하여 만드는 방법으로 품질과 가격이 싸며 독일에서 많이 사용하는 방법이다.

3) 침출법(Infusion Process)

열을 가하지 않는 콜드방식(Cold Method)이라고 하며 증류하면 변질될 수 있는 과일이나 약초, 향료 등에 증류주를 가해 향미성분을 용해시키는 방법이다. Cordial이라고 한다.

3. 혼성주의 종류

1) 베네딕틴 디오엠(Benedictine D.O.M)

프랑스에서 가장 오래된 리큐르이며 1510년경 프랑스의 한 수도원에서 성직자가 만든 술로서 코냑에 허브 향료를 첨가하여 만들었다. D.O.M은 라틴어 Deo

Optimo Maximo의 약어인데 '최고로 좋은 것을 신에게 바친다'라는 뜻이다.

2) 칼루아(Kahlua)

멕시코의 커피 리큐르로서 커피 열매, 코코아 열매, 바닐라 등으로 만든 술이며 주정도수는 26.5°이다.

3) 드램부이(Drambuie)

스코틀랜드산의 유명한 리큐르이다. 드램부이는 '사람을 만족시키는 음료'라는 뜻이며 스카치 위스키에 꿀을 넣어 만든 술이다.

4) 쿠앵트로(Cointreau)

오렌지의 에센스를 추출하여 브랜디와 혼합하여 만든 술이다.

5) 티아 마리아(Tia Maria)

최초의 커피 리큐르로서 블루마운틴 커피를 주재료로 하여 만든 술이며 자메이카에서 주로 생산하고 있다.

6) 갈리아노(Galliano)

산뜻한 향미의 이 술은 40종이 넘는 향료를 배합하여 만들어진 술이며 병모양이 긴 것이 특징이다. 술의 이름은 이탈리아(앤다재수스)라는 요새를 영웅적으로 방어한(갈리아노)라는 소령의 이름에서 유래되었다.

7) 슬로진(Sloe Gin)

슬로베리(Sloe Berry)를 진에 첨가하여 맛을 낸 감미가 적고 약간 신맛이 나는 리큐르이며 주정도수는 30°이다.

8) 캄파리(Campari)

여러 가지 식물의 뿌리, 씨, 향료, 껍질 등 70여 종의 재료로 만든 리큐르이다. 소다수나 오렌지주스를 섞으면 좋은 식전주(Aperitif)가 되며 빨간색을 띠고 있다.

9) 샤르트뢰즈 (Chartreuse)

리큐르의 여왕이라 불리며 16세기경 프랑스 샤르트뢰즈 수도원에서 만든 술이다. 오늘날까지 처방은 비밀로 되어 있다. 벌꿀 함량이 많아서 단맛이 진한 Yellow의 주정도수는 43°이다.

10) 그랑 마니에르 (Grand Marnier)

코냑에 쿠라소 오렌지를 넣어 만든 향기로운 리큐르이다.

11) 크렘 드 카카오 (Creme de Cacao)

브랜디에 과일, 약초, 코코아 향료 등을 넣어 만들었으며 코코아의 풍미와 바닐라향이 나는 리큐르로서 White와 Brawn의 두 종류가 있다.

12) 크렘 드 카시스 (Creme de Cassis)

프랑스산으로 검은 까치밥나무 열매로 만든 검붉은색의 약간 산미가 있는 리큐르이다.

13) 크렘 드 망트 (Creme de Menthe)

일명 Peppermint라고 하며 박하향을 가미한 리큐르로서 그린, 핑크, 화이트 등의 색이 있으며 주정도수는 25~30°이다.

14) 체리 브랜디 (Cherry Brandy)

살구를 씨와 함께 으깨서 발효시킨 후 증류하여 당분을 가한 술로서 주정도수는 25~30°이다. 덴마크와 네덜란드산이 유명하다.

15) 비앤비 (B&B)

Benedictine 60%와 Brandy 40%를 혼합시킨 술로서 주정도수는 40°이다.

16) 트리플 섹(Triple Sec)

프랑스 남부에서 생산되는 오렌지와 약초를 재료로 만든 리큐르이다.

17) 앙고스투라 비터스(Angostura Bitters)

Rum과 고미건위제로 쓰이는 약초 '용담' 뿌리와 식물성 엑기스를 배합한 Liqueurs로서 Manhattan Cocktail을 비롯해서 많은 칵테일의 고미제로 쓰인다.

4. 음료 주문받는 요령

음료업장에서 근무하는 종사원은 상품에 관한 충분한 지식과 정해진 규칙에 의하여 좋고 값진 음료를 주문받음으로써 고객에게 충분한 만족을 줄 수 있어야 하며, 이것이 회사와 개인에게 더 많은 이익을 가져다 주는 것임을 항상 명심해야 한다.

따라서 음료업장의 종사원은 세련된 태도로써 정해진 규칙에 의해 주문받는 요령을 익혀야 한다.

음료를 주문받을 때에는 먼저 고객의 기호를 빨리 파악하여 그에 알맞은 음료를 소개하고 고객이 편안한 마음으로 주문할 수 있도록 도와주어야 한다.

1) 주문받을 때 명심해야 할 사항

① 고객에게 음료를 팔기 전에 자신을 팔아야 한다.
② 서비스와 친절을 함께 판다는 것을 잊어서는 안 된다.
③ 가격을 파는 것이 아니라 가치를 팔아야 한다.
④ 음료뿐만 아니라 분위기를 함께 팔아야 한다.

이상과 같은 사항을 잘 기억하여 주문받을 때 고객이 물으면 적극적인 자세로 대답에 임해야 한다.

2) 음료를 주문받는 요령

① 고객이 착석하면 계절 및 시간에 알맞은 인사를 웃음 띤 얼굴로 한다.

② 먼저 물을 따른 후 식전음료를 주문받는다.
음료의 판매촉진을 위하여 음료를 주문받은 후 천천히 따를 수도 있다.

③ 2명 이상의 여러 손님일 때는 시계방향으로 주문을 기록하고 Host와 Guest를 잘 구분하여 순서가 바뀌는 일이 없도록 한다.

④ 시간이 오래 걸리는 칵테일은 주문받을 때 소요시간을 미리 알려주어 지루함을 덜어주어야 한다.

⑤ 요리 주문이 끝나면 신속히 테이블로 가서 와인을 주문받는다. 와인은 요리코스에 맞추어 화이트, 레드 와인을 구분하여 추천하며 Special Day인지를 빨리 파악하여 샴페인 주문을 유도한다.

⑥ 주문서(Order Pad)에는 음료주문 내용을 빠뜨리지 않고 기록해야 하고 고객의 성별주문은 물론 변동된 가격 등을 꼭 적어야 한다.

⑦ 문서는 3매로 되어 있고, 1매는 바에서 보관해야 하며, 나머지 1매는 테이블의 담당 캡틴에게 주지시켜 착오가 없도록 한다.

제 5 절 칵테일 서비스의 실제

1. Cocktail의 정의 및 유래

1) Cocktail의 정의

칵테일은 여러 가지 양주류와 부재료(시럽, 과즙, 주스, 우유, 달걀, 탄산음료 등)를 적당히 혼합해서 색(Color), 향(Flavour), 맛(Taste) 등을 조화롭게 만드는 것이다.

넓은 의미의 칵테일은 혼합음료를 가리켜 믹스드 드링크(Mixed Drinks)라 말하고, 좁은 의미의 칵테일은 혼합과정에서 셰이커(Shaker)나 믹싱 글라스(Mixing Glass)를 사용하여 칵테일 글라스에 넣어 마시는 것을 말한다. 특히 칵테일은 가격을 마시는 것이 아니라 분위기와 예술적 가치를 마시는 것이다. 술의 권위자인 미국의 David

A. Embury는 *The Fine Art of Mixing Drinks*라는 저서에서 칵테일을 다음과 같이 정의하고 있다.

① 칵테일은 식욕을 증진시키는 윤활유이다.
결코 감퇴시키는 것이 되어서는 안 된다. 너무 단맛이 나거나 주스가 과잉 혼합된 것은 이 정의에 의해 술자리에서 물러나야 한다.

② 칵테일은 식욕과 동시에 마음도 자극하고 무드를 만들어내는 것이 아니면 의미가 없다.
정성껏 만든 칵테일은 가장 훌륭한 음료이다. 긴장을 풀고 근육을 부드럽게 하고, 피곤한 눈에는 다이아몬드와 같은 빛을, 혀에는 매끄러운 작용을 주고 우정을 높인다. 너무 강하거나 묽어지면 그와 같은 효과를 얻을 수 없다.

③ 칵테일은 아주 맛이 있지 않으면 가치가 없다.
그러기 위해서는 혀의 맛, 감각을 자극할 만한 샤프함이 바람직스럽다. 너무 단 것, 시큼한 것, 쓴 것이나 향기가 너무 강한 것은 실격이다.

④ 칵테일은 얼음에 잘 냉각되어 있지 않으면 안 된다.
손에서 체온이 전해지는 것을 피하려 Stem이 달린 칵테일 글라스를 일부러 이용하는 것이다.

2) Cocktail의 유래

칵테일에 관한 어원은 전 세계에 걸쳐 수많은 설이 있다. 그러나 현재는 어느 것이 정설인지 정해지지 않았다. 현재까지 주장되고 있는 여러 가지 설 가운데 가장 설득력이 있다고 생각되는 것 두 가지를 약술한다.

① 장닭(Cocks)의 꼬리(Tail) 깃으로 저어 만든 데서 유래됐다는 설

미국의 독립전쟁 당시 버지니아 가병대에 패트릭 플래나건이라는 사람이 입대하여 근무하다 전사하고 말았다. 신혼 초에 갑자기 남편을 잃은 그의 미망인은 죽은 남편을 잊지 못해 남편의 부대에 종군할 것을 희망했으므로 부대에서는 하는 수 없이 기병대 주보의 운영을 맡겼다. 이 미망인은 혼합주를 만드는 데 소질이 있어 군인들의 호평을 받고 있던 어느날 그 부인은 반미적인 아일랜드인 지주의 집 정원에 몰래 들어가 아름다운 꼬리를 가진 수탉을 훔쳐다가 요리하여 병사들

에게 대접하였다.

병사들은 그녀의 용기있는 행동에 찬사를 보내며 주보 안에서 축제를 벌이던 중 그녀의 자랑인 혼합주를 청하자 마침 병에 꽂혀 있던 수탉의 아름다운 꼬리 깃으로 술을 휘저어 제공하자 술취한 병사들이 "오! 브라보 Cock's Tail(콕스테일)" 하고 환성을 질렀다. 그 이후부터 혼합주는 Cocktail이라 불리게 되었다는 설이다.

② 남미의 토속어 '코라데가죠'에서 유래되었다는 설

영국의 엘리자베스 여왕 시대에 모험가들이 남미의 여러 지역을 탐험하던 중 한 지역의 술집에 들어가자 한 소년이 토속주를 섞어 놓고 깨끗이 껍질을 벗긴 막대기로 저어 혼합시키고 있었다. 그때까지 술을 스트레이트로만 마시던 모험가들은 그 소년에게 그게 무어냐고 물었더니 그 소년은 "코라데가죠 : 닭꼬리라는 뜻"이라 대답했고, 그 혼합주의 절묘한 맛에 감탄한 모험가들은 술을 젓던 나무 막대기가 수탉의 꼬리를 닮았으므로 Cocktail이라 부르며 즐겼고, 나중에 귀국해서 혼합주의 맛을 잊지 못해 술을 섞어서 막대기로 저어 Cocktail이라 부르며 마셨던 데서 유래되었다는 설이다.

2. 칵테일의 분류

1) 용량에 의한 분류

① 쇼트 드링크(Short Drink)

용량이 6oz(180ml) 미만인 작은 역삼각형의 칵테일 글라스 또는 샴페인 글라스에 제공되며 짧은 시간에 취기가 빨리 오르게 하는 술이다. 칵테일을 만든 후 10분 정도 경과하면 섞어놓은 재료가 분리되어 가급적 빨리 마시는 게 좋다.

② 롱 드링크(Long Drink)

알코올에 비알코올 음료수를 첨가하여 조주한 술로서 주정은 비교적 약하다. 잔의 크기는 대부분 8oz(240ml) 이상의 글라스를 사용하며 시간을 두고 몇 번에 나누어 마신다. 넓은 의미의 칵테일은 롱 드링크와 쇼트 드링크를 통틀어 혼합음료라고 한다.

③ 소프트 드링크(Soft Drinks)

알코올이 거의 포함되지 않은 음료를 말하며 소량의 리큐르를 사용한다. 주로 여성이나 어린이가 마시기에 적당하다.

2) 제공시간별 분류

① 식사 전 칵테일(Aperitif Cocktail)

식욕을 촉진시키기 위하여 마시는 칵테일로서 주로 신맛과 쓴맛인 '칵테일의 여왕'이라 불리는 맨해튼과 '칵테일의 왕'이라 불리는 마티니 등이 대표적인 칵테일이며 단맛이 없는 것이 특징이다.

② 식사 후 칵테일(After Dinner Cocktail)

식후 칵테일을 프랑스에서는 다이제스티프(Digestif)라고 한다. 식후에 소화를 돕기 위하여 마시는 단맛이 나는 칵테일로서 대표적인 것은 브랜디 알렉산더, 그라스호퍼 등이 있다.

③ 올데이 타입 칵테일(Allday Type Cocktail)

식사와 구별 없이 별도로 마실 때 적당한 칵테일로, 신맛이나 단맛이 함유된 칵테일이다.

3) 형태에 의한 분류

① 하이볼(High Ball)

위스키에 탄산음료만을 혼합한 것이었으나 근래에 와서는 증류주를 베이스로 물, 진저에일, 주스류, 토닉워터, 소다수 등 각종 청량음료를 혼합하여 만든 믹스드 드링크이며 하이볼에 제공되는 롱 드링크를 말한다. 보통 180ml, 240ml, 300ml, 360ml가 있으나 240ml가 가장 많이 사용되고 있다.

② 사워(Sour)

신맛이란 뜻으로 Sherry잔을 대형화한 모양의 술잔으로서 위스키, 브랜디 등의 각종 증류주에 레몬주스와 시럽을 혼합한 형태의 칵테일이다. 용량은 120ml가 표준이다.

③ 콜린스(Collins)

위스키, 진, 럼, 보드카 등의 증류주에 레몬주스와 설탕시럽을 넣고 소다수로 채우는 기본제법이다. 롱 드링크이며 존 콜린스, 톰 콜린스가 대표적이며 12oz, 360ml 글라스가 표준이다.

④ 피즈(Fizz)

Gin, Sloe Gin, Cacao 등의 술에 Lemon Juice, Sugar 등을 첨가하여 섞은 뒤 Soda Water를 채우는 방법으로 만드는 Long Drink이다.

소다수의 탄산음료를 열 때 '피' 하는 소리에서 나온 의성어에서 유래되었다.

⑤ 크러스터(Crusta)

이 칵테일은 스노 스타일로 위스키, 진, 럼 크러스터 등이 대표적이다. 브랜드를 기본으로 한 레몬주스, 비터스, 설탕 등을 혼합해서 레몬이나 오렌지과일 껍질을 나선형으로 벗겨 장식한 칵테일이다.

⑥ 슬링(Sling)

독일어로 '마시다'라는 뜻으로 싱가포르 슬링이 대표적이며 피즈(Fizz)와 만드는 법이 비슷하나 용량이 많고 리큐르를 첨가하여 맛을 부드럽게 한 것이다.

⑦ 리키(Rickey)

설탕이나 시럽 등을 상용하지 않아 상쾌한 신맛이 특징이다. 증류주에 신선한 라임 열매의 즙을 넣어 소다수를 채우는 것이 기본제법이며 진, 럼, 스카치 리키 등이 대표적이다.

⑧ 쿨러(Cooler)

쿨러는 차게 하여 갈증해소나 청량감을 느끼게 하는 음료를 의미하며 증류주나 양조주에 레몬이나 라임주스, 설탕시럽 등을 첨가하여 신맛이 특징이다. 진, 럼, 스카치 등이 대표적이다.

⑨ 프라페(Frappe)

칵테일 글라스와 샴페인 글라스에 가루 얼음을 채우고 그 위에 원하는 리큐르를 넣고 체리와 함께 짧은 스트로를 꽂는다. 민트, 카카오, 블루 큐라소 프라페 등이 있다.

⑩ 플로트(Float)

술이나 재료의 중량을 이용하여 내용물이 섞이지 않게 띄운 것이며 대표적인 것으로 엔젤스 키스, 푸스카페 등이 있다.

⑪ 플립(Flip)

신선한 달걀 노른자와 설탕, 시럽 등을 첨가하여 와인이나 증류주를 혼합한 후 너트메그를 뿌린다. Eggnog와 비슷하며 Brandy Flip이 대표적이다.

⑫ 프로즌 스타일(Frozen Style)

기본 베이스와 눈가루 얼음과 함께 믹서기로 혼합하여 셔벗상태로 만든 칵테일이다.

⑬ 미스트(Mist)

프라페와 기본 제법이 비슷하다. 안개를 의미하는 것으로 글라스의 표면이 서리에 휩싸이듯 하얗게 되는 것에서 붙여진 이름이며 스카치 미스트와 버번 미스트가 대표적이다.

⑭ 스노 스타일(Snow Style)

글라스 가장자리에 레몬즙을 발라, 소금이나 설탕을 묻히는 스타일이다. 마가리타, 블러디 메리 등이 대표적이며 영어로는 Rimmed wind Salt 또는 Rimmed wind Sugar로 표시하기도 한다.

⑮ 생거리(Sangaree)

스페인어로 피를 의미하며 와인이나 증류주에 설탕이나 레몬주스를 넣고 물로 채운다. 레드와인 등을 기본주로 사용한다.

⑯ 펀치(Punch)

펀치볼(대형 그릇)에 과일, 주스, 설탕, 물, 기본주 등을 혼합하여 큰 얼음(Lump Ice)을 띄워 여러 사람이 떠서 마시는 음료로 주로 큰 파티에서 이용된다.

⑰ 트로피컬(Tropical)

파나 콜라다, 마이타이 등이 대표적이며 럼, 과일주스, 시럽, 열대과일 등을 주로 사용하여 달콤하며 롱 드링크 칵테일이다.

⑱ 줄렙(Julep)

페르시아어로 쓴 약을 먹고 입가심을 위해 마시는 달콤한 음료를 말하는 것으로 19세기 남부의 개척자들이 기력을 회복하기 위해 마시던 칵테일이다. 물과 Sugar로 시럽을 만들어 붓고 Mint를 으깨어 얼음을 곱게 갈아서 넣고 술을 붓는다.

⑲ 스트레이트 & 온더록스(Straigt & On the Rocks)

얼음을 바위로 비유하여 바위 위에 붓는다는 의미로 지어진 이름이며 조주 방법은 6oz의 온더록스를 올드패션드 글라스에 얼음과 함께 제공하는 것으로 체이서(Chaser)가 함께 제공된다.

⑳ 기타

이외에도 스매시(Smash), 토디(Toddy), 데이지(Daisy), 벅(Buck), 에이드 & 스쿼시(Ade & Squash), 하프 앤 하프(Half and Half) 등이 있다.

3. 칵테일의 재료와 기물

1) 칵테일 재료

칵테일을 만들 때 주재료(Base)가 되는 술은 다음과 같다.

① Whisky Base Cocktail
② Brandy Base Cocktail
③ Gin Base Cocktail
④ Rum Base Cocktail
⑤ Vodka Base Cocktail
⑥ Tequila Base Cocktail
⑦ Wine Base Cocktail

2) 칵테일의 부재료

(1) 청량음료

가. 탄산음료(Carbonated Drinks)

① 콜라(Coke)

주원료는 서아프리카, 서인도제도, 브라질, 말레이시아 등지에서 재배되는 Cola(Cola Bean)를 가공 처리하여 Cola 엑기스(Extract)를 만들어 여기에 물을 섞고 각종 향료를 넣은 후 이산화탄소(CO_2)를 함유시켜 만든 것이다.

② 사이다(Cider)

구미에서 사과를 발효해서 제조한 과실주로 알코올 성분이 3~6% 정도 함유되어 있으나, 우리나라에서는 구연산과 감미료, 탄산가스를 함유시켜 만든 것이다.

③ 소다수(Soda Water)

주로 위스키와 배합하여 쓰이며 탄산가스와 무기염류를 포함한 천연광천수와 인공제품이다.

④ 진저 에일(Ginger Ale)

생강(Ginger)의 향을 함유한 소다수로 진이나 브랜드와 혼합하여 마신다.

⑤ 토닉 워터(Tonic Water)

진과 혼합하여 즐겨 마시며 무색투명의 음료로 영국에서 개발되었다. 레몬, 라임, 오렌지, 키니네 껍질 등으로 엑기스를 만들어 당분을 배합한 것이다.

⑥ 콜린스 믹서(Collins Mixer)

Fizz나 Collins류를 만들 때 쓰이며 Soda수에 레몬주스와 당분을 섞어 만든다.

나. 무탄산 음료(Non-Carbonated Drinks)

- Mineral Water

  Mineral Water란 인, 칼슘, 라듐, 염소, 칼륨, 마그네슘, 철 등의 무기질이 함유된 인공 광천수를 말한다.

(2) 과즙음료(Fruit Juices)

칵테일로 사용되는 주스는 Lemon Juice, Lime Juice, Orange Juice, Pineapple Juice, Grapefruit Juice 등 여러 가지 주스류가 있으며 라임은 레몬보다 약간 작은 과실로서 레몬보다 산미가 더 강한 주스이다.

(3) 유성음료

지방질을 제거한 우유와 유지방만을 모아 만든 Sweet Cream 등이 있다.

(4) 시럽류(Syrups)

① Grenadine Syrup

석류를 원료로 하는 진홍색 Syrup으로 Essence와 인공착색을 많이 하며 칵테일의 착색료로 사용된다.

② Plain Syrup

설탕과 물을 4 : 1로 넣고 끓여서 만드는데 투명하게 하려면 달걀 흰자위 1개를 풀어서 넣은 뒤 앙금을 걷어내면 된다.

③ Gum Syrup

Plain Syrup에 아라비아의 Gum 분말을 가해 접착성을 띠도록 만든 것이다. Plain Syrup을 오래 두면 밑으로 사탕이 내려앉으므로 이를 방지하기 위한 것이다.

(5) 장식용 과실류(Garnish Fruits)

① Marachino Cherry

가니시로는 옐로, 그린, 블루, 레드 컬러가 있는데, 보편적으로 레드체리가 가장 많이 사용되고 있다.

② Olive

올리브는 마티니 칵테일에 주로 사용되며 특히 속을 채운 올리브용과 식용으로 사용되는 올리브로 구분되기도 한다.

③ Fresh Fruits

오렌지, 레몬, 라임, 파인애플, 바나나, 멜론, 망고, 복숭아 등을 슬라이스하여 사용하기도 하며 껍질과 이파리를 사용한다.

④ Vegetable

채소로는 Bloody Mary 칵테일에 셀러리로 사용되기도 하며 맛과 시각을 높여준다.

<그림 5-10> 칵테일 가니시

(6) Spice류

Pepper, Nutmeg, Clove(정향), Cinnamon, Worcestershire Sauce, Tobasco Sauce, 설탕, 소금 등의 양념류와 향신료 등이 사용되며 그 밖에 얼음, 달걀, 커피 등의 부재료도 있다.

(7) Bitters류

① Angostura Bitters
Manhattan, Old Fashioned 등에 향신료로 사용된다.

② Orange Bitters
강장, 해열, 건위에 효과가 있으며 이탈리아 Campari사의 것이 유명하다.

(8) 얼음

① 셰이브드 아이스(Shaved Ice)
갈아서 곱게 만든 가루 얼음

② 크러시드 아이스(Crushed Ice)
분쇄 제빙기로 만들거나, 얼음을 타월에 싸서 두들겨 깨서 잘게 부순 얼음

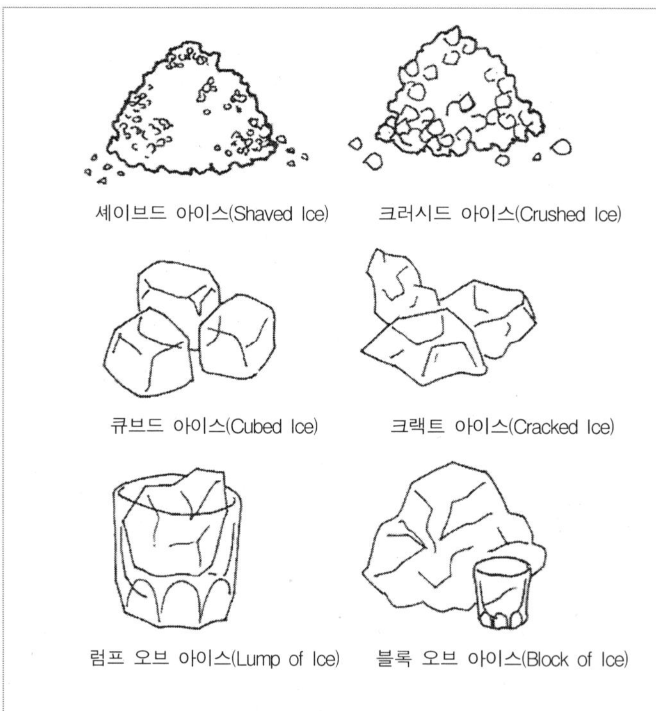

<그림 5-11> 얼음의 종류

③ 럼프 오브 아이스(Lump of Ice)
On the Rocks에 쓰이는 것으로 약간 큼직하게 깨서 만든 얼음. 일명 Rock Ice 얼음
④ 큐브드 아이스(Cubed Ice)
제빙기에서 만들어낸 정육면체의 얼음
⑤ 크랙트 아이스(Cracked Ice)
Ice Pick으로 깨서 만든 큰 덩어리 얼음
⑥ Block of Ice

3) 칵테일 기물

(1) 글라스류

① 위스키 잔(Whisky Glass)
위스키를 마시기 위한 잔으로 스트레이트(Straight) 잔이라고도 한다. 싱글과 더블이 있으며, 용량은 싱글이 30ml, 더블은 60ml가 표준이다.
② 올드 패션드 잔(Old Fashioned Glass)
일명 온더록스 잔(On the Rock)이라고도 하며, 얼음을 넣고 위스키를 부어서 마실 때 주로 사용된다. 용량은 180ml 정도이다.
③ 텀블러 잔(Tumbler)
일명 하이볼 잔(Highball Glass)이라고도 하며, 주로 양이 많은 롱 드링크(Long Drink)의 칵테일을 낼 때 사용된다. 용량은 보통 240ml 정도이나 더 이상의 것도 없다.
④ 칵테일 잔(Cocktail Glass)
삼각형 모양으로 생긴 잔으로 주로 알코올 도수가 높은 쇼트 드링크(Short Drink)의 칵테일을 낼 때 사용된다. 용량은 75ml가 표준이나 그보다 작거나 큰 것도 있다.
⑤ 리큐르 잔(Liqueur Glass)
리큐르를 마실 때 사용하는 잔으로 용량은 30ml 정도이다. 보드카나 럼 등

스트레이트로 마실 때도 사용된다.

⑥ 셰리와인 잔(Sherry Wine Glass)
셰리와인을 마실 때 사용하는 잔으로 용량은 60~75ml 정도이다.

⑦ 샴페인 잔(Champagne Glass)
샴페인을 마시기 위한 잔으로 용량은 120ml 정도이다.

⑧ 브랜디 잔(Brandy Glass)
브랜디를 마실 때 사용되는 잔으로 용량은 240~300ml 정도이며, 튤립 모양을 하고 있다. 잔의 대소에 관계없이 브랜디의 양을 1oz(30ml) 정도 따르고 손의 체온으로 잔을 따뜻하게 감싸 향기를 음미하면서 마실 수 있는 잔이다.

⑨ 포트와인 잔(Port Wine Glass)
포트와인을 마시는 잔으로 용량은 90ml 정도이다.

⑩ 화이트와인 잔(White Wine Glass)
화이트와인을 마시는 잔으로 용량은 90ml가 표준이나 120ml의 잔도 있다.

⑪ 레드와인 잔(Red Wine Glass)
레드와인을 마시는 잔으로 용량은 화이트와인 잔보다 큰 120~150ml 정도이다.

⑫ 고블릿 잔(Goblet Glass)
용량은 240~300ml 정도이며, 주로 물 또는 롱 드링크를 낼 때 사용된다. 물잔을 'Water Goblet'이라고 한다.

⑬ 사워 잔(Sour Glass)
가늘고 긴 잔으로 사워를 한 칵테일을 낼 때 사용하는 잔이며 용량은 120ml 정도이다.

⑭ 콜린스 잔(Collins Glass)
원통형의 대형 잔으로 주로 양이 많은 롱 드링크를 낼 때 사용되며 용량은 360ml 정도이다.

(2) 칵테일 조주기구

① 믹싱 글라스(Mixing Glass)
믹싱 글라스는 칵테일을 저어서 만들 수 있는 용기로 일명 바 글라스(Bar

Glass)라고도 한다.

② 바 스푼(Bar Spoon)

재료를 혼합하기 위해 저어주는 도구다. 한쪽은 스푼으로 되어 있고, 다른 한쪽은 포크 형태로 되어 있다.

③ 스트레이너(Strainer)

믹싱 글라스에서 만든 칵테일을 잔에 따를 때 얼음조각이 나오지 않도록 받치는 역할을 하는 도구이다.

④ 지거(Jigger)

일명 계량컵(Measure Cup)이라고 한다. 술이나 음료의 양을 측정하는 도구로 한쪽은 작고, 다른 한쪽은 큰 두 개의 삼각형이 붙어 있는 모양이다. 작은 쪽은 용량이 1oz이고, 큰 쪽은 1½oz이다.

⑤ 코르크스크루(Corkscrew)

와인의 코르크 마개를 따는 데 사용하는 도구로 지렛대형 등 몇 가지 형태가 있다.

⑥ 아이스 통(Ice Tong)

얼음을 집을 때 사용하는 도구이다.

⑦ 셰이커(Shaker)

셰이커는 칵테일을 믹스할 때 흔드는 도구로 캡(Cap), 스트레이너(Strainer), 바디(Body)의 3부분으로 되어 있다.

⑧ 스퀴저(Squeezer)

레몬 등의 즙을 짤 때 사용하는 도구이다.

⑨ 코스터(Coaster)

두꺼운 종이나 천으로 되어 있다. 잔의 받침대로 물기를 흡수하거나 안정성 유지 및 품위를 높이기 위해 사용한다.

⑩ 칵테일 픽(Cocktail Pick)

가니시를 위하여 체리, 올리브 등의 부재료를 꽂거나 장식을 위해 사용하는 도구이다.

⑪ 비터 보틀(Bitter Bottle)

병에 들어 있는 작은 술 등의 음료가 한꺼번에 나오는 것을 방지하기 위한 도구로 병에 이것을 꽂으면 작은 구멍을 통해서 작은 양이 나온다.

⑫ 보조 마개(Stopper)

본래의 뚜껑을 완전히 닫을 수 없을 때 병 속의 내용물을 보호하기 위하여 사용하는 마개

⑬ 얼음통(Ice Bucket) : 얼음을 담는 통

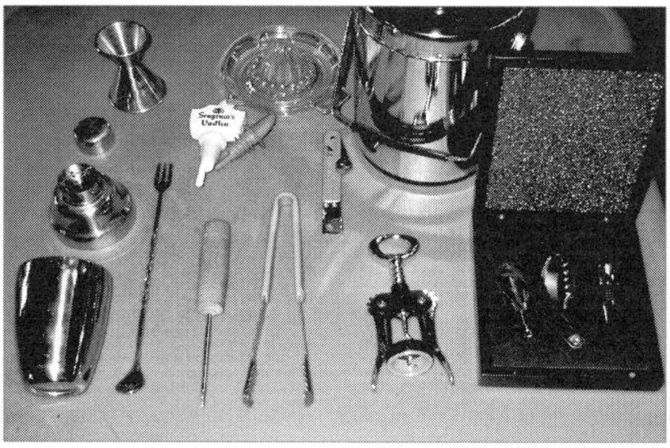

<그림 5-12> 칵테일 조주기구

4) 칵테일의 조주방법과 도량단위

(1) 칵테일 조주방법

칵테일의 기본 5요소는 맛, 향, 색, 장식, 글라스이며 특히 칵테일을 조주할 때는 시각을 즐겁게 해주어야 한다. 조주방법으로는 블렌딩(Blending), 스터링(Stirring), 셰이킹(Shaking), 플로팅(Floating), 빌딩(Building) 등의 방법이 있다.

- 블렌딩(Blending) : 갈아서 섞기

블렌딩은 믹서기(Blender) 등의 전동기구를 사용하여 만드는 방법이다. 칵테일 레시피에 과일이나 달걀이 포함되어 있을 경우 블렌딩할 때는 소다와 같은 발포성 음료는 넣지 말고 블렌딩이 끝난 후에 별도로 첨가하여 저어준

다. 또한 블렌딩을 할 때는 네모난 얼음보다는 잘게 깨진 얼음을 사용하여 가능한 믹서기의 날이 상하지 않도록 한다.

<그림 5-13> 스터링하는 방법

① 셰이커 바디에 얼음 넣기

② 지거를 사용하여 재료 넣기

③ 스트레이너와 캡 순으로 닫기

④ 셰이커 쥐는 방법 및 셰이킹 방법

⑤ 잔에 따르는 방법 및 가니시하기

<그림 5-14> 셰이킹하는 방법

- 스터링(Stirring) : 휘젓기

스터링은 비중이 가볍고 잘 섞이는 음료를 얼음과 함께 믹싱 글라스에 넣고 바 스푼이나 머들러를 사용하여 빨리 휘저어 만드는 방법이다. 만약 소다와 같은 발포성 음료를 함께 넣고 저을 때는 조심스럽고 짧게 해야 한다. 믹싱 글라스에 서리가 일면 칵테일을 따를 준비가 되었다는 표시이다.

- 셰이킹(Shaking) : 흔들기

칵테일 조주기법 중에서 하이라이트라고 할 수 있으며 쇼맨십이 필요한 기법이다. 이는 셰이커를 이용하여 흔들어 만드는 방법인데 사용 요령 및 순서는 다음과 같다.

- 플로팅(Floating) : 띄우기

플로팅은 알코올 도수가 높은 증류주나 향을 내기 위한 리큐르 등을 다 만든 칵테일 위에 비중을 이용하여 소량 띄우는 것을 말한다. 띄울 때는 바 스푼 뒷면을 글라스 안쪽에 대고 기존 술과 섞이지 않도록 조심해야 한다.

<그림 5-15> 플로팅하는 방법

- 빌딩(Building) : 직접 넣기

빌딩은 제공되는 글라스에 얼음과 재료를 직접 넣고 저어서 만드는 방법이다.

- 리밍(Rimming) : 묻히기

글라스의 가장자리에 설탕이나 소금을 묻히는 방법

■ 플람베(Flambee) : 술에 불꽃 피우기
글라스, 조리용기, 술 등을 미리 데워놓고 술을 스푼에 담아 불을 피운 다음 불이 붙은 술을 조심스럽게 나머지 술에 부어 불이 붙게 한다.

(2) 칵테일의 도량단위

도량단위는 재료의 비율을 적절하게 유지하기 위해 중요하다. 지거 또는 온스(oz)로 우리는 계량한다. 얼음은 글라스 양으로 계량한다. 양념은 드롭(drop) 내지 대시(dash)로 계량하고 설탕은 티스푼으로 계량한다. 바에서 사용하는 도량단위는 다음과 같다.

〈칵테일의 도량단위〉

① 1 gallon : 128 ounce, 8 pounds
② 1 quart : 1/4 gallon, 32 ounce
③ 1 pint : 1/8 gallon, 16 ounce
④ 1 fifth : 1/5 gallon, 25.6 ounce
⑤ 1 tenth : 1/10 gallon, 12.8 ounce
⑥ 1 ounce : 30 ml, 28 grams, 1 pony
⑦ 1 split : 6 ounce
⑧ 1 gill : 4 ounce(noggin)
⑨ 1 jigger : 1.5 ounce(45 ml)
⑩ 1 tea spoon : 1/6 ounce, 1 bar spoon
⑪ 1 dash : 1/6 tea spoon, 5～6 drops
⑫ 1 wine glass : 4 oz(120 ml)
⑬ 1 cup : 8 oz(240 ml)
⑭ 1 liter : 33.8 oz
⑮ 1 deciliter : 3.38 oz

제 6 절 음료 서비스(Beverage Service)

1. 음료 서비스

주문받은 음료는 어떤 경우든 정확하게 정해진 방법대로 제공해야 한다.

음료 서비스

① Coke나 Cider 서브 시 Tall High Ball Glass에 Cube Ice 3~4개와 Lemon Slice 한 쪽을 넣고 고객 오른쪽에서 8부 정도 따른다(단, Coke에만 레몬을 넣음).
- "실례합니다. 주문하신 Coke 드리겠습니다."

② Fresh Juice는 Fresh Orange를 1/2로 자른 다음 직접 짜서 만든 주스로서, Tall High Ball Glass에 Fresh Orange Juice를 8부 담아 Straw와 함께 서브한다. 일반 Can에 들어 있는 주스는 10oz Tumbler에 8부 정도 담아 서브하고 토마토 주스는 Lemon을 한 쪽 넣어 서브한다.

③ Perrier 서비스 시엔 Lemon, Lime, Plain 등을 Tray에 담아 고객 오른쪽에서 Goblet에 약 8부 정도 따르고 남은 병은 옆에 놓는다.
고객이 Sliced Lime을 원할 시 Lime 대신 Lime Juice를 몇 방울 떨어뜨리기를 원하시는지 의향을 여쭤본다.

1) 기본순서

① 주문받은 정확한 품목을 Pick up한다.
- 정해진 대로 장식됐는지, 첨부될 도구는 확실한지 확인한다.

② 칵테일 트레이를 이용하여 운반한다.

③ 제공하면서 품목을 설명한다.

④ 고객의 오른쪽 시계방향으로 돌면서 제공한다.

⑤ 즐겁게 드시도록 인사한다.

2) 주의사항

① 글라스의 아랫부분이나 스템을 잡고서 제공한다.
② 반드시 트레이를 사용하여 운반한다.

2. Setting up Beverage Tray(트레이에 음료 세팅)

트레이, 페이퍼 냅킨, 글라스 등의 집기류를 가지고 주문받은 음료를 잘 세팅하는 데 그 목적이 있다.

1) 기본순서

① 트레이의 균형을 잡는다.
② 트레이 위의 냅킨을 포함하여 글라스를 정열한다.
- 글라스의 밑부분을 잡아서 트레이에 놓는다.
- 냅킨을 뽑기가 용이하도록 접어 넣는다.
- 트레이의 중앙에서부터 중심을 유지한다.

③ 정확한 곳에 위치하여 주문을 받는다.
- 주문은 시계방향으로 돌아가며 받는다.

④ 쟁반 위의 음료 배열
- 트레이의 중앙에서 시계 반대방향으로 시작하여 음료수를 놓고 가장자리부터 제공한다.
- 음료끼리 균형을 맞추도록 배열한다.
- 트레이의 균형을 맞추기 위하여 필요할 때마다 냅킨 글라스를 옮긴다.

⑤ 정확하게 주문받은 음료를 고객에게 서브한다.

3. Water Service(물 서비스)

Water Pitcher로 고객에게 물을 서브하는데 주로 차가운 물을 서브한다. 그러나 고객의 요청에 따라 더운물, 보리차 등을 서브하는 경우도 있다.

1) 기본순서

① Water Pitcher의 준비
- Water Pitcher는 깨끗하고 상태가 좋아야 한다.
- Water Pitcher에 얼음과 물을 가득 채운다.
- Service Station에 둔다.

② 물을 잔에 따를 때
- 물은 칵테일 다음에 서브한다.
- 손님 오른쪽에 서서 오른손으로 물을 따른다.
- 손님에게 물을 제의한다.
  "지금 물을 따라드릴까요?"
- 물을 따를 때는 Pitcher를 잔에서 약 1인치 위로 잡는다.
  Pitcher가 잔에 닿지 않도록 하며, 또 너무 높아서 물이 튀지 않도록 한다.
  물이 넘거나 흘러내리지 않도록 한다.

2) 주의사항

① 여성고객에게 먼저 서브한다.
② 고객이 원하는 물의 양을 알도록 한다. 물이 ⅓밖에 없으면 잔을 다시 채우도록 한다.
③ 물잔 위치는 테이블에서 바꾸지 않도록 한다. 필요한 경우엔 물잔을 앞으로 가까이 가져와서 물을 따르고 원위치로 갖다 놓는다(Water Pitcher가 잔에 닿지 않을 때).
④ 고객 앞을 가로막거나 테이블 반대편에서 서브하지 않도록 한다.
⑤ 물어보지 않고 먼저 물을 따르지 않도록 한다.

물수건 서비스

① 물수건을 찬물에 적신 후 탈수해서 반으로 접어 동그랗게 말아 Hot Box(60℃)에 보관한다.
하절기에는 찬 물수건(5~7℃)을 준비하여 원하는 고객에게 서비스한다. 일본인의 경우는 하절기에도 더운 물수건을 선호한다.
② 고객이 테이블에 착석 후 1분 이내에 고객의 오른쪽에서 세팅된 수저 오른쪽에 2cm 간격을 두고 우측 상단에 일자로 물수건의 접힌 면이 반대편 고객 쪽으로 향하게 서브한다.
③ 음식 서브 후 사용한 물수건을 치우며 Main식사가 끝난 다음 고객이 땀을 많이 흘릴 경우 추가 서비스한다.

냅킨 서비스

① 물 서비스 후 1분 이내에 고객의 오른쪽에서 Eye Contact을 하며 밝은 표정으로 인사말과 함께 다가간다.
"냅킨을 펴 드리겠습니다."
② 오른발 반보 앞으로 나아가 냅킨을 잡고 뒤로 반보 물러선 후 양손으로 냅킨을 반만 편다.
③ 고객의 오른쪽에서 접혀 나누어진 부분을 양손으로 잡고 오른손이 고객의 왼쪽 무릎을 향하게 하여 고객의 가슴 부분이 닿지 않게 조심스럽게 펴드리도록 한다.

4. 와인서비스(Wine Service)

1) 기본순서

① 메뉴상태 확인 후 Eye Contact을 하며 밝은 표정으로 인사말과 함께 양손으로 메뉴를 펴서 Host 오른쪽에서 제시한다.

"식사와 함께 Wine을 드시겠습니까?"

② Wine은 원산지와 맛을 설명하면서 1인 식사 가격대로 추천하며 주문받은 내용은 복창한다.

③ 주문받은 후 2분 이내

White Wine : Wine Cooler(7~10℃)

Red Wine : Wine Basket(18~22℃)에 담아서 와인이 흔들리지 않게 운반한 후 Host 우측에서 Wine의 밑부분을 냅킨으로 싼 후 설명(생산연도 · 원산지 · Wine명)과 함께 두 손으로 상표가 잘 보이도록 확인시킨다.

"2002년도 보르도산 샤또 딸보 Wine입니다."

서비스 시점은 White Wine : 식사 전 / Red Wine : Meat 전

<그림 5-16>
와인 상표확인 요령

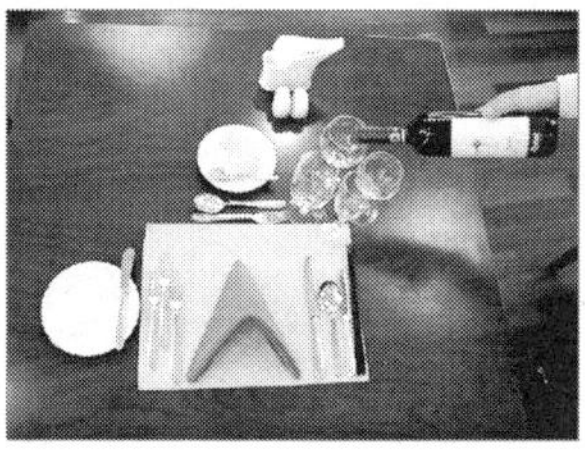

<그림 5-17>
와인 서브요령

<그림 5-18> 와인
쿨러스탠드 사용요령

④ 코르크 마개를 놓을 수 있는 냅킨을 Host 오른쪽 옆에 세팅한다.

⑤ 고객이 보는 앞에서 병 입구 약 1cm 아랫부분을 칼로 자르고 호일을 벗긴 후 Wine을 Open한다.

⑥ 코르크 마개를 냅킨 위에 놓고 냅킨으로 병 입구를 닦은 다음 Host Wine잔에 1.5oz 따른다.

⑦ 여성고객부터 시계방향으로 돌면서 반잔씩 따르며, 맨 나중에 Host에게 서브한다.

Measurement of Bottle

구분 \ 용량	1 liter(32oz) 1 Quart	750ml(25oz) 4/5 Quart	700ml(24oz) 3/4 Quart	1 Shot
Scotch Bourbon Canadian Blended Irish Gin Vodka Rum Brandy	32	25	24	1 oz
Spirits Liqueur	32	25	24	1 oz
Cognac			24	1 oz
Aperitifs	16	12		2 oz
Sherry	11	8		3 oz
Vermouth	16	12		2 oz
House Wine			5	5 oz
Local Whiskey Local Brandy Local Gin Local Vodka Local Rum			24	1 oz

⑧ Refill 서비스는 고객의 의향을 확인한 후 잔에 1/2이 남았을 때 실시한다.

⑨ 와인을 따르고 나서 들어 올릴 때는 트위스트를 하여 주변에 와인 방울이 떨어지지 않도록 주의를 기울인다.

⑩ 화이트와인의 경우 고객 테이블 옆에 와인 스탠드와 쿨러 속에 와인을 꽂고, 레드와인의 경우는 와인 바스켓에 꽂아 테이블 위에 놓는다.

2) 와인병 따는 요령(Opening Wine Bottle)

와인병을 오픈하는 방법을 올바르게 익힌 다음 고객의 테이블에서 Corkscrew를 사용하여 병을 기술적으로 오픈한다.

(1) 기본순서

① 병 입구 끝까지 Foil을 뜯는다(약 1cm).
② Foil을 제거한다.
③ 병 입구를 닦는다.
④ Corkscrew를 오른쪽 각도로 끼우고 Corkscrew가 가운데로 잘 들어가도록 바르게 세운다.
⑤ Corkscrew 나선형 굽이 2개 정도 남아 있을 정도로 Corkscrew를 돌려 넣는다.
⑥ Corkscrew 레버를 병 입구에 건다.
⑦ 병을 왼손으로 잡고 Corkscrew를 오른손으로 똑바로 잡아당긴다. Cork를 휘게 하면 안 된다.
⑧ 레버를 풀고 Cork를 두급 정도 남기고 돌린다.
⑨ Cork를 계속 잡아당긴다.
⑩ Cork가 '뻥' 하는 소리를 내지 않게 천천히 손으로 잡고 돌리면서 뺀다.
⑪ Cork에 식초, 유황 혹은 곰팡이 냄새가 나는지 맡아본다(냄새가 나면 즉시 다른 와인으로 교체한다).
⑫ Corkscrew에서 Cork를 뽑아서 B.B Plate에 놓아 Host에게 확인하도록 한다.

(2) 주의사항

① Champagne, White Wine은 Cooler에 넣어진 상태에서 Open한다. Red Wine은 Basket에 넣어진 상태에서 병을 딴다.
② Cork의 크기에 따라 틀어넣는 Screw를 조절해야 한다.
③ 처음에는 Cork를 조금 밀어 넣은 다음 끌어 올린다.

5. Coffee Service(커피서비스)

커피는 항상 뜨겁게 서브되어야 하며 고객의 요청이 있을 경우에 서브하고 떨어지면 즉시 공급한다.

1) 기본순서

① 고객이 커피를 원하는지 묻는다.
② 고객이 크림을 원하는지 묻는다.
③ Cup과 Saucer를 Cover 오른쪽으로 놓는다. 손잡이는 5시 방향을 가리키도록 한다.
④ 고객 오른쪽에 서서 오른손으로 커피를 따른다.
⑤ 커피 Server의 주둥이를 컵보다 1 inch 위로 잡는다.
⑥ Coffee Cup을 3/4 정도 채운다.
⑦ 왼손은 뒤로 한다(L형으로).

2) 주의사항

① 항상 Cup과 Saucer를 같이 들고 간다. 따로 가져가지 않도록 한다.
② 고객에게 먼저 묻고 잔을 다시 채운다. 짐작으로 하면 안 된다.
③ 여성고객에게 먼저 서브한다.
④ 커피는 뜨겁고 바로 끓인 것이어야 한다.
⑤ Coffee Cup은 항상 뜨겁게 보관되어야 한다.

Refill Service

① 물 또는 오차, 커피 등이 잔에 1/2 이하로 남았을 때, Eye Contact하며 밝은 표정으로 인사말과 함께 고객의 우측에서 Arm Towel로 Pitcher를 받쳐 들고 고객의 의향을 확인한다.
- "실례하겠습니다. (물・오차・커피를) 조금 더 드시겠습니까?"
② Table 위에 놓인 잔에 8부가 되도록 Refill하며 고객의 취향에 맞는 위치에 놓

는다. 따르기 힘든 좌석은 잔을 들고 따른다.

③ 한번 Refill한 고객이 한번 더 Refill을 원할 시 고객의 의향을 확인하고 새로운 잔으로 교체하여 서브한다.

Food & Beverage Service

제6장 | 음식 서비스

제 1 절 서양음식 서비스

1. 음식 서비스

서비스 기준에 적합하게 정해진 절차에 따라 제공함은 물론 레스토랑의 품위에 맞게 정해진 서비스의 수준을 항상 유지해야 한다.

1) 기본순서

① Cutlery, Plate 등 Table Setting을 한다.

② 주문받은 품목을 순서에 따라 제공한다.

- Bread and Butter
- Appetizer
- Soup
- Salad
- Main Course
- Dessert
- Coffee or Tea

③ 서비스의 일반 규정

- 찬 음식은 찬 접시에, 뜨거운 음식은 뜨거운 접시에 제공한다.
- 음식은 오른손으로 고객의 오른쪽에서 제공하고 치울 때도 같은 방식으로 한다. 단, 빵이나 샐러드 등 왼쪽으로 제공되는 품목은 왼쪽으로만 제공한다.
- 서브 시 품목을 말하고 “맛있게 드십시오”를 반복한다.
- 빵과 버터는 메인코스가 끝날 때까지 계속 제공한다.
- 테이블 소스 제공 시 마개를 열어 청결하게 한다.
- 일행의 음식은 동시에 제공하여 기다리지 않게 한다. 치울 때도 모든 일행의 식사가 끝날 때까지 기다려서 같이 치워야 한다.
- 주문받은 음식은 서브 전에 완전한지 확인한 뒤에 제공한다.

④ 식사 중에는 주위에 대기하여 필요한 사항이 생기는지 확인하고 즉시 처리한다.
⑤ 지배인은 식사 중 추가 필요사항이 있는지 점검한다.
"더 필요하시거나 도와드릴 일은 없으신가요?"
"Is there anything I can help you?"
⑥ 주요리가 끝나면 테이블을 깨끗이 치우고(글라스류 제외) 후식을 주문하여 제공한다.
⑦ 고객의 식사 종료 후 요청이 있을 때까지 계산서를 제공하지 않고 기다린다(커피숍 등 일부 업장 제외).
⑧ 계산을 종료하고 떠날 때 감사인사를 한다.

2) 아침식사 서비스 방법

- 커피나 홍차는 식사 주문 전에 먼저 제공하여 메뉴를 보는 동안 커피를 즐길 수 있도록 한다.
- 아침 메뉴는 주스, 과일과 요구르트, 시리얼, 빵과 달걀요리, 팬케이크 순으로 제공한다. 보통 과일과 요구르트, 빵과 달걀요리는 같이 서브하는 것이 좋다.
- 달걀요리를 주문받을 때에는 Fried Egg의 굽는 정도와 Boile Egg의 삶는 정도를 정확하게 물어 실수가 없도록 한다.
- Omelet 달걀요리는 Plain Omelet인지, 속재료(햄, 베이컨, 소시지)를 달걀 속에 넣을 것인지 곁들일 것인지를 반드시 확인한다.

3) 뷔페 테이블 서비스

(1) 테이블 안내

- 고객이 들어서면 귀중품과 코트 등은 Cloak에 보관하도록 한다.
- 인원 수에 맞는 테이블이나 예약 테이블로 안내한다.
- 안내자와 담당 종사원은 착석을 돕는다.
- 안내자는 상냥한 미소와 부드러운 말씨로 안내한다.
- 안내를 마치면 안내자는 고객에게 예의를 표하고 입구로 간다.
- 음료를 마시지 않을 때에는 Buffet Table까지 안내한다.

(2) 주문받는 요령

뷔페식당의 요리는 차려져 있기 때문에 요리에 대한 주문은 받지 않고 요리 이외의 음료의 주문만 다음과 같은 요령으로 받는다.

① 고객이 안내되면 시간적 여유를 주어 식전음료를 주문받는다.
② 고객의 신분, 식사종류 등을 파악하여 음료주문을 받도록 한다.
③ Host가 보기 쉬운 45° 각도에서 주문자만이 들을 수 있는 소리로 주문을 받는다.
④ 15° 정도 구부린 상태에서 미소 띤 얼굴로 주문을 받는다.
⑤ Wine을 원할 경우, Wine List는 Host의 오른쪽에서 제공하는 것을 원칙으로 한다.
⑥ 음료를 들고 있지 않은 고객에게는 식사 중에 음료를 권유하여 본다.
⑦ 음료의 주문을 받은 후에는 감사의 예를 표한 후, 신속하게 서브에 임한다.

(3) 뷔페서비스

뷔페는 대개의 경우 초저녁이나 휴일, 아니면 일요일에 가족동반으로 이용하기를 원한다. 또한 뷔페는 상황에 따라 테이블의 차림이 달라지고 Self Service의 활용에 지장이 없도록 충분한 공간과 통로가 유지되어야 한다.

종사원은 항상 고객의 편의를 돕고 테이블 세팅에도 각별한 주의를 기울여야 한다. 뷔페 서비스의 전반적인 방법은 다음과 같다.

① Table Setting을 한다.
② Self Service에 번거로움이 있을 때는 종사원이 돕는다.
③ 모든 요리는 편리하게 먹을 수 있도록 잘려 있거나, 부분화되어 있다.
④ 커피와 수프 및 홍차 등은 종사원이 제공한다.
⑤ 부족한 음식은 수시로 제공한다.
⑥ 모든 서비스용 빈 접시는 Buffet Table의 초입부분 가장자리에 놓는다.

(4) 테이블 치우는 요령

고객이 음식을 다 먹었거나 더 먹고자 할 때 담당 종사원은 새로운 접시를 사용하도록 안내하고 역시 새로운 기물로 바꾸어 세팅한다.

① 접시 치우는 법

- 접시가 비워지는 고객에게는 더 권한다.
- 고객의 의향을 물어 빈 접시를 뺀다.
- 오른손으로 들어 왼손의 엄지와 새끼손가락이 접시 위로 향하게 하고 나머지 세 손가락은 접시 밑을 받쳐 든다.
- 빈 접시는 왼손에 차곡차곡 쌓아서 Pantry로 철수한다.
- Bread Plate, Caster Set, Glass 등은 Tray를 이용하여 뺀다.
- Crumber를 사용하여 Table Cleaning을 한다.

② 테이블 정돈법

- 고객이 자리를 떠날 때는 감사의 예를 표하고 입구까지 간 뒤에, Table을 치운다.
- Table 위에 남아 있는 기물은 모두 Tray를 이용하여 신속히 치운다.
- 새로운 Cloth를 펼 때에는 Under Cloth가 보이지 않게 차분하게 편다.
- Table Cloth를 펼 때에는 종사원의 등이 옆 Table 고객의 앞을 가리지 않게 주의한다.
- 기다리는 고객을 위하여 신속하게 Table을 다시 Setting한다.

핑거볼 서비스

① 양갈비요리, 껍질째 나오는 요리, 뼈가 붙어서 나오는 요리 시 고객이 테이블에서 손으로 잡고 드시는 경우에 제공되는 서비스이다.

② 음식 서브 후 용기의 청결 여부를 확인한 다음 핑거볼에 미지근한 물(30~35℃)을 5부 정도 채운 후 레몬조각이나 꽃잎을 띄운다.

③ Bread & Butter 접시에 냅킨을 깔고 핑거볼을 올려 고객의 오른쪽에서 음식접시 오른쪽 상단에 밝은 표정으로 인사말과 함께 서비스한다.
"실례합니다. Finger Bowl을 올려드리겠습니다."
라고 한 다음 핑거볼은 손가락 닦는 물이라고 반드시 말한다.

음식에 이상이 있을 때

① 담당자가 사과한 후 업장 책임자에게 즉시 보고하고, 업장 책임자는 고객의 Comment를 경청하여 기록한다.
- "네, 알겠습니다. 곧 다시 준비하겠습니다."

② 요리시간이 많이 걸리는 음식이나 다시 준비할 수 없는 경우 "손님 정말 죄송합니다만, 이 음식을 다시 준비하려면 시간이 많이 걸리는데 다른 음식을 준비해 드려도 되겠는지요?"
고객이 다른 음식으로 주문할 때는 다음과 같이 말한다.
- "양해해 주셔서 감사합니다. 곧 준비해 오겠습니다."

③ 고객이 식사를 반 이상 드셨을 경우 고객의 의향을 확인한 후 Dessert, 과일, 음료 등을 서비스로 제공하고 업장 책임자가 사과한다.
- "다음에는 이런 일이 없도록 하겠습니다. 더 좋은 요리로 모시겠습니다."

음식이 늦게 나왔을 때

① 담당자가 사과한 후 Bill 상단에 주문시간을 체크하고 주방에 확인한 다음 주방장에게 음식이 늦다는 사실을 전하고 재촉한다.

② 주문한 음식이 나오면 업장 책임자가 직접 Pick Up하여 인사말과 함께 서브한다.
"오래 기다리시게 해서 정말 죄송합니다. 더 필요한 것 있으시면 바로 올리겠습니다. 즐거운 시간 되십시오."

③ 음식의 요리시간이 더 지연될 경우 시간이 지연되는 이유와 추가 소요시간을 설명하고 고객을 안심시킨 다음, 고객 의향 확인 후 수프나 Bread 및 Coffee Refill 등을 해드린다. 지배인이 고객의 주문을 직접 Pick Up하고 가니시의 상태를 확인한 후 서브한다.

④ 담당접객조장에게 두 번 실수하지 않도록 당부하여 고객이 떠날 때까지 환송하고 한번 더 사과의 말을 전한다.

메뉴에 없는 음식을 원할 때

① 주문 담당자는 고객에게 양해를 구하고 주방에서 요리가 가능한지 확인한다. "잠시만 기다려주십시오. 제가 주방에 가서 준비가 가능한지 확인하겠습니다."

② 주방에서 요리가 제공되지 못할 경우 주문 담당자는 업장담당 지배인에게 즉시 보고한다.

③ 업장 지배인은 고객에게 사과한 후 유사한 타 메뉴를 추천하여 드린다.

- "지금 손님께서 주문하신 메뉴는 식자재가 품절되어 제공해 드리지 못해 진심으로 사과드립니다. 불편하시겠지만 다른 메뉴로 정성을 다해 모시겠습니다."

주문한 내용과 음식이 다를 때

① 주문한 내용과 주방에서 나온 음식을 확인한 뒤, 고객에게 직접 사과한다. "대단히 죄송합니다. 제가 즉시 확인해서 올리겠습니다."

② 사과 말씀 드린 후 음식이 신속하게 제공될 수 있도록 행동조치한다. 요리시간이 많이 걸리는 음식은 주방과 협의하여 빠른 시간 내에 서브할 수 있도록 한다.

③ 고객이 기다리시는 동안 기본 잔 및 Water 등을 Refill해 드리고 간단한 음식을 서비스로 제공해 식사 보조를 맞추어드린다.

④ 업장 책임자에게 즉시 보고하고 책임자가 사과한 후 책임자 판단하에 계산에서 빼드리며 고객이 떠날 때 환송하고 한번 더 사과의 말을 전한다.

Stand By(고객집중과 응대)

① 서브 후 밝은 표정을 지으며 Hall 전체를 볼 수 있는 벽 쪽 또는 홀 구석 및 기둥이 있는 곳에서 즉시 다가갈 수 있는 자세로 대기한다.

- 남자 : 발뒤꿈치를 붙이고 발끝을 60°로 벌리고 손은 달걀을 살짝 감싸는 듯한 기분으로 쥐어 왼손을 오른손 위에 겹쳐서 선다.

- 여자 : 한쪽 발을 반보 정도 내밀고 앞발뒤꿈치에 힘을 주고 손을 자연스럽게 내린다. 또는 발뒤꿈치를 붙이며 발끝을 30°로 벌리고 오른손을 왼손 위에 겹쳐 배꼽 부위 조금 아래에 살짝 갖다 댄다.

② 주시 요소

- 제공된 요리에 빠뜨린 것이 없는지 확인하고 빈 반찬은 교체한다.
- 물 · 와인 · 차는 잔에 1/2 이하로 남았을 때, 고객에게 여쭌 다음 따라드린다.
- 식사 중 고객에게 더 필요한 것은 없는지, 음식 맛은 괜찮은지 등을 물어 만족을 유도한다.

③ 룸일 때: 룸 온도와 BGM을 확인하고 Host에게 Easy Call 사용법을 말씀드린 후 자연스러운 자세로 대기한다.

2. 플레이트 서비스(Plate Service)

1) 접시를 한번에 많이 옮기는 법

쌓아올린 그릇을 정확한 자세로 운반할 때에는 손자국이 접시 가장자리에 묻거나 옷이 접시에 닿지 않도록 한다.

(1) 기본순서

① 엄지손가락을 접시 끝에 댄다.
② 약지와 새끼손가락을 맨 밑 접시 가장자리에 댄다.
③ 가운데 접시는 집게와 가운뎃손가락으로 지탱한다.
④ 접시를 앞으로 해서 운반한다. 접시가 옷에 닿거나 팔에 기대지 않도록 한다.

(2) 플레이트(Plate) 운반법

- 2개, 3개, 4개 드는 법과 여러 개를 한꺼번에 운반하는 방법이 있는데, 취급시에는 접시의 테두리(Rim) 안쪽으로 손가락이 들어가지 않도록 잡아야 한다.
- 접시를 들고 운반할 때는 몸을 바깥으로 벌어지지 않도록 몸 안쪽으로 접시를 밀착하여 들어야 하고, 접시 든 팔을 흔들면서 걷지 말며 전후좌우 경계

를 소홀히 해서는 안 된다.

- 음식이 담긴 뜨거운 접시는 암타월(Arm Towel)로 받쳐 들고 특히 고객 앞에서는 주의하며 내려놓을 때 뜨겁다는 안내말을 한다.

① 플레이트(Plate) 한 장 운반법

- 왼손의 엄지손가락이 음식물이 담긴 접시 안으로 들어가지 않도록 가볍게 쥔다.

<플레이트 한 장 운반법>

② 플레이트(Plate) 두 장 운반법

- 왼손의 엄지손가락과 새끼손가락 사이에 접시를 끼운 다음 나머지 손가락은 밑부분을 가볍게 받쳐 든다.
- 한 장의 접시를 받쳐 든 엄지와 새끼손가락 그리고 손목 위에 안정감 있게 두 번째 접시를 자연스럽게 얹는다.

<플레이트 두 장 운반법>

③ 플레이트(Plate) 세 장 운반법

- 왼손의 엄지손가락과 검지로 첫 번째 접시의 중심을 가볍게 잡아 쥔다.
- 두 번째 접시도 첫 번째 접시의 테두리에 끼워 엄지손가락으로 고정시킨 뒤 나머지 손가락으로 균형있게 받쳐 든다.
- 두 개의 접시가 평형을 이루도록 손목을 살짝 안쪽으로 꺾어 두 번째 접시와 암타월을 걸친 팔의 중심부분에 세 번째 접시를 균형

<플레이트 세 장 운반법>

을 잡아 가볍게 얹는다.

④ 접시 든 모습

- 숙련된 서비스와 접시의 무게를 고려하여 운반할 때와 치울 때는 알맞게 나누어서 처리하는 것이 바람직하다.

<접시 든 모습>

2) 접시를 테이블에 서브하는 방법

정확한 파지법으로 Plate를 들고 고객에게 서빙함으로써 편안하게 식사할 수 있도록 한다.

고객 앞에 음식 담은 그릇을 놓을 때에는 손가락이 음식에 닿거나 접시 가장자리에 자국이 묻지 않도록 해야 한다.

(1) 기본순서

① 접시를 잡는 방법

- 접시를 오른손 바닥에 안전하게 잡는다.
- 엄지손가락을 접시 끝에 댄다.
- 접시를 안전하며 균형되고 정확하게 잡아 고객 앞에 놓는다.

② 접시를 놓는 방법

- Cover 중앙에 놓이는 접시는 오른손으로 고객 오른쪽에서 서브한다.
- 고객 오른쪽에 서서 오른발을 앞으로 내서 접시를 Cover 오른쪽으로 가져온다. 왼손이 비어 있으면 'L'자형으로 해서 왼손은 뒤로 한다. 왼손에 다른 접시를 잡고 있으면 고객으로부터 멀리 뒤쪽으로 들고 있는다.
- 고객과의 갑작스런 충돌을 피하기 위해 접시를 놓는다고 말씀드린다.
- 접시를 오른쪽에서 안으로 내려놓는다.

(2) 주의사항

① 손가락으로 접시 안쪽 가장자리를 잡아서는 안 된다. 옆 가장자리를 잡도록 한다.

② 중앙에 놓이는 접시는 고객 오른쪽에서 오른손으로 서브된다.
예외) 왼쪽에 놓은 접시 : Butter Plate, Entree 및 Side Dish와 먹는 Salad 그러나 대부분의 경우에 있어서 오른손을 사용한다.

③ 고객을 가로질러 서브하거나 테이블 반대쪽에서 서브하면 안 된다.

④ Entree는 고객과 마주 보게 놓고 육류는 6시를 가리키는 위치에 놔야 한다.

⑤ 접시가 너무 뜨거울 때에는 Service Cloth를 사용한다.

⑥ 접시를 손에서 놓을 때에는 감싸듯이 하여 천천히 손을 뺀다.

⑦ 접시를 서브할 때에는 허리를 구부리지 않도록 바른 자세를 유지한다.

3) 테이블에서 접시 치우기(Bussing Service)

고객이 식사를 끝낸 후 테이블 위의 사용한 기물을 치워준다는 의미이며 서비스 다음 단계의 준비도 된다.

손으로 Flatware, Scrap Plate, Stacking Plate 등을 사용하면서 접시를 잘 치우는 데 그 목적이 있다. 방법에는 Tray Bussing Service, Plate Bussing Service, Trolley Bussing Service 그리고 Pick-up이 있다.

(1) 기본순서

① 테이블에서 접시 치우는 요령

- 첫 번째 접시를 집는다(Flatware Plate).
- 접시를 왼손에 놓는다.
- 엄지와 집게손가락 사이로 잘 잡는다.
- 십자형으로 칼날부분이 Fork 손잡이 밑에 오도록 한다.
- 두 번째 접시를 든다(Scrap Plate).
- Scrap Plate를 Flatware Plate 밑에 놓는다. Scrap Plate를 손바닥에 놓고 나머지 손가락으로 지탱한다.

- Fork와 Spoon을 사용해서 Flatware Plate의 음식 부스러기를 Scrap Plate로 옮긴다.
- Fork를 첫 번째 Fork 옆에 놓는다.
- 세 번째 접시를 든다(Stacking Plate).
- 손목을 안쪽으로 당겨서 접시를 팔목 살부분에 얹힌다.
- 부스러기를 Scrap Plate에 담는다.
- Flatware Plate에 기구를 올려놓는다.
- 테이블에 따라 같은 절차를 밟는다.

② 모든 고객이 식사를 다 마친 후에 사용한 접시를 치운다.
예외) 고객이 접시를 치워달라고 요청했을 때
③ 호스트 오른쪽에서 여자부터 시작한다.
④ 시계방향으로 움직인다.
⑤ 테이블 음식을 다룰 때에는 항상 'Fork와 Spoon방법'을 사용한다.
⑥ 부스러기나 Fork를 접시에 놓을 때에는 고객 눈에 띄지 않게 한다.
⑦ 접시를 운반할 때에는 왼손을 사용한다. 고객 등으로부터 멀리한다.

(2) 주의사항

① Cutlery는 빠지지 않도록 Knife는 Fork의 손잡이 밑에 끼워서 치운다.
② 기물을 높이 쌓아서 고객에게 불안한 느낌을 주지 않도록 한다.
③ 소스류가 흘러내리지 않도록 조심한다.
④ 고객의 몸에 부딪히지 않도록 하고 고객이 보는 앞에서 High Carry를 지양한다.

(3) 플레이트(Plate) 치우는 법

① 왼손의 엄지손가락과 검지로 첫 번째 접시와 포크(Fork)를 엄지손가락으로 고정시킨 다음 나이프(Knife)는 포크(Fork)의 밑부분에 X형이 되도록 끼운다.
② 모든 포크(Fork)와 나이프(Knife)는 첫 번째 접시에 X형이 되도록 모아놓고 세 번째 접시의 음식물 찌꺼기는 포크(Fork)를 이용하여 두 번째 접시로 쓸

어내린다.

③ 엄지손가락과 새끼손가락 사이에 첫 번째 접시를 끼우고 포크(Fork)를 엄지손가락으로 고정시킨 다음 그 밑에 나이프(Knife)를 끼운다. 두 번째 접시는 엄지손가락과 새끼손가락, 손목에 중심을 잡아 얹어 포크(Fork)를 이용하여 음식찌꺼기를 첫 번째 접시로 쓸어내리고 이용한 포크(Fork)는 나이프(Knife) 위에 X형으로 놓는다.

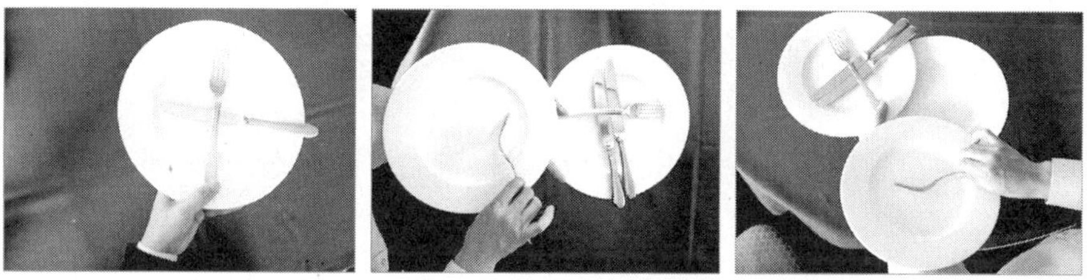

<그림 6-1> 플레이트 치우는 요령

(4) 플레이트(Plate) 닦는 법

모든 접시는 스튜어드(Steward)에서 기계와 사람에 의해 닦이지만 종사원은 사용 전에 다시 한 번 다음과 같이 확인하여 닦아야 한다.

- 접시를 작업대로 운반하여 놓고 순서에 의해서 확인한다.
- 양손으로 마른 헝겊을 감싸 쥐고 접시를 회전시키면서 빛이 나도록 닦는다.
- 접시의 가운데 부분을 닦을 때에는 왼손에 헝겊을 감싸서 접시를 들고 닦는다.
- 앞부분을 닦고 난 뒤 뒷부분을 닦는다.
- 접시에 손이 닿지 않도록 주의하여 포개 놓는다.
- 닦을 때는 소음이 나지 않도록 조심스럽게 닦는다.

3. 트레이 서비스(Tray)

1) Tray 운반

트레이 운반은 Tray 위에 물건이 있든지 없든지 간에 항상 허리 높이 이상에서 운반하는 습관을 길러야 한다.

(1) 기본순서

가. 작은 Cocktail 쟁반 운반하기

① '허리 높이' 방법

- Tray를 허리 높이로 든다.
- 손으로 Tray를 지탱시킨다.
- 어깨를 뒤로 제친다. 어깨를 구부리면 Tray가 불안해진다.
- Tray를 왼손으로 든다.
- Cocktail 쟁반과 같이 가벼운 Tray를 드는 데 이상적인 방법이다.

<그림 6-2> Tray로 드는 모습

② High Tray 방법

- Tray를 어깨 높이 위로 든다.
- Tray를 손에 들고 어깨보다 높이 든다.
  팔꿈치를 몸 가까이 댄다.
- High Tray는 사람이 많거나 무거운 Tray를 운반할 때 이상적이다.
- 왼손으로 Tray를 운반한다.

나. 큰 Tray 운반하기

- Tray를 들 때에는 쟁반을 받치는 테이블로부터 6인치 정도 잡아당겨 나오도록 한다.
- 왼손을 Tray 밑에 놓는다. 손바닥을 제일 무거운 쪽에 댄다.
- 무릎을 조심스럽게 구부리고 서서히 다리를 편다.
  손바닥으로 옮길 때에는 등이나 팔로 들면 안 된다.

(2) 주의사항

① 음식이 담긴 Open Plate는 머리카락이 닿지 않게 멀리 한다.
② 사람이 많은 곳을 통과할 때에는 사용하지 않는 손으로 막는다.

2) Tray 사용법

안전, 정렬 및 균형을 위해 조심스럽게 Tray를 사용하도록 한다.

(1) 기본순서

① 접시를 크기별로 쌓아올린다.
② Tray에 많은 공간을 차지하는 관계로 Cup을 소서에 놔두지 않도록 한다.
③ 음식이 담긴 접시끼리 쌓아올리지 않도록 한다.
④ 제일 무거운 접시는 어깨에 가까이 하는 것이 좋다.
⑤ 유리잔이나 가벼운 것들은 밖으로 놓는다.
⑥ 사용된 냅킨으로 더러운 접시를 덮도록 한다.

(2) 주의사항

① 미끄럽지 않은 Tray를 사용한다. 없으면 젖은 수건을 위에 올려 사용한다.
② 무거운 것은 가운데 놓고 몸 가까이로 약간 기울이도록 한다.
③ 물주전자와 같은 것은 가운데로 놓는다.
④ 쉽게 흔들리지 않도록, 쟁반 끝으로 물건이 나오지 않게 한다.
⑤ Coffee Cup처럼 흔히 사용되는 Chinaware는 쌓아 올리는 것이 좋다.

⑥ Tray에 너무 많은 것을 쌓거나 채워서는 안 된다. 도움을 요청하거나 걸음을 두 번 하는 것이 좋다.
⑦ Cold와 Hot Food를 구별한다.

3) Tray의 물건을 내려놓는 방법

다이닝 룸에서 사용한 접시는 Tray로 들고 가서 안전하고 효율적인 방법으로 내려놓아야 한다.

(1) 기본순서

① 무릎을 구부리고 세척 팬트리에 있는 선반에 Tray를 놓고 서서히 민다.
② 리넨은 리넨상자에 놓는다. 구멍이 있거나 얼룩 등이 묻은 리넨은 묶어서 눈에 띄도록 한다.
③ 남은 음식은 찌꺼기통에 버린다.
④ 쓰레기는 쓰레기통에 버린다.
⑤ 접시, 소서, 유리잔, Flatware는 정해진 Rack에 놓는다.
⑥ Tray를 물에 씻어서 닦아낸다.
⑦ 사용한 Tray는 일정한 장소에 보관한다.

4. 서비스 순서와 관련된 동작 및 언어(예)

서비스 순서	서비스 동작	사용언어	사용언어(영어)
대기	양손을 앞으로 가볍게 모으고 바른 자세로 stand-by한다.		
착석을 돕는다.	양손으로 의자 윗부분을 잡고 무릎을 사용하여 가볍게 민다(Lady First).	• 안녕하십니까? • 어서 오십시오. • 여기 앉으십시오.	• Good morning, Sir. • Welcome to here. • Sit down here.
Aperitif Order Taking	왼쪽에 서서 주문을 받는다.	• 식전에 음료 한 잔 드시겠습니까? • 기다리시는 동안 음료 한 잔 드시겠습니까?	• Would you like something to drink before your meal?

Hors d'Oeuvre Serve	오른쪽에서 제공한다.	• 실례하겠습니다. • Chef가 드리는 것입니다.	• Excuse me. This is a Complimentary from the chef.
Aperitif Serving	오른쪽에서 제공한다.	• 실례하겠습니다. • 한 잔 더 드시겠습니까?	• Excuse me, Sir. • Would you mind drinking another cup?
One More Round Drink Order Taking	왼쪽에 서서 주문을 받는다.	• 실례하겠습니다. • 한 잔 더 드시겠습니까?	• Excuse me, Sir. • Would you like one more round, Sir?
Menu Presentation	(Gueridon 위에 올려 놓는다) 오른쪽에서 드린다.	• 메뉴 가져왔습니다. • 메뉴 보시겠습니까?	• Here's your menu, Sir? • Please see the menu, Sir?
Food Order Taking	왼쪽에 서서 주문을 받는다. 시계방향으로 돌면서 차례로 받는다.	• 무엇으로 드시겠습니까? • ㅇㅇ는 어떠시겠습니까? • 아주 좋은 것을 고르셨습니다. • 주문해 주셔서 감사합니다.	• What would you like for your main dish, Sir? • It's a nice selection. • Thank you very much for your order.
Wine List Presentation	오른쪽에서 드린다.	• 식사와 함께 와인을 드시겠습니까? • 와인 리스트 여기 있습니다.	• Would you care for some wine with your meal? • Please see the wine List.
Wine Order Taking	왼쪽에 서서 주문을 받는다.	• 화이트와인으로 하시겠습니까? 레드와인으로 드시겠습니까?	• What would you like white or red wine, Sir?
Butter Dish Serving	왼쪽에서 좌측편에 놓는다.	• 실례하겠습니다.	• Excuse me, Sir?
Bread Serving	cart를 왼쪽에 놓고 왼쪽에 물어본다.	• 빵은 ㅇㅇ가 있습니다. • 어느 것으로 드시겠습니까?	• Excuse me, we have... • What kinds of bread would you like, Sir?
White Wine Serving	레벨이 보이도록 왼손에 놓고 왼쪽에서 보여드린다.	• 주문하신 화이트와인 ㅇㅇ입니다.	• Here's your..., Vintage is ㅇㅇㅇ
Red Wine Open 여부를 묻는다.	레벨이 보이도록 왼손에 놓고 왼쪽에서 보여드린다.	• 주문하신 레드와인 ㅇㅇ입니다.	• Here's your..., Vintage is ㅇㅇㅇ • Could I open wine now, Sir?
Appetizer Serving Empty Dish Take Out	오른쪽에서 제공, 오른쪽에서 뺀다. 왼손에 접시를 포갠다.	• 실례하겠습니다. • 가져가도 괜찮겠습니까?	• Excuse me, Sir. • Could I take out your dishes?
Soup Serving	Soup Bowl은 오른쪽에 놓는다. Soup Tureen은 왼쪽에서 제공한다. 왼발은 테이블 가까이 놓는다.	• 실례하겠습니다. 주문하신 ㅇㅇ soup를 곧 가져오겠습니다. 감사합니다.	• Excuse me, I'll serve the soup, thank you, Sir.

Empty Dish Take Out	오른쪽에서 뺀다. 왼손에 접시를 포갠다.	• 실례하겠습니다. • 수프는 맛있게 드셨습니까? • 실례하겠습니다. • 주문하신 ㅇㅇ생선 요리입니다. 맛있게 드십시오.	• Excuse me, Sir. • Did you enjoy your soup? • Excuse me, Sir. • Your ordered... I hope you will enjoy your meal.
Fish Serving	오른쪽에서 뺀다.	• 실례하겠습니다. • 주문하신 ㅇㅇ생선 요리입니다. 맛있게 드십시오.	• Excuse me, Sir. • Your ordered... I hope you will enjoy your meal.
Empty Dish Take Out	오른쪽에서 뺀다.	• 실례하겠습니다. • 가져가도 괜찮겠습니까?	• Excuse me, Sir. • May I remove your plate?
Sherbet Serving	오른쪽에서 제공	• 실례하겠습니다. 오늘은 ㅇㅇ셔벗을 준비하였습니다.	• Excuse me, Sir. • This is ㅇㅇsherbet, Sir.
Sherbet Take Out	오른쪽에서 뺀다.	• 실례하겠습니다.	• Excuse me, Sir.
Red Wine Serving	오른쪽에서 따른다.	• Wine test를 하셨습니까?	• Will you test your red wine? thank you, Sir.
Entree Serving	오른쪽에서 제공	• 주문하신 ㅇㅇ입니다.	• Your ordered...
Empty all Dish Take Out	앙트레 접시는 오른쪽에서 뺀다. 기타, 왼쪽에서 뺀다.	• 식사는 즐겁게 드셨습니까?	• Did you enjoyed your meal, Sir?
Table Cleaning	왼쪽에서 한다.	• 실례합니다. • 잠깐 치우겠습니다.	• Excuse me, Sir. • I will clean your table.
Salad Service, Salad	오른쪽에서 제공한다.	• 실례합니다.	• Excuse me, Sir.
Bowl Take Out	드레싱은 왼쪽에서 제공한다.	• ㅇㅇㅇ드레싱이 있습니다. 무엇으로 드시겠습니까?	• We have... dressing. Which dressing would you like?
Centerpiece Take Out	왼쪽에서 뺀다.	• 실례합니다.	• Excuse me, Sir.
Cheese Order Taking	cheese cart를 왼쪽에 놓는다.	• 치즈를 드시겠습니까? • 프랑스, 스위스산 등 좋은 치즈가 많이 있습니다.	• Would you like cheese, Sir? • We have a lot of French cheese, Swiss cheese, etc.
Cheese Serving	setting 후 오른쪽에서 제공	• 맛있게 드십시오.	• Please, enjoy your cheese, Sir.
Cheese Dish Take Out	왼쪽에서 뺀다.	• 실례하겠습니다. • 접시를 가져가도 되겠습니까?	• Excuse me, Sir. • May I take out the plate?
Dessert Menu Presentation	오른쪽에서 제공한다.	• 디저트 메뉴 여기 있습니다. • 맛있는 디저트가 많이 있습니다.	• Here's dessert menu, Sir? •There are a lot of dessert.

Dessert Order Taking	왼쪽에 서서 주문받는다.	• Flambee를 해드릴까요?	• Would you care for your flambee, Sir?
Dessert Serving	오른쪽에서 제공한다.	• 감사합니다. 제가 최선을 다해 만들었습니다. • 맛있게 드십시오.	• Thank you very much, I will do my best, I hope you like your dish, Sir.
Dessert Dish Take Out	왼쪽에서 뺀다.	• 실례하겠습니다. • 접시를 가지고 가겠습니다.	• Excuse me, Sir. • May I take out the plate?
Coffee or Tea Order Taking	왼쪽에서 주문받는다.	• 커피를 드시겠습니까? 홍차를 드시겠습니까?	• Would you prefer Coffee or Tea?
After Dinner Drink Ordertaking & Serving	Liqueur cart를 왼쪽에 놓는다.	• 식사 맛있게 드셨습니까? • Cognac을 한 잔 하시겠습니까?	• Did you enjoy your meal, Sir? • Would you care for a glass of Cognac?
Petits Fours	테이블 중앙 또는 여성고객 앞에 놓는다.	• 초콜릿을 드시지요. • 대단히 감사합니다.	• Please, have a chocolate. • Thank you very much.
환 송	의자를 빼드린다. 인사한다.	• 즐거운 시간 보내셨습니까? • 다음에 또 뵙겠습니다.	• Did you have a nice time? • I hope see you again soon.

제 2 절 동양음식 서비스

1. 중식 서비스 방법

- 냉채를 제공할 때에는 초청한 고객(Host)에서부터, 초청받은 사람(Guest) 순으로 제공한 후 접시를 회전판(Lazy Suzan) 중앙이나 식탁 중간에 놓는다.
- 새로운 요리를 제공할 때에는 역시 새로운 접시를 먼저 사용했던 접시와 교체하도록 한다.
- 요리는 고객 테이블에서 직접 제공해야 하나, 테이블이 복잡할 경우 사이드 테이블(Side Table)에서 접시에 덜어서 제공한다.

- 생선요리는 머리부분이 왼쪽, 배부분이 고객을 향하도록 제공한다.
- 맑은 수프는 고객의 특별한 요청이 있을 경우에는 요리의 마지막 코스가 끝날 무렵 식사와 함께 제공한다.
- 티 포트(Tea Pot)의 차가 식었을 때에는 항상 뜨거운 것으로 교체해야 한다.
- 요리를 제공할 때에는 필요 이상의 이야기는 하지 않도록 한다. 요리의 제공 중에 고객이 질문할 경우에는 요리를 사이드 테이블에 놓거나 "잠깐만 기다려주십시오"라고 말한 뒤 요리를 제공하고 고객에게 답변하도록 한다.

2. 일식 서비스 방법

① 회석요리 서비스 방법

- 회석요리는 한꺼번에 제공하지 않고 메뉴의 차림표에 의해서 제공한다.
- 스이모노(すいもの : 장국) 서비스 후 음료의 추가주문을 받는다.
- 도미구이, 왕새우구이, 복냄비 등 뼈가 있는 생선을 제공할 때에는 물수건을 별도로 준비한다.
- 요리를 추가했을 경우 주방에서 만들어지는 대로 제공한다.
- 밥, 장국, 싱코를 제공하고 뚜껑은 접객요원이 열지 않고 고객이 직접 열도록 한다.

② 냄비요리 서비스 방법

냄비요리는 다른 요리와는 달리 고객 식탁에서 직접 끓이면서 조리하여 고객에게 제공하기 때문에 세심한 주의가 필요한 서비스이다.

가. 샤부샤부(しゃぶしゃぶ) 서비스

- 불은 중간불 정도로 하며 거품이 생기면 즉시 걷어낸다.
- 물이 끓으면 배추와 파를 넣어 익힌다.
- 고기를 살짝 익혀 채소와 고기를 같이 낸다.
- 채소를 먼저 익힌 다음 고기를 살짝 익혀 덜어주는 것을 반복한다.
- 떡은 중간 정도에 넣는다.
- 우동은 중간불로 끓이는데 양념은 우동을 넣기 전에 넣는다.
- 우동은 그릇에 떠서 그 위에 폰스를 약간 뿌려 제공한다.

나. 전골(すきやき) 서비스

- 불은 중간불 정도로 하여 팬에 파를 먼저 잘 볶는다.
- 볶은 파 위에 고기를 얹어 익힌 다음 다래 소스를 붓고 조리될 동안 달걀을 풀어 고객에게 제공한다.
- 조리된 파와 고기를 제공한 후 고객에게 맛의 감정을 의뢰한다.
- 프라이팬에 다래 소스를 넣고 죽순, 표고버섯, 느타리버섯, 두부, 곤약을 조금씩 넣어서 익힌다.
- 조리된 채소와 고기를 고객에게 제공한 후 다시와 가래로 간을 맞춘다.
- 쑥갓은 제일 나중에 넣는다.
- 손님의 기호에 따라 시치미(七味)를 제공한다.

메뉴의 구성

순서	일본어	한국어	특 징
1코스	오도오시	진미	요리가 나오는 동안 즐길 수 있는 가벼운 술안주로 쓰키다시를 가리킨다.
2코스	젠사이	전채	양식의 애피타이저로 식욕을 돋우는 요리이다.
3코스	스이모노	맑은국	국물 속에 소량의 고형식품을 넣은 국을 말한다.
4코스	사시미	생선회	관동지방에서는 사시미, 관서지방에서는 쓰쿠리라고 한다.
5코스	야키모노	구이요리	소금구이는 시오야키, 연한 양념간장으로 구운 요리는 스케야게라 한다.
6코스	니모노	조림	일반적으로 반찬이나 술안주로 사용되는 조림요리이다.
7코스	무시모노	찜	재료를 찜통에 넣어 증기로 찐 요리, 일반적으로 달걀찜요리와 술찜요리가 있다.
8코스	스노모스	초회	양념초를 이용하여 만든 요리로 식사 중간이나 전채요리로 나온다.

제 3 절 테이블 상황 점검 및 계산

1. Crumbing a Table(부스러기 치우기)

고객에게 불편을 주지 않고 테이블에서 부스러기를 치워주어야 다음 메뉴에 대한 맛을 기분 좋게 즐길 수 있다.

메인 코스 후엔 접시를 치우며, 디저트가 나오기 전에 테이블에 떨어진 모든 음식 부스러기를 치운다. 부스러기를 치울 때에는 신속하고 조용히 해야 한다.

1) 기본순서

① 글라스와 디저트 코스를 제외하고 모든 접시를 치운다.

② 정해진 냅킨 타월은 접는다.

③ 냅킨 접은 부분으로 테이블을 쓴다. 부스러기 및 남은 음식을 접시로 쓸어 놓는다.

④ Cover에 있는 부스러기를 고객 양쪽에서 치운다.

⑤ 테이블 둘레를 치우되 고객에게 불편을 주지 않도록 한다.

2. 계산서비스

계산서에 의한 신용카드, 수표 또는 현금의 경우에도 정확하게 계산하여 고객의 신뢰를 확보하도록 한다.

1) 기본순서

① 식사가 종료되면 더 이상 제공할 부분이 없는지 확인한 뒤 계산서를 발행한다.

② Host에게 계산서를 제공한다(규정에 따라 홀더에 넣어서 고객의 오른쪽에 정중히 놓는다).

③ 고객의 요청에 따라 신용카드, 객실후불, 현금 등의 처리를 적절히 한다.

④ 영수증을 발행하고 카드 등은 반드시 돌려드리며 감사의 인사말을 한다.

2) 주의사항

① 카드 계산 시에는 고객 카드를 두 손으로 받아 Posting한 후 카드의 서명과 전표의 서명이 맞는지 확인하고 Bill 홀더에 영수증 Bill과 카드 슬립을 펜과 함께 드린다. 카드 슬립에 Sign 받은 후 영수증 Bill과 카드 슬립을 가로로 두 번 접어 고객의 우측에서 두 손으로 드린다.

② 현금 계산 시에는 Posting한 Bill을 빌 홀더에 펜과 함께 드린 후 받은 금액을 복창하고 영수증과 거스름 돈을 잔돈 받침대에 담아 거스름 금액을 말하면서 두 손으로 드린다.

③ 카드 사용 중 계산이 되지 않을 경우 먼저 양해를 구하며 다른 방법으로(카드, 현금) 계산을 요청한다.

3. Farewell(배웅인사)

고객이 떠날 때 배웅하고 감사의 마음을 전하며 다시 찾아주기를 희망한다. 환영인사에서부터 레스토랑에 머무는 동안 기분이 나쁘더라도 배웅인사로 잘못된 이미지를 바꾸어 놓을 수 있는 마지막 기회라는 점을 인식해야 한다.

1) 기본순서

① 계산 여부를 확인하고 고객이 일어나실 때 등뒤 의자 또는 옷걸이에 걸려 있는 옷을 왼손으로 든다.

② 일어나기 쉽도록 의자를 빼드리고 코트나 겉옷을 입기 편하도록 도와드린다.

③ 고객으로부터 음식 및 서비스에 대한 평가를 받는다.

"오늘 음식은 만족하셨습니까?"

"식사하시는 도중 불편사항은 없으셨습니까?"

④ 불편사항이 있을 경우 메모해서 고객관리 컴퓨터에 입력시킨 후 문제점은 교육시켜 재발되지 않게 하고, 특이사항(기호식)은 전 직원이 알 수 있도록 Meeting 시에 전달한다.

⑤ 거동이 불편한 고객은 상황을 판단하여 출구 또는 엘리베이터까지 안내한

다음 고객에게 정중히 인사한다.

"항상 이용해 주셔서 감사합니다. 다음에 방문해 주시면 잘 모시겠습니다."

2) 주의사항

① 자리에서 떠날 때 돕는다.

② 소지품을 잊지 않았는지 확인한다.

③ 모든 종사원이 인사를 한다.

참고문헌

국내문헌

강성부, 계량적 메뉴관리방법론, 도서출판효일, 2004.
고객 접점 서비스핸드북, 호텔 현대, 1994.
고상동 외, 호텔・레스토랑 식음료경영실무, 백산출판사, 2004.
관광호텔 서비스 매뉴얼, 한국관광협회, 1991.
교육인적자원부, 주문식교육사업, 충남도립청양대학, 2004.
김영훈・나현숙, 고객만족경영(CSM)을 위한 서비스네비게이션, 아카데미아, 2010.
김준철, 와인, 백산출판사, 2006.
김진수 외, 호텔식음료관리론, 학문사, 2000.
박영배, 식음료 서비스관리론, 백산출판사, 2006.
박혜정, 고객서비스실무, 백산출판사, 2005.
박혜정, 서비스맨의 이미지메이킹, 백산출판사, 2007.
방진호 외, 식음료 서비스 실무, 백산출판사, 2004.
식음료 직무교재, Hotel Lotte, 1995.
신형섭, 호텔식음료 서비스 실무론, 기문사, 2003.
안치호 외, 호텔식음료 서비스 실무, 백산출판사, 2004.
F&B 실습교육과정(서비스 부문), 호텔 신라 서비스 교육센터, 1990.
유형철 외, 호텔식음료 경영과 실무, 백산출판사, 1998.
이순주 외, 뉴밀레니엄시대의 와인・소믈리에 경영실무, 백산출판사, 2001.
이정학, 주류학개론, 기문사, 2004.
이정학, 호텔식음료실무론, 기문사, 2000.
이정학, 호텔식음료실습, 기문사, 2004.
임붕영, 고객을 춤추게 하는 서비스 리더십, 백산출판사, 2003.
장원기, International Table Manner, 맥문화사, 1996.
조현석, 호텔식음료 실무관리론, 형설출판사, 2000.
Complaint 사례별 응대요령, 호텔 현대, 1995.
Buffet Restaurant Manual, Sheraton Walkerhill, 1997.
Celadon Restaurant Manual, Sheraton Walkerhill, 1997.

Food & Beverage, Hotel Inter-Continental Seoul.
Food & Beverage Manual, Hotel Riviera Chonju, 1997.
Food & Beverage Service Manual, 웨스턴조선관광호텔, 1990.
Food & Beverage Service Manual, Hotel Kim's Club, 1997.
Lodging Management Program, American Hotel & Lodging Educational Institute.
Manual Hotel Shilla, 1997.
http://www.cocktail.com
http://www.cocktailtimes.com
http://www.drinknation.com
http://www.guntheranderson.com/liqueurs/
http://www.mixed-drink.com

국외문헌

Avery Arthur C. A., Modern Guide to Food Service Equipment, CBI Publishing Company, Inc., 1985.
Birchfield John C., Food Service Operations Manual, Van Nostrand Reinhold Company, 1979.
Derek Taylor, How to Sell Banquets, Van Nostrand Reinhold, 1981.
Edith and Hal Weiss, Catering Hand Book, Hayden Book Company, Inc., 1971.
Jang, In-Sik, and No, Yi-Kyun, Understanding Beverages, HyunHakSa, 2005.
Kreck Loather A., Menus: Analysis & Planning, CAI Publishing Company, Inc., 1984.
Lattin Gerald W., The Lodging and Food Service Industry, The Educational Institute, 1985.
Lipinski Robert A., and A. Kathleen Lipinski, Alcoholic Beverage, Van Nostrand Reinhold, 1989.
Lundberg Donald E., The Hotel and Restaurant, Business, CBI Publishing Company, Inc., 1979.
Ninemeier Jack D., Principles of Food and Beverage Operations, The Educational Institute, 1984.
Stokes John W., How to Manage a Restaurant, Wm, C, Brown Company Publishers, 1982.
The Gallup Monthly Report on Eating Out, Vol. 7, No. 3, 1987, p. 1.

저자 소개

백용창

- 고려대학교 문과대학 사회학과 졸업(문학사)
- Washington State Univ. Hotel & Restaurant Administration(BA)
- Florida International Univ. School of Hospitality(MS)
- 동아대학교 대학원 수료(관광경영학박사)
- Fontainebleau Hilton Spa and Resort, Miami, F&B Dept. 한국외식산업연구소 연구원
- 현) 대전과학기술대학교 호텔외식관광계열 교수

〈주요 저서 및 논문〉

- 호텔경영론(대왕사)
- 외식사업실무론(공저, 백산출판사)
- 패밀리레스토랑 이용고객의 구매의사결정에 관한 연구
- 추구편익에 따른 축제 시장세분화에 관한 실증적 연구 외 다수

전영직

- 가천대학교 대학원 관광경영학박사
- 특1급 리베라호텔에서 마케팅과장에 이르기까지 식음연회부서와 국제외식사업행사 및 다양한 컨설팅 경험, 각 대학 및 대학원 출강
- 현) 대전과학기술대학교 호텔외식관광계열 교수

〈주요 저서 및 논문〉

- 고객만족경영(CSM)을 위한 서비스네비게이션(공저, 아카데미아)
- 외식산업컨설팅과 경영(기문사) 외 다수
- 외식프랜차이즈 운영시스템의 가맹동기 및 만족도와 재계약의도
- 외식산업의 서비스 인식이 고객만족과 고객충성도에 미치는 영향 외 다수

서정모

- 세종대학교 대학원 호텔관광경영학박사
- 서울롯데호텔 근무(식음료부, 객실부)
- 현) 제주한라대학교 외식산업경영학과 교수

〈주요 저서 및 논문〉

- 호텔경영론(공저, 백산출판사) 외 다수
- 일본인 관광객이 인식하는 한류스타의 광고모델 속성이 기업이미지와 신뢰 그리고 고객충성도에 미치는 영향에 관한 연구
- 수단-목적 사슬이론을 적용한 국내 전통주의 가치구조 분석 외 다수

원융희

- 경기대학교 관광경영학과 졸업(학사)
- 경희대학교 경영대학원 관광경영학과 수료(석사)
- 세종대학교 대학원 경영학박사
- 미국 남일리노이주립대학교 관광학과 교환교수
- 서울프라자호텔, 서울밀레니엄힐튼호텔 근무
- 우송정보대학 관광경영과 교수
- 현) 용인대학교 문화관광학과 명예교수

〈주요 저서〉

- 술 진정한 동반자인가 악마인가(백산출판사)
- 고객 서비스 테크닉(백산출판사)
- 세계의 여행꺼리(공저, 백산출판사)
- 영혼의 향기 커피(공저, 백산출판사)
- 세계의 음식이야기(백산출판사) 외 다수

식음료 서비스 실무

2016년 8월 10일 초판 1쇄 발행
2018년 8월 30일 초판 2쇄 발행

지은이 백용창 · 전영직 · 서정모 · 원융희
펴낸이 진욱상
펴낸곳 백산출판사
교 정 편집부
본문디자인 오행복
표지디자인 오정은

등 록 1974년 1월 9일 제1-72호
주 소 경기도 파주시 회동길 370(백산빌딩 3층)
전 화 02-914-1621(代)
팩 스 031-955-9911
이메일 edit@ibaeksan.kr
홈페이지 www.ibaeksan.kr

ISBN 979-11-5763-268-8
값 16,000원